全国教育科学“十三五”规划 2019 年度国家一般课题“适应性学习空间支持下的学习范式研究”（课题编号：BCA190081）阶段性成果

信息化学习设计
聚焦五大维度

沈书生 著

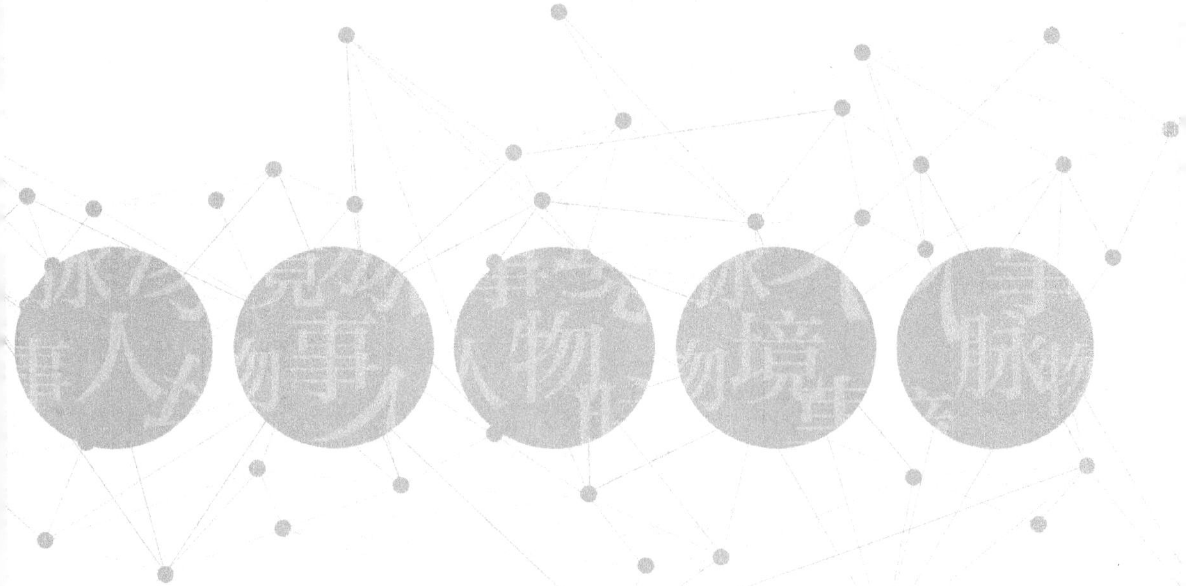

科学出版社
北京

内 容 简 介

在学校教育中，教与学的质量是决定人才质量的关键因素。长期以来，受制于学习者所处的学习空间，学校的教学活动往往是围绕教学结构展开的，并且侧重于“去异求同”，对于不同的学生，教师设计的教学活动往往是相同的。然而，现代技术改变了学习空间，使得当下的学校可以围绕学习结构设计学习活动，满足学习个体的个性化和差异化需求。

基于与基础教育教师一起对中小学教材的分析，对教学活动组织的共同思考，以及对中小学教师信息化学习设计能力提升的探讨，本书以学习结构的视角，从人、物、事、境、脉五个主要维度入手，结合具体的应用实例，提出了信息化学习设计的基本思路与实践路径。

本书主要适合中小学教师、信息化教育研究和实践工作者、学校教育管理者、高校教育技术学及相关学科领域的人员阅读。

图书在版编目（CIP）数据

信息化学习设计：聚焦五大维度/沈书生著. —北京：科学出版社，2020.12

ISBN 978-7-03-067718-1

Ⅰ. ①信…　Ⅱ. ①沈…　Ⅲ. ①基础教育-信息化-研究-中国　Ⅳ. ①G639.2

中国版本图书馆CIP数据核字（2020）第271871号

责任编辑：朱丽娜　高丽丽 / 责任校对：何艳萍
责任印制：李　彤 / 封面设计：润一文化

科学出版社出版
北京东黄城根北街16号
邮政编码：100717
http:// www.sciencep.com

北京建宏印刷有限公司印刷
科学出版社发行　各地新华书店经销
*
2020年12月第　一　版　开本：720×1000　B5
2020年12月第一次印刷　印张：16 3/4
字数：326 000

定价：99.00 元

（如有印装质量问题，我社负责调换）

序　言

通俗地说，教育技术就是关注如何适应技术的发展，以建构符合学习者需要的学习空间，并探讨如何适应这一空间来创新学习范式的科学。从实践的意义来说，它强调了教师与学生之间在特定的空间中如何开展学习活动，如何帮助学生构建体现与真实世界需求相一致的学习场景，如何引导学生形成面向未来的心智结构等问题。

信息化教育的价值体现在人的专业成长过程中，这里所说的人，既包括在校生，也包括成人学习者，还包括一切以教育为职业的人。巧妙地借助于信息化的支持条件，帮助每一个与教育相关的个体履行好岗位职责，高质量地完成教育任务，既是教育工作者的自然关注，也是学习者的必然诉求。

在我国信息化教育的理论建构与实践过程中，一直有两条线索在并行发展，一条是以技术的发展应用为基础的线索，另一条是以考核评价为基础的线索。虽然这两条线索并行发展，偶尔也会有交叉，但更多的情况下则是各自沿着自己的路径向前延伸。如今以关注学习者的核心素养为基础的第三条线索正在形成，出现了第三条线索后，如果不能够处理好其与另两条线索之间的关系，就有可能会出现三种发展方向交织的状况，对于一线教师而言，当三条线索交织在一起时，难免会出现纠结和徘徊，并渐渐地回归到自己习以为常的状态中。

教育的对象是人，教育的实施者亦是人，人是教育中的决定性因素，一切教育目标和内容也都服务于人的成长。在早期的教育过程中，教育目标和内容往往以人们对于世界的已有认识为基础，教师将已知世界的知识或技术传授给学习者，于是在教育中出现了“用经典的知识，育当下的人，适应未来的世界”的简单轮回。人们对世界的已有认知是认识未知世界的基础，但是在帮助学习者建立对已知世界的理解的过程中，我们的教育往往更多的是在引导学习者学会识记关于已有世界的知识或技能，并间或使用其解决一些“脱境化”的问题，尽管也会有分析、评价、综合、创建等能力的培养，但大多还是建立在已知的基础之上。

以核心素养为目标的第三条线索，关注的目标和内容主要聚焦学习者的未来世界，因此其中会包含诸多的不确定性。依据此条线索发展的教育体系更多关注的是如何在已知世界和未知世界之间建立起关联，引导学习者合理地选择已知世界的知识或技能去解决“真”问题。在信息化教育的发展过程中，如果能够将以核心素养为基础的线索作为主脉，以技术的发展应用和考核评价为辅脉，既关注过程与方法，也关注多维度、多层次目标的达成，并通过学习者的问题解决能力来衡量人才的培养质量，就有可能会有效地调和在实践过程中存在的诸多矛盾，逐步实现教育的有序与健康发展。

关于核心素养的内涵，教育领域内已经有了许多阐述。简单地说，核心素养就是指人为了适应未来的生活世界所需要具有的关键品质或能力等，其程度大小可以通过学习者的心智结构体现出来。在不同的课程体系中，核心素养的具体内涵会显示出差异性，但如果完全以独立的学科领域建立核心素养，而忽视学科领域之间的关联，就有可能会导致学科的核心素养之间因为缺失内在逻辑而表现出学科的孤立性，最终又会回到老路中去。聚焦关键品质或能力，构建出层级分明的核心素养形成体系，并持续关注学习者的综合心智的形成，以此引导每一名学科教师重新思考学习的价值和意义，构建体现人的核心素养的学习设计的新框架，已经成为摆在教育工作者面前的新任务与新要求。

信息技术的发展势头超越了一般用户的想象。在实践中，借助于技术的力量，我们的生活方式正在发生巨大的变化，学习方式也随之发生了部分变化，但是我们却不敢用“巨变”来描述教育的变化。一个比较可靠的判断是，几乎最新的技术都已经为教育工作者所关注，并进行了运用其来改进教育的某种尝试。就研究层面的意义而言，技术的教育价值已经得到了充分的证明，但就更广泛的应用层面的意义而言，尽管大多数学校已经接纳了技术，而且也已经看到了技术对于学校诸方面工作的支持作用，技术对于学生学习的支持作用却很难令人满意，尤其是在描述学习者的成长与变化的时候，技术的应用价值更是难以得到广泛的普遍认同。“既不排斥，也不信任”，是当下许多学校对待技术的基本态度。

人们对世界的认识总是处于不断的发展之中，通过不断自我否定与重构，以逐步接近真理本身。自我否定是一种自我修复与完善，是一种螺旋式上升，它需要不断地反思与淘汰，但并非简单的颠覆与破坏。在信息化教育的发展进程中，技术的更新换代往往是建立在彻底颠覆的基础之上的，许多新的技术往往从理念层面上对旧的技术进行了彻底的改造，并导致了旧的技术条件下生成的制品难以适应新的技术环境，这种变革虽然促进了生活质量的提高，同时也会增加人们的负担：旧的技术标准与新的标准不匹配，往往需要通过对环境的破坏来适应不断变化的技术世界。

如果从20世纪90年代末算起，近20多年来，教学中的资源承载物经历了以录像带为主要载体的模拟技术到以光盘或磁盘为主要载体的数字技术的变化。在这一过程中，人们经历了多次的教育资源抢救运动，但也损失了许多可贵的资源。资源的开发工具品种繁多，以Authorware为例，从产生到终止，经历了约20年的时间，在产生之初，因为其强大的交互性而一度风靡教育界，但是当其公司决定放弃该产品的继续研发，且不提供相应的兼容产品的时候，教育界建立的大量教学资源便随之付诸东流。

类似的现象应该还有许多，如果我们重新审视一下这些现象，不难发现这些现象的存在有着许多必然性。过分依赖于技术，甚至盲目地渲染某些特定技术产品的功能，夸大技术产品的教学效用，就有可能要承受技术产品的消亡所带来的痛苦。技术改变教育的趋势是必然的，但这种趋势绝对不是某些特定的技术产品能够改变的，它需要人们建立新的以技术支持多方面变革的教育观，尤其是需要建立新的学习观，只有建立符合人的成长规律的学习观，才有可能建立技术支持教育的科学应用观。

无论如何理解教育，也不论建立了什么样的教育价值观，教育工作者都会认为自己的教育行为是服务于学生成长的。关于教育理解的多元化认同，允许人们从各种角度来解释教育，即使是“满堂灌”，或者是具有某些惩戒性质的教育行为，实施者总能够找到若干条理由证明它们的正确性，也正是因为有了这些理由，教育实践中的许多方面往往难以建立起基本的价值认同，人们既无法对教育做出精致的建议与判断，也难以建立起统一的学习活动设计指导与运行规范，更多的教育规则往往停留在教育管理的层面上，一旦涉及体现教师的专业素养的相关标准，在落实过程中就会表现出极大的灵活性与弹性。

如果仅仅就帮助学生认识已知世界而言，我们可以说已经施行的教育是无可挑剔的。有许多教师已经具备了帮助学生学会识记的能力，并能够指导学生解决一些简单问题，甚至能解决一些高难度的题目。学习者有的时候会因为解答了一道高难度的题目而感到欣慰，是否能解答高难度题目也成了教师判断学生是否优秀的依据。教师设计题目，学生解答题目，如果教师设计的题目能够与地方或国家统一考试的题目高度相似，这样的教师就自然成了优秀的教师，而碰到这种教师的学生也会跟着“走运”。这种状况还将会继续一段时间，毕竟在衡量学习者的学习效果方面，考试是相对公平、有效的方式。

当下，一种新的可能性正在产生。对于即将接受考试检测的学生而言，在他们为了适应考试而进行学习的过程中，能够采用的学习方式正在发生变化。过去他们必须依赖于某些特定的学校或者教师，学校的教学环境和条件将会成为制约其学习的重要因素，他们只能在那种固有的环境和条件下完成学习过程，建立自己的心智结构，教师给予他们什么，他们就得适应什么，如果他们无法适应，自然会慢慢地落在别人的后面，最终会面临被淘汰的结局。新的技术正在帮助教育领域创建新的学习场域、构建新的学习空间，在这种新型的学习空间中，学习者有了更多的选择机会，当某些教师的教学方法无法满足他们的学习需求时，他们可以选择其他学习方式。

在人的成长过程中，最初的20年左右的时光主要是在学校中度过的，这一时期的学习所奠定的基础会影响人的一生。学校的教育效能已经进入了提升的瓶颈期，如果死守一套旧的教学体系，学校的学习只是帮助学生接受一些应试的东西，而不关注他们的后续发展，不仅仅会让教育失去意义，甚至会让社会承受落后之痛。当我们用一种全新的视角重新全面审视教育的问题，重新构建一套完备的教育体系时，学校的变化可能会在以下方面得到体现。

一是学习的目标将会更加趋于应用性，指向学习的价值生成。在现代教育过程中，呈现在学习者面前的学习目标将不再是简单的知识体系的描述，而是充满活力的应用场景，学习者应该以一种适应未来生活场景的内在诉求，逐步建立起高度的学习自觉，并在此过程中逐步融入学习的氛围，借助于对某些真实问题的解答，逐步建立起融会贯通的问题解决策略，构建面向未来的学习力。

二是学习者将会更加注重学习内容之间的相关性，避免知识体系之间的相对孤立。在过去的学习过程中，学科体系之间的相对独立与自成体系导致了实践过程中教师往往会封闭在自己的学科体系中，简单化地运用其学科范围内构建的一套自洽的系统进行自我建构与自我解释，把学科领域内的知识与技能简化成了一组定律或规则，然后就不断地去解释、证明或运用这些定律或规则，借助于若干组合让几代人始终做着相同的事。问题是，不同时代的人经历的外部世界的变化是显著的，如果我们不能够适应外部世界的变化去重新组织学习的内容体系，自然会导致所学内容与真实世界的脱节。从社会需求出发，强化学科内容之间的相依关系，已经成了教师能力建设中迫切需要解决的问题。

三是在具体的学习过程中，学习者将会有更多的表达机会，并借助于多样化的学习制品的塑造来展示自身能力的变化。学习者能力的变化，往往要借助于其不同的表达方式来体现，包括思维的呈现、观念的描述、制品的形成、题目的解答等方面。关注了学习的教学过程，教师需要考虑的是，如何从学习者的内在认知需求出发，满足学习者的不同学习基础与学习风格，建立多样化的适应性策略，设计相应的教学活动。教学活动的设计往往与环境有着重要的相依关系，设计现代教学活动需要适应学习时空的变化，从服务和支持学习理解的立场出发，变革教学和学习关系，直指学习者的未来。

四是学校的学习空间将会发生改变，学习者可以依据学习的需要选择合适的学习空间和时间来完成学习任务。就技术本身的发展来看，早期的技术更多关注的是如何助力教与学的行为，尝试通过视、听等多种不同感官的共同作用，一方面可以实现教学资源呈现方式的转化，另一方面可以形成对学习者的多重刺激，依赖于多通道的共同作用与强化，帮助学习者建立新的认知。在这种技术观的影响下，教学行为中除了增加了若干的教育元素以外，教育的基本理念并没有发生根本性的改变。当下的新技术正在关注学习者的行为，并以此为基础强化新的学习空间的建设，新的学习空间出现以后，反映学习者的学习行为的不同维度的变化，都可能会形成相应的行为轨迹，而这些轨迹将会系统地反映学习者的学习过程及其成长的变化关系，能够为建立学习引导策略等提供充分的证据支持，进而为学习者进行新的时间与空间的分配提供支持，可以最大限度地减少学习过程中的低效投入，提高学习的效能。

五是学校的师生关系会逐渐发生变化，学习者将不再受制于教师的约束，他们可以根据自己的个性化学习需要选择相应的教师。教师也不再仅仅是以个体的形式存在，教师与教师之间结成的教学共同体将会促进学习者构建新的学习共同体，并在这种共同体的作用下完成学习任务。对于学习者而言，在不同的学习阶段，他们对于教育的认识会存在本质差异，帮助学习者认识学习之于个人成长的意义，进而建立起学习的意愿和提高学习能力，是教师的主要使命与责任担当。如果教师将更多的精力用在如何教会学习者识记书本知识方面，对于部分学习者而言或许是需要的，对于更多的学习者来说却可能是多余的。对于许多学习者来说，他们的学习困难并不是读不懂书本知识，而是如何理清不同学科知识之间的关系，建立一条体现个人专业发展需求的学习路径。

学习本身是复杂的，人们对于学习的认识也会充满多样性，但不管认识如何改变，其基本的价值却是一致的，即学习一定要指向学习者的未来。在现代学校的教育过程中，教育的任务不仅仅是要培养人，还要能够为人的未来奠基，我们的学生既需要具备对未来的顺应力，也需要具备策应力，更需要建立终身学习的恒持力，这些能力的形成和培养都需要通过对教育的持续校验来实现。

前　言

教育的终极目标在于培养面向未来的学习者，所谓面向未来，就是要具备一定的核心素养，以适应未来的各种变化。因此，现代教育的目的不再仅仅是教会学生基本知识与技能，而是要引导学生在习得知识与技能的过程中跳出已知世界，不断面向未知世界，形成持续的学习力。

过去的学校教学比较关注教师的教学能力，信息技术介入学校教育以后，学校教学又比较关注教师的信息化教学能力，由此形成了以“教学结构”为主的教育实践范式。在教学结构导向的教育实践范式下，一些弊端正在慢慢显现，譬如，由教师主导教学活动，师生的学习主体责任边界不清；对于学生而言，教学过程基本相同，忽视了学生的差异性；教学内容主要是围绕教材体系设计的，与真实世界的衔接不够；等等。

我们通过对教学实践中的若干教学行为的观察发现，如果抛开学生的生理因素或其他先天性因素，学生在学习过程中表现出来的差异在很大程度上与教师的教学设计有关，也与家长对学习的理解有关。要想让学生取得较高的学业水平，教师就要充分理解学生和学生的学习，并能够从学习的视角来设计教学活动，实现从“教学结构”向“学习结构”的转变。

信息化学习设计就是以“学习结构”的视角，关注学习结构导向下的教育实践范式的转型，以设计体现信息化时代的学习活动，促进学生的成长。本书就是沿着这一思路，从影响学习结构的关键维度出发，聚焦于人、物、事、境、脉五大维度，剖析如何通过变革师生的行为过程实现学习目标。

在学习内容的组织顺序上，本书强调以学习目标为统领，从学习目标与真实世界的关系出发，通过项目化阐释“境”的内涵，进而将其转化为具体的学习内容，并重视学习内容之间的逻辑和关联，以阐明“脉”对学习的意义，由此转向了学习过程这一影响学生成长的关键维度，以剖析学习之“事”对于学生形成综合学习结果的具体实践路径的意义。在学生成长的过程中，需要许多外部支持条件，包含现代技术元素的新型学习空间将成为促进学生学习发生的重要中介，因此如何理解不同的“物”及其对学习的支持作用，就成为必须要弄清楚的问题。当认识到了这些变化以后，我们才有可能理解现代师生关系，懂得五大维度的核心 “人”在学习中的责任，从而提升学生学习的品质。

本书主要观念和案例的形成，得益于长期以来与团队成员和基础教育领域广大教育工作者的协同研究与思考，科学出版社的编辑也对本书的语言进行了充分润色和推敲，在此一并致谢。

目　录

第1章

教学实践的行为观察与思考

要准确描述教育现象，困难重重：尽管我们会发现在实践中存在大量的“满堂灌”现象，同时也存在许多关于探究学习的成功案例；尽管我们会对某些课堂教学中的千篇一律的教学环节感到无奈，同时我们也会从许多关注学习者差异而组织的多样化教学活动中得到慰藉；尽管我们会为部分教师相对陈旧的知识体系而感到担忧，同时我们也会发现许多教师正在把学生带入能够体现时代进步的学术殿堂；如此等等。

回避或夸大教育的问题，对于教育的发展都是不利的，变革教育不像房屋拆迁那样可以推倒重来，其执行过程离不开一线教师，需要一线教师的直接参与和落实，因此变革教育需要充分尊重现有的教育基础，结合教师的现有对教育的认知与对教育的理解，在不断修复的基础上进行迭代式重构，而非在破坏的基础上进行颠覆性重构，这样的变革才会走向深入。

1.1 学生的差异是如何形成的

关于学生的差异问题已经成了教育现实中无法回避的话题。差异指的是不同个体之间的区别，关于差异的理解，可以有多个不同的角度。譬如，对于两个不同的种属而言，我们可以认为这些种属之间是有差异的，而种属此时更多表现出来的是同一性，就像苹果和梨子。尽管苹果本身也有许多不同品种，但是我们还是能够把不同品种的苹果都归入苹果的大类中，这时候我们关注的就是苹果这一种属具有的同一性。有时候，我们会根据产地、品质等的不同，把苹果细分成许多类型，这时候我们关注的是它们的差异性。有的时候，我们还会在同一类型、同一批次的苹果中选择自己喜欢的，这时候我们依然关注了苹果的差异性。

学习者有无差异？如果我们简单地说学习者是没有差异的，显然会被认为是与事实相悖的，毕竟，孩子的家庭背景、教育背景、所处的环境等都有可能会对其造成影响，进而表现出与他人的不同。但是，差异指的是个体之间的与众不同，并不表明某一个体明显落后于其他个体。

在实践中，容易出现的一种基本的认知是，学习者之间的差异性被认为是某些学习者相对于其他学习者而言在某些方面要“差”一些，于是在现实中出现了“学困生”等概念。在一次在线学习研讨活动中，有一位教师学员曾经给笔者提出了一个问题：“在我的班级中，有80%的学生是学困生，我该怎么办呢？”面对这一问题，笔者是一脸的无奈。

如果让一名高中数学老师对一群小学生讲“椭圆的方程”，这个时候学生即使不明白，在教师的眼里学生也不是所谓的“学困生”，因为他明白学生缺少学习椭圆方程需要的知识基础。但如果对高中生讲解，教师发现学生不能够理解，会不会就简单地将学生界定为“学困生”呢？将学习者定义为“学困生”，是因为他们在某些科目的学习过程中难以与教师的节奏保持一致，或者不容易理解教师的教学意图。

事实上，当教师将学生看作“学困生”的时候，在学生的眼里，这名教师的教学水平也不怎么样。一名教师的眼里会出现多少个“学困生”，他的班级里就会有多少名学生认为他是一名“教困师”。教师常常会认为，在具体的教学过程中，自己已经描述得够清晰了，而且其他学生也都学会了，为何这几个学生就不明白呢？会不会是这几个学生没有开窍？

如果教师不能够准确理解学习者在具体的学习过程中可能存在的差异，而是简单化地用“差”“学困”等词语界定学习者，学习者在这些学科中的考试成绩就会出现差异，甚至可能会导致在具体教育实践中教师会对不同的学生进行区别对待，并形成对学生的关注不均衡的现象，有的学生会因为其在某些学科中的低分而被教师放弃，进而在考试分数方面与其他人的差距进一步拉大。基于这样的认识，我们有必要对教学中的差异性做出准确的判断。

第一，差异性并不表明学习者不具备学习某些学科知识的能力。学习者在入学之初出现的差异，仅仅表明了学习者与他人之间存在某些基本生活环境的不一致性，以及不同家庭在孩子的早期教育中态度方面的差异性。有研究表明，当来自不同环境的学习者进入一个新的集体以后，环境性差异对学习者的影响有可能会在很短的时间内就消失。

【概念解读】知识代沟假说

20世纪70年代初，美国学者Tichenor等在研究了美国当时社会的一系列教育现象后，发现富裕家庭与贫困家庭的孩子在学习能力等方面表现出了差距，他们没有简单地用种族歧视或社会不公等概念来解释这一现象，而是从信息流向的角度对其进行了观察，并提出了“知识代沟假说”理论。知识代沟假说理论揭示了这样一种现象，即相对于低收入或者低受教育水平者而言，社会经济收入或接受教育水平较高者更容易从日益增长的信息流中获得知识。①他们认为，随着社会经济的发展，人们接受知识的能力会使信息的流向更加倾向于高收入人群与高受教育水平者，因而这种差距会越来越大而不是越来越小，并且这种差距又会进一步影响人们之间的收入和受教育水平。换言之，社会经济地位与受教育水平的不同，会导致人们之间形成一定的知识代沟，而知识代沟反过来又会进一步影响人们的社会经济地位和接受教育的程度。

知识代沟假说理论提出以后，引起了许多学者的广泛关注。有些学者通过观察和实验对其进行了验证，并进一步完善与丰富了这一假说，也有些学者认为社会经济地位等与人的学习水平没有直接关系。在他们看来，当前的信息其实对于所有人而言都是公正的，无论人的经济地位有什么不同，他们都拥有同等的获取信息的权利。

---

① Tichenor P J，Donohue G A，Olien C N. Mass media flow and differential growth in knowledge[J]. Public Opinion Quarterly，1970，34：159-170.

> 新西兰梅西大学Le Heron与Sligo通过研究和观察发现，接受了良好的基础教育的学生在学习过程中对于知识的理解程度要高于其他学生，基础不同的学生会产生不同的学习结果，但是，当这些学生接受了正规的教育训练以后，这种差异会逐渐消退，学生最终都将会形成相似的能力。①

学习者在进入新的环境以后，其学习行为自然地就与新的环境之间建立了关联，但这里又存在着新的不一致性。譬如，进入大学学习前，一些学生对于专业并没有什么特别的感觉，当他们接受了专业的熏陶以后，就有可能会变得深陷其中，而同一阶段也可能会有另外一些学生始终对专业充满排斥，直至毕业也没有建立起专业认同感。诸多现象的背后往往存在着多种不同的原因，有的是学习者对自我的强烈坚守，有的却是学习者对自我的持续否定。前者可能会导致其在新生事物面前表现出徘徊，但有利于其形成独立的人格和品性；后者则有可能会帮助学习者不断建立对新事物的追求，但因为在持续更新中需要适应外部世界的不断变化，应接不暇的时代感往往会让自己在局部迷茫中表现出不够自信。

第二，教师的失当行为可能会加大学习者之间的差异性。在教学实践中，教师对于学习者的高期望值往往会成为教师工作激情的诱因，他们不断地学习新技术、理解新变化、设计新方法、变革教学过程，对于大多数教师而言，最大的满足感就在于看到学生在学习方面的变化。如果对教学的投入较大，较高的期望值落空后，教师就有可能会对学生做出不同判断，进而会对不同分数的学生表现出不同的态度。学生的分数越高，教师可能会认为其理解和接受能力越强，并表现出对这些学生更高的关注，而对于另一部分学生，如果他们难以获得高的分数，可能就会较少地获得教师的关注和认同，进而导致学生之间呈现出两极分化的现象。教师会根据学生的成绩状况对其形成不同的关注度，进而对学生做出有差异的判断。在此过程中，不排除教师的教学方法是与高分数段的学生的认知风格相一致的，另一部分学生由于不习惯这套风格，因而会表现出认知困难，将源自教师的原因形成的差异视作学生自身的差异，并导致学生在班级中受到不同的“礼遇”。

第三，学生受到的不同“礼遇”会影响他们的学习态度。对于学习个体而言，他们是学习的终极受益者。但是，学习个体在接受学校教育之前往往缺乏自我判断与决断能力，难以对自我学习生涯做出准确的规划。接受学校教育，就是

---

① Le Heron J，Sligo F. Acquisition of simple and complex knowledge：A knowledge gap perspective[J]. Educational Technology & Society，2005，8（2）：190-202.

要借助于短暂的学习过程建立一套可以影响学习者个人学习生涯的体系，其中包括与其一生相关联的心智结构体系、对于自我能力的准确判断、持续的自我修复能力等方面。对于学习者来说，他们尚不具备完全的判断能力，在成人眼里，他们可能还属于“边际人”。

【概念解读】学生与边际人

在青少年社会学或青少年研究的范畴中，青少年被认为是一种不成熟的社会存在。作为正在准备进入成人社会的“准成人”来说，其只是处在社会文化的边缘，是“边际人”。这一概念是相对于作为社会文化中心的成人而言的，青少年学生只是处在这种文化的边缘。①

尽管学生被认为是学习的中心，但相较于处于社会文化中心位置的“教师”而言，学生也是“边际人”。就学习者本身而言，有的人有着较为强大的内心世界，他们可能会合理采纳外部意见，但不会因为外部评价就改变自己的主体价值判断，敢于不断地挑战自我，但也有的人会比较在乎他人的态度，会根据外部对自己的评价而改变自己的个人行为，甚至会因此而彻底改变自己的行为方向，进而影响个体的整体价值判断。一些学生由于难以理解学习内容，长期得不到教师的关注，因而变得不再自信，他们很容易把自己纳入不适合学习的群体中，并在许多学习活动中表现出消极性。

第四，为学生提供合适的学习支架是弱化差异的合适选项。在早期的教育中，教师对资源具有独享性，所以他们可以以资源的占有优势作为履行教师岗位职责的基础。在新的学习时空下，学习资源的广泛分布性与开放性使得教师在资源占有方面的优势不再明显。在此情况下，教师之所以可以胜任其岗位职责，主要在于他们比学生更懂得学习。在原有的时空相对固定的条件下，教师会根据对学生的分析和判断，设计出满足大多数学生需要的学习方式，并以此来组织教学活动，这一过程中必然会导致部分学生被忽视。

【隐喻】充电宝和充电线

充电宝为人们在移动过程中及时补充手机的电提供了极大的方便，但是对于不同型号的手机而言，它使用的充电线的接口并没有统一的标准，因此如果要让充电宝能够满足多个用户的需求，就需要提供多种不同接口的充电线。

---

① 谢维和. 教育活动的社会学分析：一种教育社会学的研究[M]. 北京：教育科学出版社，2000：127-128.

对于学生而言，他们的认知风格等决定了其在学习中需要不同的学习支持条件，支持条件合适，他们的学习效果就好，反之则不好。我们可以将教师为学生提供的各种学习支持条件看作学习支架。学习支架如同建筑上的脚手架，它可以帮助学习者顺利地从某个层次迈入另一个更高的层次。学习支架的形式是多种多样的，在具体的学习过程中，有的支架会成为学习者的学习体系的组成部分，有的支架则是可以撤除的，借助于支架的作用，可以为学习者助力，帮助他们顺利地到达学习的彼岸。在旧的教学体系中，教师为学习者提供的学习支架是相同的，对于某些学生来说，支架是有用的，对于另一些学生来说，支架却是无用的。

学习者的差异可能与家庭环境有关，甚至可能存在许多遗传方面的影响因素，但是这并不表明学习者的这些差异会影响其学习的能力。在现代教育过程中，各类教育机构越来越重视家庭、社会教育的作用。在此过程中，一些学校开始将学生的家庭背景作为选择学生的依据，有的教师过分依赖于学生家长，将许多课程学习的责任也转嫁给了家长，由此一来，家长的学历或学术背景等方面的差异就开始迁移到学生身上，并进一步拉大了学生的差距。让全社会共同承担教育的责任，这是实现教育价值的基本路向，但如何进行责任的分摊，学校教育如何承担起专业教育的责任和使命，也是至关重要的问题。

【拓展阅读】学校的使命与教师的责任

古德森（I. Goodson）和哈格里夫斯（A. Hargreaves）在论述教师的专业生涯时，提出了后现代的教师专业化七原则。①

第一，在课堂教学，以及关心对学生的影响方面，教师在行使自主的判断时具有不断增加的机会和责任。

第二，教师对于教学内容的价值，以及它们的道德和社会目的，包括主要的课程和对体现这些目的和价值的各种事物的评估等方面，具有参与的机会和要求。

第三，它是一种与同事一起在相互帮助和支持的合作性文化中，运用共享的专门性技能和知识解决当前专业实践中的各种问题的承诺，而不是在一种联合的工作中，作为一种动机性的工具去完成他人外在的命令。

第四，它是一种职业性的他律，而不是自我保护性的自律，其中，教师是具有权威性的，但又是开放的和在更广泛的社区中与其他伙伴合作性工作。

第五，它是一种主动关心的承诺，而不仅仅是一种安慰性的为学生服务

① 谢维和. 教育活动的社会学分析：一种教育社会学的研究[M]. 北京：教育科学出版社，2000：122-123.

的承诺。在这个意义上，教师的专业性必须承认和包括教学中情感和认知的取向，以及认识到技能和气质对于承诺和有效的关心是非常重要的。

第六，它具有一种自我取向的研究和与个人自己特定的技能、知识和实践标准相关的继续学习的努力，而不是顺从某种使人衰老的义务，即对他人不断变化的要求的顺从，尽管这些要求也常常具有继续学习和完善的形式。

第七，它应该具有对更复杂和更高的任务的创建和认识，以及随着这种复杂性的提高，相应的地位和收入层次的提高。

学校作为一个专门的教育机构，理应承担起更多的教育责任，社会或家庭将孩子交由学校来管理和培养，学校就需要有关心每一个学生个体的责任担当。在正规的教育过程中，学生的差异化是可以减弱的，但这种正规的教育一定不是简单化的、统一性的教育。教师需要建立广泛的权威性，同时也要具有宽容性，在对待学生的态度上，这种宽容既包含对于学生多样化的理解，也包含对于学生的诸多独特个性的尊重。教师不仅仅是一个职业，更是一个专业，教师履行其职责的过程就是教师的专业成长过程，在此过程中，教师需要具有冲破束缚的勇气，更需要有面向未来的教育视野。冲破束缚并非表明可以由着自己的性子做教育，而是强调要用发展的眼光来思考教育，思考如何为每一个学习者创造机会，争取做到不让一个孩子因为教师的原因出现新的学习困难，同时要能够分析学生学习中可能遇到的困难及其原因，并提供相应的对策。

1.2 常见教学现象的简略扫描

随着社会对人才质量要求的不断变化，人们对于教学的认识与理解总是在不断地发生变化。一个基本的事实是，在教育的具体过程中，教师越来越关注学习者的参与性，关注学习者的自由表达，关注学习者的综合表现与整体能力的变化，强调培养“完整的人”。但是，对于学习的认识，以及对于教与学的关系的不同理解，都会对教师组织和实施教学过程产生影响，进而影响到其对教学中如何处理好教师和学生的关系的认识。在这里，我们列举一些教学一线常见的现象。

1.2.1 围绕基本结构设计教学活动

备课是教学的基本环节，是教师组织教学活动的基础和保障，教师在组织教学活动以前需要依据一定的框架进行备课。无论是中小学还是大学都对备课提出了较高的要求（如案例1和案例2），就规范教学行为与提高教学质量等方面而言，对教案做出一些规定具有十分重要的意义。

【案例1】国内某中学关于教案的规定（有删减）

①要求每位教师每一个课时都应有一份教案，不得转抄教案或使用旧教案。教案要有用案时间和教案编号。②教师一律采用手写教案，不用电子教案，如用电子教案不得分。③任课教师应至少提前2天写出教案，无教案不能上课。④教案应包括课题、课时、教学目标、重点、难点、教具器材、教学过程、时间分配、作业布置、板书或板画设计、教学后记或课后反思等。⑤教师编写教案，应使用统一的活页教案，教案的书写字迹要工整，形式要规范。⑥青年教师要坚持写详细教案，经验丰富的老教师可以适当简化，但基本环节要齐全。⑦课前，要“复备”，以进一步熟悉教案并做教前修改。教师要准备好教学用具。⑧坚持个人备课与集体备课相结合。同学科组的教师要通过集体讨论，共同研究，同层次班级的备课做到统一目标、统一重点和难点、统一内容、统一进度、统一作业、统一测试题。集体备课后，每一位教师必须针对施教班的具体情况，有针对性地强化个案内容的补充，增强施教的针对性。

教案规范：课题、课时、教学目标、重点、难点、教具器材、教学过程、时间分配、作业布置、板书或板画设计、教学后记或课后反思等。缺一项扣2分（复习等课型可依需要书写）。

【案例2】国内某大学关于教案的规定（有删减）

①教案编写应以教学大纲的学时分配为基础，依据教学进度计划，以每一次课堂教学（2学时）或一章节为单位进行编写。②为便于各位教师撰写教案，特提供课程教案的参考格式（附件）。在符合教案基本规定的前提下，可根据课程特点，保持一定的灵活性，但必须统一格式。③课后分析在教案纸的右边1/4处。用于教师在课后对教学过程需要改进的地方进行分析

和追记。课后分析的内容有：教材重点、难点处理的改进，教学方法与手段的改进，举例的改进，环节安排的改进，习题与思考题的量与质的改进，等等。

提出明确的教案编制要求，建立某些规定性与约束性条件，对于广大教师尤其是新入职的教师而言，便于形成一些基本的教学规范，引导教师完整地思考教学的相关要素，使教学变得有规律可循，同时也可以起到质量督查的作用。

教案的本意在于帮助教师提前规划教学意图，设计教案需要建立在对学习者充分理解的基础之上，依据学习目标和教学内容设计相应的教学活动，以逐步帮助学习者达到目标。从现有的教案设计的一般要求来看，关注的内容比较齐全，包括如何尊重学生的差异、如何体现学生的主体地位、如何确定学习目标、如何确定教学重点和难点、如何设计教学活动、如何组织和落实教学过程、教师和学生的互动活动要求、教学中的时间分配、教学评价等方面。

现在的问题是，对于同一个学科的教师而言，如果其在两年的教学中面对的是同一个年级的不同学生，或者是不同年级的同一批学生，其在备课的时候需要关注的内容有没有差异呢？教师在设计教案的过程中要依据学情，而学情通常是复杂的，如何保证教师在具体的设计中能够充分尊重学情，并能够在教案中体现出对学情的关注呢？

对于初次设计教案者而言，依据特定的格式完成初次的设计，是合理的基础行为要求。但对于再次设计教案者而言，如果还仅仅是要求他们依据特定的格式设计教案，会不会导致教师在具体的设计过程中只是简单地重复原有的教案呢？一些学校规定不允许教师使用电子教案，其中的一个原因就是，在现实中存在一些教师简单地重复打印教案的现象，为了避免教师教学前不备课，有的地区或者学校干脆采取了“一刀切”的做法，试图借助于抄写教案的过程，保证每一位教师都能够在教学实施前再一次熟悉教学内容，并期待教师能够在抄写教案的过程中对教案有适当的改变。

对于广大教师来说，与抄写教案相比，更加重要的是对于原有教学活动的反思与优化。他们需要关注在过去的教学中学生真正的学习困难在哪里，已有的教学适合哪些学生，对于存在学习困难的学生来说，这些方法有哪些不足，以及在新的教学活动中如何最大化地满足更多学生的需要，在学习策略方面做出相应的调整。

教师群体是一个专业性较强的群体，他们以人为职业对象，并直接指向了人的未来。人又是不断变化的，因此教师始终处于成长之中。如果在书写教案的过程中过于关注格式要素，对于成长型教师而言，很可能会让他们将本应花在重构教学方面的精力消耗在机械的重复上，从某种意义上说，这种规则可能会制约教师的成长。

1.2.2 依据计划组织实施教学活动

设计教案是为了规划教学，教学就是依据计划落实教与学的行为过程。对于依据相应的格式编制教案的教师而言，他们已经对教学过程进行了系统的设计。因此，在具体的执行过程中，他们会按照自己事先制定的流程来组织教学活动，这是惯常的做法。

教师的教学策略设计在很大程度上依赖于教师的已有能力或经验。他们的一些活动设计或策略安排，既有可能源于自己在学习过程中对他人的教学方法的借鉴和模仿，也可能是对自己的原有教学行为的再思考与再建构。在教学实施过程中，最主要的变量是学习者，学习者是学习活动的需求者，也是学习资源的主要使用者，在此过程中存在的诸多变数，包括同一个体内和不同个体间的变数，这都提醒教师在落实教案的时候，需要适度调整策略，以体现教学行为的价值。

【案例3】我们的脸长得像什么？

在一次美术课上，刘老师让学生准备了小镜子，她先引导学生说："老师的脸像苹果。"然后，她在黑板上用粉笔勾画了一个苹果的轮廓，再添了几笔，老师的脸部肖像就出现了。然后，她让学生回答大家的脸像什么，学生借用了不同水果的形象做出回答后，老师在黑板上快速做了简笔描绘。就在这个时候，一个理了光头的男生回答道："我的脸像蒋介石。"教师一愣，在听课教师和学生的笑声中，她没有在黑板上进行勾画，而是继续让其他学生回答问题。

课堂中学生不按常理回答问题的例子有很多。有的时候，学生的问题与教师的设计意图一致，教师会表现出关注，而有的教师则采取了置之不理的方式。在案例3中，面对学生的回答，刘老师采取了放置的处理方式，应该说此方法对于提高课堂效率是有益的，但从长远的角度来分析，则可能会形成几种不同的情况：对于教师而言，或许会因为学生的多次"不配合"，导致其对该学生形成刻板印象，进而回避对该学生做出积极的反应；对于学生而言，他们会因为自我的"独特"的发现多次不被教师关注，同样可能会渐渐地对该教师及其施教的课程表现出消极的态度，进而会成为该课程教师眼里所谓的"学困生"。

对于学生在教学中的反应，不排除有以下几种可能性：一是通过创新赢得教师或同学的关注，同时学习个体也形成了学习快感与持续学习的愿望；二是某些行为表现得到了教师的认同后小有成就感，却未能够建立持久的学习兴趣或愉悦感；三是很难得到教师的青睐，但具有独立的学习意愿，并形成了持续的学习愉悦体验；四是力求获得教师的关注却难以成功，学习个体难以形成学习的愉悦感，渐渐地失去了学习的动力和兴趣。

对于上述不同类型的学习个体来说，前面三类学习个体都有可能在考核评价中获得比较高的分数，并能够进入高年级继续学习。学生离开了某一个学习环境并进入更高阶段的学习环境后，有的人会对过去的学习充满留恋与感激，也有的人可能会因为缺失学习的沉浸体验，过去的学习环境没有给他们留下关于个人学习成长的印记。

师生的情感养成在很大程度上依赖于课堂中的相互关系的建立，在学习过程中，教师应该充分尊重学习个体的差异，给予学习个体合适的引导，力求为每一个学生创造学习的机会，帮助学生建立自信，进而引导学生形成学习意愿，建立稳定的知能结构。对于学生而言，这既有利于他们建立稳定的学习价值观，又便于他们形成持续的学习追求。

教学计划的确定已经充分考虑到了诸多因素，对于面对面的教学而言，教师不得不从大多数学生的情况出发，设计与其学习要求相一致的学习活动，但此过程中最大的问题在于难以满足已经掌握了或者掌握不了的学生的学习需要，但是教师却无能为力。他们能够做的就是设定一个目标人群，并努力让这一部分学生顺利地达成学习目标，至于高于此目标的学生，从考核评价的层面来说，这种方式并不会对其造成太大的影响。因此，对于这种问题，如果仅仅凭借课堂教学过程中的微调，并不能够触及其本质。

就一般的统计学意义而言，一个学习集体中的学生的成绩往往会在平均分上下出现正常的波动。当样本量比较大的时候，甚至可能会呈现出正态分布。教师制订面对面教学的计划，往往会以平均分上下的学生作为主要关注对象，依据他们的认知状况来设计学习活动，从而保证可以让绝大多数学生达成目标。高低分两个区域的学生更容易被教师用来作为激励他人的主要群体，如果不能成为正面典型，就可能是教师确立的负面靶子。

1.2.3 教学环节过分重视知能体系

对于教育的利弊，人们已经能够进行比较清晰的判断，并由此推动了课程教学的持续改革。就现阶段的课程改革而言，一个关键的变化在于对课程标准和课程目标认识的不断改变：从早期的“双基”（基本知识、基本技能）目标到后来的“三维”（知识与技能、过程与方法、情感态度与价值观）目标，到当下确立的基于“核心素养”的课程目标，教育界对课程目标的认识一直处于不断的调整中。

关于课程目标的表述，对于引导教与学的活动，以及理解教与学的意义有着十分重要的影响，现在提出的从文化基础（包括人文底蕴、科学精神）、自主发展（包括学会学习、健康生活）、社会参与（包括责任担当、实践创新）三个方面来阐述的核心素养内涵，正在通过不同课程的具体转化，试图在不同的课程中体现出相应的核心素养。

【资料】我国普通高中各学科的核心素养关键词

2014—2017年，我国的课程改革中提出了核心素养建设体系，并尝试在不同的学科中体现出来，从已经陆续公布的新标准来看，目前已经形成了不同学科的核心素养框架。普通高中阶段各学科的核心素养关键词主要包括：语文学科包括语言建构与运用、思维发展与提升、审美鉴赏与创造、文化传承与理解等方面；数学学科包括数学抽象、逻辑推理、数学建模、直观想象、数学运算、数据分析等方面；物理学科包括物理观念、科学思维、实验探究、科学态度与责任等方面；化学学科包括宏观辨识与微观探析、变化观念与平衡思想、证据推理与模型认知、实验探究与创新意识、科学精神与社会责任等方面；生物学科包括生命观念、理性思维、科学探究、社会责任等方面；历史学科包括时空观念、史料实证、历史理解、历史解释、历史价值观等方面；政治学科包括政治认同、理性精神、法治意识、公共参与等方面；地理学科包括人地协调观、综合思维、区域认知、地理实践力等方面；艺术学科包括艺术感知能力、艺术审美情趣、艺术创意表达等方面；音乐学科包括自主音乐需要、音乐实践能力、音乐情感体验、音乐文化理解等方面；美术学科包括图像识读、美术表现、审美判断、创意实践、文化理解等方面；体育与健康学科包括运动能力、健康行为、体育品德等方面；通用技术学科包括技术意识、工程思维、创新设计、图样表达、物化能力等方面；信息技术学科包括信息意识、计算思维、数字化学习与创新、信息社会责任等方面；英语学科包括语言能力、文化品格、思维品质、学习能力等方面；日语学科包括语言能力、文化意识、思维品质、学习能力等方面；俄语学科包括语言能力、文化意识、思维品质、学习能力等方面；德语学科包括语言能力、文化沟通、多语思维、自主学习等方面；法语学科包括法语应用能力、多元文化意识、双语思维意识、法语学习能力等方面；西班牙语学科包括语言能力、文化意识、思维品质、学习能力等方面。

尽管从各学科提出的核心素养体系中还难以看出设计者的系统思维，每一个学科对核心素养的描述具有孤立性，但能够强调核心素养，已经是课程改革的一种进步。如果我们对目前存在的普遍教育现象进行较全面的观察，就不难发现一个事实：在学校的主体教学过程中，教师关注得更多的还是知识与技能体系。

知识与技能是人们对已知世界的认识与概括，它可以帮助人们合理地借助前人的知识和经验，并能够站在前人的肩上持续思考问题，进而解决未来的生活世界中可能面临的新问题。在教学实践中，教师帮助学生习得适当的知识与技能，可以为其思考问题奠定知能基础。但是，如果学习者尚未遇到问题，那么他们积累的知能可能就是孤立的，在人的大脑中建立的这套知能体系与其他体系有可能是独立的。

在长期的教育实践过程中，我国教育工作者在知识与技能的传授方面已经积累了许多成功的经验，这些经验对于帮助学习者建立和巩固知能体系是十分重要的。但是，如果仅仅将其作为基础教育的目标，那么教育可能就会停留在对已知世界的掌握方面，并止步于某些特定的考试中。从现实的教育结果来看，许多学习者在离开学校以后，往往还需要接受用人单位的岗位再培训，其已掌握的绝大多数知识和技能可能与其新的职位之间已经没有了关系。

其实上述说法本身也存在着矛盾。如果我们对接受了不同层次教育的人进行比较，会发现受教育程度高的人在处理问题的方式方面会存在显著的差异，包括思考问题的角度、对待问题的态度、解决问题的方法等。但是，对于一般的生活问题的处理，似乎就很难看出人与人之间的差异了，我们难以从一次街头购物或者一次公交车排队过程中比较两名购物者或乘客的受教育程度。一种可能是，人们往往难以将接受的教育融入自己的日常行为之中；另一种可能是，人们接受的教育确实与自己的日常生活无关。

教育是引导人逐步融入并适应真实生活世界的过程，包括理解生活世界的规则，打破旧规则，建立新规则。真实的生活世界既包括身边的世界，也包括我们见不到的世界，可能远在异国他乡，也可能在遥远的未来。由于生活世界的多文化特性，以及人们对美好生活的无限向往，在未来的生活世界中，我们会不断面临新问题，产生新需求，形成新目标。学校教育就是要帮助所有人发现哪些已有的认识脱离了具体的知识技能本身，同时又有助于人们持续成长，即指向人持续适应未来世界的心智结构。

1.2.4 学习内容之间的关联程度不够

经过长期的教育实践，教育逐步从原初的综合性学习走向了分科制学习，如今教育工作者进一步意识到了综合性学习的重要性。但是，对于教育的具体实施而言，分科却是更加客观的现实存在。

我们梳理一下教育的发展历史脉络就会发现，今天的教育形式是在长期的实践中随着社会分工的日益精细化自然分化的结果。原初的教育是一种朴素的教育，当部分有经验的人将自己的经验不断传递给他人的时候，教育其实就已经发生了。人既是劳动者又是教育者，如同家长不断地引导自己的孩子学会识别简单的事物一般，也像动物与动物之间对生存技巧的传递。

真正意义上的教育是在社会分工形成以后出现的，当社会的财富出现了一定的积累以后，部分人可以专司经验的传授工作，借助于劳动体验成为教育者。此时，他们将不得不承担两份责任：一份责任是去获取先前人们已经积累的知识和经验，并且能够将其转化为自己的经验；另一份责任是将这些经验传递给尚未进入劳动行列的人，包括让他们能够熟练地运用这些经验去解决社会生活中的问题。

教育者自身也面临着社会的分化，部分教育者会想方设法地将有用的知识或经验收集起来传递给别人，因此他们会不断地向社会学习，还有一部分教育者同时还在思考如何将这些知识或经验总结出来，为后续的教育者提供更多的知识储备。于是，为了促进知识和经验的存续，人们便开始设计各种文字或符号用于记载这些知识和经验。从生产的到生活的，再到社会化的，直到各种社会秩序的建立，教育工作者才逐步建立起了可以帮助人们更好地适应生活世界的各类概念、程序、原理与规则等，这都可以被看作人们对已知世界的认识。

关于知识和经验，有的是关于自然界的，有的是关于人类社会的，有的是关于生产的。对于有关自然界的知识，需要经过长期的观察并通过对大量数据的分析，发现其中隐含的某种规律，为人类的耕种、狩猎等提供基础；对于有关人类社会的知识，则涉及诸多交往、礼仪、邦交等规制的建立，还会涉及社会阶层的划分等方面的问题，为人类的日常生存提供了行为规范；对于有关生产的知识，则主要涉及衣食住行等各个方面，包括生产工具的制作、物种的选择与改良、交通或通信工具的设计、生活场所的变化等方面。

从来自生产实践到回到生产实践，其中许多与特定事物相关的知识和经验中包含的一些基本原理渐渐地以算术、几何、物理、化学等形态从具体的实践中抽象出来，逐渐形成了一些基础性的学习内容。这些内容既是学习其他内容的基础，也是人们改造自然的基础，引导着人们不断适应并改造自己的生活与生存环境。

在生产实践过程中，支配人们的不仅仅包括物质层面的东西，还包括许多精神层面的东西，二者共同构成了整个生活世界。譬如，对于从事农业生产的人而言，并非总是以机械的方式“日出而作，日落而息”，他们还需要思考如何结合收成情况、天气变化规律等适当储存物品，同时要采用适当的娱乐、休闲方式来填补大量的生产间隙。在此过程中，广大劳动人民便将自己生活中的酸甜苦辣以诗词歌赋的形式吟诵出来，历经传承逐步形成了一些用以寄托个人情感的丰富文化形式。其中，许多优秀民间创作后来都被收录在《诗经》里，涉及的内容包括劳动的、爱情的、战争的、祭祀的、天文的、地理的等。此外，人们在生产实践中还形成了许多其他民间艺术，如青铜器、陶瓷技术等造型艺术，当然许多艺术形式的出现还需要依赖特定的技术发展与认知。

人们对真实世界的认识越深入，教育就会变得越复杂。从早期的主要依赖经验的技能性的教育，到依赖文化的积淀而形成的经书式的教育；从依赖特定的科学发现而形成的程式性的教育，到依赖特定的生活应用需要而形成的主张边做边学的教育；从关注特定领域的知识形成的分科式的教育，到当下强调的依赖多学科的综合而形成的关联式的教育；如此种种，教育经历了相当多的变化，并形成了目前多元教育观并存的局面。

多元化的格局是一种进步，还是一种倒退，或者就是一种简单的必然？在国际事务发展的过程中，有的时候会倡导多元化，但有的时候多元化又会成为地区冲突的导火线，进而会导致强势的文化消灭弱势的文化。在教育中的多元化观念并存的过程中，也必然会存在一部分观念被另一部分观念取代的可能性。同时，也会出现许多完全对立的教育观念同时存在的局面，表现在对学科的理解方面，就会同时出现几种不同的主张：一是主张以单科的方式组织相对独立的教育活动；二是主张以全科的方式组织相对综合的教育活动；三是主张以跨学科的方式设计适当的综合性学习活动；四是主张以单科与综合性课程相结合的方式设计学习活动。

例如，在我国基础教育的具体实践过程中，一些学校除了完成课程标准中规定的学科领域的教学任务外，还以特色项目的方式设计和安排了一些体现综合性、提升学生的实践能力的专题化教学活动，如以特定主题的校本课程的形式，或者以机器人、创客教育、STEM课程等形式培养学生的综合性能力。这些做法确实起到了提升学生的综合素质的作用，但是课程内容或目标之间的关系、不同课程的相互促进或依赖关系、课程自身内容之间的内在关系等，却很少得到实践工作者的广泛重视和关注。

1.2.5 不同学科之间相对孤立

我们从教育的整体发展过程可以发现，分科制是在实践过程中为了强化人们对某些领域进行更加深入的认识而形成的，分科的目的在于深度理解学科知识与技能，最终的价值在于将其转化为人们的实践行为。

但是，科目的边界过于清晰，导致了学科教师在理解学科的过程中往往站在学科内部看学科。譬如，从算术、代数、几何、图形、统计与概率的视角来看待数学，而非从真实的生活需求来看待数学，导致数学学科的教师在引导学生解决数学问题的过程中，常常会从数学自身的特殊性出发，用数学的概念来解释数学，学生也借助于抽象的数学原理来理解数学，使许多学习者在学习完数学之后仅仅获得了解答试卷上数学题的能力，而没有获得运用数学学科知识解决真实世界中的问题的能力。

再以语文学科为例，语文中的课文涉及许多方面，既有现代文，也有文言文，既有当代文化，也有传统文化，包括诗词歌赋、小说、散文、议论文等体裁。对于大量的内容而言，值得我们思考的问题有很多，譬如，对于同一小说中的章回的选编问题，什么内容适合什么年龄阶段的学习者？如果是不同年级的教材中选择了同一小说中的不同章回，学习目标有什么不同？学习者在学习了某一章回后，应该具备哪方面的综合能力？对于诸如此类问题的不同回应，会使教师的教学表现出极大的差异。语文的学习不仅仅是引导学生记住某些名篇名句，而是使他们从对这些文章的阅读中形成对同时期文化的关注，并具备阅读同等水平文章的能力。

就某一个特定的学科而言，如数学学科解决数学问题，语文学科解决语文问题，这都是无可厚非的，但是从学科内部或学科之间的关系来看，目前的许多学科还存在着一定的封闭性。

从学科内部的关系来看，部分学科存在着简单化地以标准和大纲规定的目标和内容组织教学的倾向。这里所说的简单化，就是指实践者会套用标准或大纲中的某些具体规定，从单一的或者部分目标维度出发组织教学活动，看似完成了所谓的“教学任务”，但许多教师只是完成了有限的“知识与技能”的教学，对于学习者是如何理解这些知识与技能的，以及应该如何借助这些知识与技能丰富学习者的能力结构和体系等，还存在着较大的调整空间。

如果从学科之间的关系来看，这方面的问题就更多了。在学科的分化过程中，有一部分学科是以基础性的形态存在的，其任务既有学科内的，也有学科外的，既要通过学科内的体系帮助学习者构建学科自身的逻辑关系，也要便于学生运用这些体系为学习其他学科的知识奠定基础。譬如，让学生去解决某一特定问题的时候，有时候我们会发现，学生的主要问题出现在对任务的理解方面，这个时候我们可以假设：一是该学生在阅读与理解水平方面可能还存在着一定的困难；二是该学生对于如何运用所学知识解决新的问题存在困难；三是对该任务的描述不清晰；等等。这既有源自课程自身的原因，也可能有课程之外的原因；既可能是教师的原因，也可能是学生的原因。

不同学科之间相对孤立、缺乏深度互动，是目前学校教育中存在的主要问题之一。各教研室（组）可能开展了形式丰富的教研活动，但往往都是以学科为单位的，既从学科内找问题，也从学科内寻找解决问题的路径，这种画地为牢式的实践方式会对教学产生许多致命伤。譬如，在学科体系内完成教学任务，学习者获得的许多知识自身是相对孤立的，难以指导学习者综合运用多学科知识去解决现实世界的真问题；学科的相对孤立容易导致教师在理解学科内的跨领域知识或技能时出现理解性的错误，导致设计的教学问题缺乏科学性，或者层次较低。

【示例】一则关于语文的例子

枫桥夜泊

（张继）

月落乌啼霜满天，
江枫渔火对愁眠。
姑苏城外寒山寺，
夜半钟声到客船。

这是唐代诗人张继的一首诗。在中小学的语文教材中，诗是学生学习的重要内容之一，也是许多家庭对孩子进行启蒙教育时选择的重要内容。诗通常以高度凝练的语言文字形式，将作者的所看、所思、所想等以不同的结构方式、特定的节奏和韵律表现出来。诗中往往饱含着作者丰富的情感，既可能是对个人心情的描述，也可能是对社会生活的某种寓意。简洁的文字中，既可能是作者的短暂灵感的彰显，也可能是其长期思考的瞬间迸发，其中的情感意义通常会远远高于写实意义。

从诗的学习设计与考核要求来看，我们会发现不同的设计者在对诗的学习中往往会存在着明显不同的倾向，有的学习将目标聚焦于引导学生跟着诗人体会诗情诗景方面，也有的聚焦于诗的写作手法方面。以《枫桥夜泊》为例，这首诗是作者在“安史之乱”后路过苏州寒山寺后留下的作品，从诗人留下来的其他作品看，他的诗作中普遍运用了比兴的手法。比即以此物比他物，兴是借他物来歌咏作者想要表达的情感，托物言志，借景抒情。在此诗中，同样可以看出作者借自然之景抒发个人情感之意，作者巧妙地将时间、地点、景致、事情放到了一起，给我们描绘了一幅诗人夜游图。对于诗人而言，他所选择的景及景的名字一定有着其试图“比兴”的意图；对于读者而言，我们可以尽情地想象作者所处的时代背景，也可以去揣度作者的情感，但是一首诗中作者试图抒发的许多情感也许永远都难以为读者理解。

在实际教学中，我们发现很多教师在考查学生对于该诗的理解时，将考核点放到了诗中四句话发生时间的先后顺序上，要求学生能够通过理解诗中的每一句话体现的时间，进而分析这四句话中哪一句描述的事实或场景先发生，哪一句描述的事实或场景后发生，而且这种考法还比较普遍。笔者借助于百度搜索了一下关于《枫桥夜泊》的写法的素材，发现许多页面中都有关于这方面内容的解释（图 1.1）。①

【枫桥夜泊这首古诗采用什么的写法】作业帮
2017年10月27日 - 【赏析】《枫桥夜泊》描写了一个秋天的夜晚,诗人泊船苏州城外的枫桥.江南水乡...这首诗采用倒叙的写法,先写拂晓时景物,然后追忆昨夜的景色及夜半钟声...
https://www.zybang.com/questio... ▾ V2 - 百度快照

【枫桥夜泊是按什么顺序来写的】作业帮
2017年10月21日 - 枫桥夜泊是按什么顺序来写的 语文作业帮用户2017-10-21扫二维码下载作业帮 3亿+用户的选择优质解答 你好.该诗是按照时间顺序写的.这首诗采用倒叙的...
https://www.zybang.com/questio... ▾ V2 - 百度快照

枫桥夜泊诗中描写的有什么景色_百度知道
2个回答 - 最新回答: 2017年05月01日 - 11人觉得有用
[专业] 答案:这首诗采用倒叙的写法,先写拂晓时景物,然后追忆昨夜的景色及夜半钟声,全诗有声有色,有情有景,情景交融。《枫桥夜泊 / 夜泊枫江》唐.张继月落乌啼霜满天,江枫...
更多关于枫桥夜泊采用了倒叙的写法的问题>>
https://zhidao.baidu.com/quest... ▾ - 百度快照

图 1.1　百度搜索的《枫桥夜泊》的写法

许多资料对诗中“月落乌啼霜满天”这一句进行了详细的解释，有部分专家或教师认为，诗中的“月落”交代了这是天亮时分，甚至还进一步用“霜满天”

① 本次搜索时间为 2018 年 4 月 12 日。

来进行验证。如果试图从时间的角度来分析诗人的情感，我们认为这是无可厚非的，但认为此句中以“月落”“霜满天”来描述天亮时分，似乎就显得有些不妥。在实践过程中，我们曾经问过一些中学语文教师，认为“月落”就是表示天亮的教师的比例较高，也有的教师用双验证的方式来证明这一观念，即还有“霜满天”可以强化这一解释。

我们姑且抛开具体的诗不谈，仅就此问题中折射出来的另一个学科关联的问题来看，就可以发现目前在教学领域中存在一些因学科相对独立导致的衍生问题。学科的孤立化存在导致教师在实践中仅仅运用学科内仅存的知识和个人的生活经验来解释学科的教学问题，并由此得出了许多错误的结论。

1.2.6 技术应用难以体现支持作用

有一个概念被提倡了许多年，即“信息技术与课程整合”，“整合”一词后来又被替换成了“融合”。通过整合与融合的基本理念的引导，部分教育研究者组织一线教师开展了许多探索性的活动，并进行了适度规模的应用推广，使得广大实践工作者建立了对信息化的认同，并在实践中出现了若干信息化应用范式。

但是，如果我们回到教学一线，关注信息化的具体作用，很可能就会追问许多问题：从投入与产出比的角度来看，教育信息化有没有提升教育的效能呢？对于具体的学科来说，信息化到底解决了学科中存在的哪些问题呢？

关于技术的应用问题，我们可以从多个不同的方面来理解：一是将技术看作某种用于支持学习的工具，从支持工具的使用程度来看融合的程度；二是将技术当作新的学习内容，引导学生不断理解和掌握新技术，进而达成对技术的关注，并能够产生研发新技术的高度自觉；三是在技术与不同的学习内容之间建立起更多联结，包括在学科的学习场景中，技术会成为学习相关学科内容的重要描述对象，如通过介绍关于某种技术产品的说明文，帮助学习者理解说明文的写法，通过设计具体的技术产品的过程，帮助学习者理解科学方法应用的一般过程等。

在技术应用推进的具体实践中，当前比较容易的做法是进行学习环境或空间的改造，通过引入大量的新技术产品，使得学校处在一个充满现代气息的时空中，这里有高速的网络支持，有各种支持交互的电子大屏，甚至人人都拥有一台高质量的平板等。不同的学科教师都深度置身于技术的环境中，他们在课堂中或课外对不同的工具进行探索来支持自己的学科教学，每一种技术产品都彰显着自身的独特魅力。

但是，当我们走到常态教学中的教师身边，可能就会发现教师的无可奈何。例如，面对纷繁复杂的技术，在教学中如何合理地选择并按照特定的序列来使用这些技术？如何借助技术应用中记录的大量数据来分析学生的行为？如何运用这些技术来优化教学过程？新的技术产生以后，我们原来的教学发生了哪些变化呢？

技术对教学的意义不仅仅在于变化，而在于优化和改进。但是在具体的实践中，我们经常看到的做法往往是许多教师使用了技术的同时，并没有放弃原来的那套教学方法，有了技术参与的教学成了部分教师旧的教学方式的附属品或补充品，于是教师就开始质疑自己的教学行为："我原来采取的教学方式已经能够达成课程目标了，为什么还要再增加新的技术呢？"在一些教师看来，技术的应用尽管可能会带来某些变化，或者会激发学生的部分兴趣，但是并没有真正改变教学本身，因而难以起到促进学生成长的作用。在这种背景下，如果排除某些外部机制的引导或制度的制约，教师对新技术的应用很可能表现出两种截然不同的倾向。

1.2.7 使用简单方式评价学生行为

基础教育阶段的学生群体处在一个对外部事物充满好奇的年龄段，他们的好奇心很容易被激发。有效的引导方式，包括巧妙的情境设计、多样式体验、适度的激励、理性的判断等，都会影响他们的学习意愿，并可能会改变他们的学习态度，甚至会影响其未来的人生。

美国行为主义心理学家斯金纳提出，教育是一个塑造行为的过程，也有学者反对使用"塑造"一词，认为塑造具有模具化特征。无论是哪一派的观念，都有一个共同点，即基本上都认同教育的价值。教育不是为了追求统一性，而是要帮助学生释放个性，但在此过程中如何建立规则意识，引导学生适应真实世界，并在此基础上释放个性，才是最根本的问题。规则是社会化的基础，规则的养成同样可以是借助情境的设计来引导学生进行自我理解而生成的。我们借用"塑造"一词，就是要借助于特定的教学行为，引导学生"塑造"自我，懂得如何在特定的规则下展示自己的个性。

【示例】如何引导学生建立规则意识

2018年4月，媒体报道了一则新闻，说的是某中学在4月8日至11日期间“对晚上不按时就寝的36名学生进行劝退，责令立即离校”，该校劝退学生的主要理由是：“在寝室纪律检查中，静熄后仍走动或说话，扰乱就寝秩序”，“为严肃校规校纪，按照寝室纪律整顿周的相关规定，经校委会研究决定，给予学生劝退处理”。在这些被学校劝退的学生中，有几个是过去公认的“品学兼优”的班干部。事情发生以后，不少家长很焦急，后经学生家长连续8天奔波求情，并借助于媒体的干预，学校最后改变了处理决定。

说实话，第一次看到此新闻的时候，笔者确实被吓得不轻，当后续的新闻出现以后，总算让悬在心里的一杆秤落了地。当一群学生仅仅因为走动或说话等行为“扰乱”了就寝秩序，就将失去学习资格的时候，这一处罚措施在学校能够执行到什么时候？能够做到在学习全程中对所有学生都严格执行此标准吗？如何执行到底，学校还能够留下多少学生？留下来的学生会成为什么样的人？

评价学生的角度有很多，既可以评价学习目标的达成度，也可以评价学生的规则养成状况，还可以评价学生的学习过程。但是，有一个需要思考的问题是：如何根据学习过程来准确判断哪些行为是合适的，哪些行为是不妥的，哪些是需要努力避免的，哪些是需要维持和强化的？

在教育实践中，我们可能都曾经遇到过这一类现象：对于班级中学业水平有差异的学生而言，当他们中分数低的学生表现出某种行为的时候，可能会遭到教师的责斥，当分数高的学生表现出同样行为的时候，教师则可能会给予一定的宽容。对于同样的学生行为，教师表现出了两种不同的态度，体现了教师在评价学生行为时的不同倾向。

评价具有较强的主观性，尤其是在对待某些特定的事务方面。譬如，对于学生设计的某一幅平面作品，其中可能存在多种影响因素，包括构图、线条、色彩等，任何一种搭配都可能会影响整个画风。对于学习者而言，他们对于作品创作过程表现出来的态度会影响其作品的质量，如果他们只是想完成作业，只是随意选择了线条或者色彩，那么此时作品评价的作用更多只在于给予一个“数字性”的分数，而没有其他的真实价值。如果学习者带着设计的情怀完成了作品，那么对于评价者而言，他们对于其中包含的设计意蕴的理解程度将会直接影响评价的结果。

评价者的意图是多样化的，有的评价需要筛选和排序，有的评价则需要检测达标程度，前者更加关注标准化，后者除了关注标准化以外还强调个性化。但对于被评价者而言，其接受评价的意图可能与评价者完全不同，有的人是想获得高分数，有的人除了想获得较高的分数外，更加期待获得认同。对于仅仅想获得一个能够让自己过关的分数的学习者而言，他们可能会试图迎合评价者的需求，做出与自己主观意愿不一致的表达。教育的终极意义在于影响和改变学习者的价值观，并促使他们形成持续维持其价值观的动力。

1.2.8 较少面向未来分析学习价值

学习者接受学校教育的最终目的是走进真实世界，并能够适应这一世界的变化，形成持久的适应力。这种持久的适应力包括认识真实世界，能够准确面对现实中遇到的各种问题，能够根据自身的能力和困惑建立持续的学习意愿，能够选择恰当的方式学习新的知识或技能以满足自己不断成长的需要，等等。

长期的教育沿袭，使得人们已经形成了许多定势思维，并基本认同需要依靠学校教育帮助学生建立知识与技能体系。学校可以教会学生识字，能够阅读和表达，能够进行简单的计算，对这些内容的学习可以帮助学生走进真实的生活世界，并能够解决生活中碰到的问题。但是，一个摆在我们面前的现实是：在现在的学校教学体系中，学生学习了许多内容，在他们完成了考试以后，这些内容就会慢慢地被静置在其大脑的某一个区域，有的甚至终生不再被想起。

学校教育的任务繁重，既要关注学生的知识体系，也要关注他们的能力体系；既要关注学生的知能起点，也要关注他们的知能形成方法与路径。但是，如果抛弃对学习价值的引导，那么学生就会将自己悬置于知能体系中，任由知能体系的冲刷，却难以形成对该体系的认同，在知能形成方面缺乏相应的责任感。

学校教育需要为学生的发展奠定基础，并借助考试等形式选拔那些对知识与技能的掌握程度相对较高的学生，以便他们可以接受更高等级的教育。相对于高等级的教育而言，由于专业之间的差异，需要学习者具备的知能基础同样存在差异。因此，现在行业内普遍认同将核心素养作为当前的基础教育人才培养的关键目标，这样就可以避免出现只关注学科体系而忽略学科体系与“完整的人”之间被割裂的现象。

形成面向未来的素养可以被看作学习的价值，即通过建立学科的核心素养，进而使学生形成综合核心素养，以便学生可以充满自信地走向未知的世界。但是，一个容易出现的问题是，学科之间的相对孤立、教师之间的阻隔使得当前的学科之间缺少关联，教师对于自身承担的学科或课程教学与学生的综合素养建立之间关系的理解不足，学科或课程之间的自我封闭甚至课程内部的封闭现象，都会影响整体培养目标的实现。另外，随着时间的推移，人的生存空间与对个体的要求也会发生变化，人们对自身的素养要求也会相应地发生变化。

课程的视野并不局限于课程内，而在于课程内外的贯通。对于某一门课的教师而言，如何认识到课程的某些知识点之于课程的意义，看到本课程之于其他课程的意义，看到课程之于学生成长的意义，这些都会直接影响学生对课程价值的理解，进而会影响他们对学习价值的判断。

【现象】数学真的是物理的基础吗？

有一种普通的认知，即数学是物理的基础。在我国的课程设置中，将物理课程设置在初中二年级。但对于物理课程本身而言，在使用数学学科知识的时候，有没有直接建立在数学基础之上呢？

如果梳理一下中学物理的知识就会发现，物理课程的知识体系本身是相对独立的，包括其中的公式和物理法则等，除了在解题过程中可能使用到数学中的计算法则或解方程等方面的知识以外，其他的知识则很少会依赖数学知识而存在。

上述现象在实践中并不鲜见。目前的基础教育中各科目之间整体上呈现出各不相关的现象，是有着特殊的背景的。首先，各课程在建立自己的课程标准与目标的时候，虽然在形式上有着一定的联系，但在具体的设计过程中几乎没有形成实质性的关联；其次，各学校的教师尽管也会有一些集体性的教研活动，但在具体的教学内容和方法等方面，各个学科教师之间并没有进行相应的研讨活动，不同的学科教师对其他的学科内容几乎没有进行过系统关注；最后，学习者在学习不同课程的时候，每门课程往往也是各自发挥作用，学习者也仅仅是以一种独立的体系学习和理解不同的课程，并没有系统地思考过这些内容之间的关系，难以对课程关系形成系统的理解。

即使是课程内部，也往往会呈现出以本为本的现象，即教师在每门课程的教学过程中往往会紧扣本学期的课程内容和教材要求来组织和安排教学活动，在具体的教学中，对不同年级段的学习内容之间相互关系的整体关注度相对较低，课程中不同知识内容的层级或递进关系等呈现出相对孤立的状态。譬如，数学学科中的图形与几何、数与代数、统计与概率等是自成体系的，这些内容之间存在何种关系？这些似乎不是课程的关注要点，也不会被纳入教师的思考体系，更不要说被纳入学生的思考体系了。

课程是为了帮助学生达成某些特定的学习目标设立的特定学习体系的集合

体，而课程体系是不同课程的集合。借助于不同的课程，学生可以形成不同的知识与能力结构，进而形成综合的知能结构。结构是不同组织要素之间的相互联系，具有内在的关联性，体现了要素之间的相互渗透关系。在学校教育中，如果仅仅让学生以独立体系的形式理解学习内容，那么内容与内容之间就会因为缺少渗透而缺乏整体性。

学习价值恰恰是通过整体性体现出来的。在现实世界中，我们遭遇的所有事实都不会指向某一门具体的学科或课程，更不会指向某一个特定的知识点，而是知识与技能体系的综合体现。在解决面向真实世界的所有问题的过程中，都需要运用不同的课程内容，是对课程体系的综合运用，并能够通过解决问题不断形成认知冲突，激发学生形成新的需求，启迪学生思考，不断创造性地形成新的解决问题的办法。

在学校教育中，需要建立课程认同。课程认同不仅仅是指对具体课程的认同，还是对课程综合体系的认同，是对课程之于个人成长价值的认同。建立课程认同观，就是要引导不同的责任主体共同参与课程建设。课程认同的责任主体是教师和学生构建的学习共同体，这一学习共同体能够共同关注课程的目标、理解课程的价值，并通过将其转化到学生的成长价值中体现出来。

长期以来，由于教学环境的制约，我们对教育的想象力必然会受到许多限制，但是这并不能成为我们沿袭与固守传统的理由。只要有教育存在，就会有教育评价，而评价是一种相对的行为，评价可能会因为目标、内容、要求、对象等不同而存在诸多差异。在实践过程中，教师常常会围绕评价的目标来组织教学活动，这本身是无可厚非的。如果因此而将教学活动理解成是为了适应评价而进行的行为过程，那么这样的教学活动恰恰就是“反评价”的。

评价本身是一种价值的判断，表现在教学中是对教师和学生形成的这一共同体的教育价值实现情况的判断。面向未来的教育并不排斥对过程性评价的适应，但是这种适应并不是倡导依据评价来组织教学活动，而是要通过能力体系的养成来帮助学生适应未来的各种评价。真正的评价是来自现实世界的，是在面对不同问题时的个体反应，是在面对复杂问题时的解决策略的形成，是一种对未来的广泛适应性。对于教师而言，就是能够不断地适应未来的学习空间的变化，设计出更加符合学习规律的教与学的活动，对于学生而言，则需要能够适应外在的各种变化，建立持续的学习意愿，提升学习能力，具备综合调用内部和外部资源的能力，从而形成面向未来世界的学习力。

第2章 学习结构的现实转向与缘由

在信息技术发展的进程中，技术的数据采集优势，加上学习分析技术的发展，学术界开始将智慧作为新时代的发展目标，出现了智慧地球、智慧城市等系列概念。以“智慧”一词来修饰教育，便形成了“智慧教育”这一术语。这种修饰的出现不管是否带有时代烙印，从其进入各类文本的速度来看，至少可以说明一个问题，即人们对过去的教育是不满意的。

学术界天生具有趋同性，喜欢蜂拥而至的感觉。“智慧”一词被引入教育领域以后，以“智慧”修饰的关于教育的词语铺天盖地。对于原有的教育要素，有些学者将智慧一词“强安”在这些要素的前面，于是就出现了智慧过程、智慧评价等术语。就智慧教育的整体意义而言，其价值实现必然会通过“智慧化”了的各个具体要素体现出来，但是如果对于智慧一词的理解过于泛化，那么智慧这一术语的意义必然会出现消解，甚至会导致应用界产生对新概念、新术语的排斥。因此，我们有必要厘清这些概念的本质内涵。

2.1 如何理解智慧与智慧学习

对于任何一个概念，人们往往都会有不同的理解角度，这些角度会促使人们不断地丰富概念的内涵，并为概念确定更加合适的应用范围。关于“智慧”的理解，当前也呈现出越来越多元化的倾向。这可能会带来两种截然不同的结果，正向的结果是，有可能会催生教育中的所有参与者产生更多的积极行动，并形成更多积极的思考与创造；反向的结果是，可能会让一线的教育工作者感到茫然，可能会导致教育领域的认知混乱，甚至会导致实践领域的彷徨与观望。强调概念的多元化，就是要充分利用概念产生的激活效应，让新概念带来的若干繁荣景象产生放大功能，引导更多的实践工作者进行教育思想的大讨论，促使人们发现教育中存在的真问题，进而引发真正的变革。

2.1.1 为什么需要关注智慧

用“智慧”修饰学习，暗含了一个命题，即“旧的学习可能是不智慧的”，而我们对学习的新的期待就是要让学习充满智慧。在第1章中，我们已经对教育领域出现的若干现象进行了简要概括，从中我们不难发现，当前的教育实践中，许多教育工作者对待教学和学习的态度方面还存在许多“不智慧”的情形，以“自我”为中心的倾向常常会出现在教育工作者的具体行动中，如将自己的认知方式作为科学的学习观，并以此来设计教学活动，甚至还常常以自己的简单认识对外部事物做判断，在限制了自身思维的同时，还可能会影响周边更多的人，让原本就很迷茫的人更加犹豫不决。

【现象】当成绩录入的要求改变以后

某大学在规范教师的成绩提交方式的时候，经历了几个不同的时期：起初是要求教师能够提交以Excel表格制成的成绩表，并能够提交班级的基本数据；后来是要求教师在线提交学生的成绩，并要求每个班级的成绩需要输入两遍；再后来又要求成绩至少需要包括三个部分，即平时成绩、期中成绩和期末成绩。

学校的每一个新要求提出以后，都会有一些教师站出来反对。在第一阶段，教师反对的主要原因集中于“重复劳动”，有教师质疑，本来可以在纸张上直接登记的分数，为什么要再多做一次工作登记到Excel表格里面呢？后来的主要质疑表现在，本来一次登记就可以完成的任务，为什么需要两次录入成绩呢？

令人惊讶的是，这些质疑常常会得到一批人的支持。对于第一阶段的质疑者，他们抱怨的根本原因在于，使用了Excel表格以后，对于一些基本数据，譬如，班级的学生成绩平均数、分数段统计等，依然采用了原有的人工计算方式，因此对于他们来说，使用Excel表格以后自然是增加了工作量，却没有理解技术带给其的计算的便利性。对于第二阶段的质疑者，他们可能永远无法理解在教学管理中经常会出现的一个问题，即在教师登记学生成绩的时候，很可能会出现登分的错误，两次录入成绩的主要目的其实就是帮助教师减少录入错误。①对于第三阶段的质疑，则主要集中于成绩构成的复杂性，而这恰恰又是过程性评价必须包含的内容。

在一个简单的成绩录入的例子中，就可以看出其中包含诸多“智慧”。对于技术使用的倡导者和反对者而言，其总是认为自己有无限智慧。在这里，智慧被看作指导人行动与做出决定的东西，它源于人们在学习、生活实践中积累的经验，并影响着人们的行事逻辑。当人们具备了关于某些事物或事件的智慧以后，就会运用这些智慧来解决问题，此时智慧又被看作解决某些特定问题的方法，体现出个体与众不同的特有技巧，它是人们在实践过程中通过不断尝试形成的技巧，会影响人们的行事效率。当能够形成高效的问题解决经验以后，人们就会修正自己的原有经验，并对外部事物或事件形成新的看法，此时智慧可以被看作人们从事认识活动的结果，它源自人们对外部新事物的不断思考与纳入，是对自己原有认知结构的调整。

当前提出的“智慧教育”，可以被看作一系列新的与“智慧”相关的概念的核心概念，包括智慧教学、智慧学习、智慧评价等，都可以被看作这一核心概念的子概念。但就实践来看，人们对与智慧相关的概念的兴趣点似乎还是更多地停留在对这些新概念的界定方面，侧重于从智能技术支持的角度来思考教学与学习，而对智慧地教学与学习的具体实现路径等则关注得相对较少，即使有所关

① 关于成绩录入出现错误的问题，或许在许多读者看来是完全可以避免的，但就笔者对高校教学管理工作的体验来说，如果依然依赖纯粹人工的方式，要想彻底解决这个问题几乎是不可能的，这方面亲历的例子太多，在此就不展开描述了。

注，也往往是从教学结构的角度进行探讨，更多地指向了智慧地“教”的问题，将如何运用技术来支持教学行为作为研究的主要内容。

在学习行为中，教学确实发挥着极为重要的作用，但是如果过分关注教学问题，虽然在一定程度上可以解决技术进入课堂的问题，却无法真正解决教育中最根本的问题，因为没能从学习的主角出发，没能真正让学习者走向前台。充满了智能的技术的价值并不仅仅在于帮助教师变换信息的传递方式，同时也会丰富信息的表征方式，帮助学习者感知到不同的信息接收方式，进而改变学习者的信息选择方式，满足学生日益增加的个性化学习需求。

那么，技术到底如何与学习发生关联呢？当技术进入学习领域以后，技术会自然地融入人们的学习环境①，使得环境的内涵不断发生变化，并使得智慧教育的实现变得可能。因此，祝智庭教授等认为，智慧教育可以被看作教育发展进程中的一种境界。②如今，学习环境的概念正在拓展，环境已经不再是一个简单的场所，也不仅仅是学习内容赖以依附的东西，它会逐步演变成一个更加广泛的空间，甚至会延展到人们所处的所有居所。但是，如果过于泛化，学习空间就有可能失却应有之义，因此有必要设计出更加符合学习需要的学习空间。

在早期的教育中，教师对学生的判断往往依赖自己的经验，在这一过程中，难免会出现个人主观主义，会影响教师的教学决策。智慧学习空间③的建设就是要巧妙地利用技术带来的便利，从学习的条件、学习过程的记录、学习结果的判断等方面构建出适合学生开展学习的复合空间，使得教师可以依赖空间提供的数据做出设计的决策，并能够设计出多样化的学习方案，而学习者则可能因此而获得更加符合其认知需求的学习路径。

学习行为离不开学习者的主体自觉，这种主体自觉又需要依赖学习者所处的学习生态。在体现了智慧的学习空间构建的学习体系中，同样会形成智慧学习生态。④在智慧学习生态中，学习者追求的是一种和谐与自然，是学习相关的诸要素之间的协调与协同。学习生态类似于自然界的其他生态，当其中的某些要素发生变化以后，需要经历一段时间才能自然修复与适应，从而使得每一个个体都需

---

① 黄荣怀，杨俊锋，胡永斌. 从数字学习环境到智慧学习环境——学习环境的变革与趋势[J]. 开放教育研究，2012（1）：75-84.

② 祝智庭，贺斌. 智慧教育——教育信息化的新境界[J]. 电化教育研究，2012（12）：5-13.

③ 祝智庭. 智慧教育新发展：从翻转课堂到智慧课堂及智慧学习空间[J]. 开放教育研究，2016（1）：18-26，49.

④ 祝智庭，管珏琪. 教育变革中的技术力量[J]. 中国电化教育，2014（1）：1-9.

要慢慢地适应新的生态，并不断塑造新的行动方式。

2.1.2 从学习的角度看智慧

所有对教育的关注都是为了解决学习问题，提升学习效率。对于成人学习者而言，他们在实践过程中往往会有自己特定的学习方式，并且会满足自己的生产和生活需要，而不会受到外部的过多制约和限制。但是，对于学校教育阶段的学习者而言，他们的生活经历相对简单，对于外部的生产需求几乎处于空白状态，如果想指望学习者建立比较系统的学习目标和诉求，这是不现实的，也是不可能的。学校教育可以帮助学习者理解生产与生活等社会活动，并懂得如何为适应这些活动建立相应的知识与技能基础，这里就有必要解决两个问题：一是如何让学习者产生学习的需求？二是如何帮助学习者理解学习之于其未来的价值与价值实现方式？

1. 如何让学生形成需求

如果单纯地指望学习者建立个人的学习意愿，产生个性化的学习需求，那么这种需求只能是个体的一种主观自觉，对于涉世未深的学习个体而言，由于其没有太多的生活经历，如果他们建立的对学习的诉求缺少了外部力量的支持，自然会表现出狭隘性与自我封闭性，难以与未来的真实生活世界之间建立起有效的关联。人的内心世界存在着一定的交往需要，通过交往可以让自己融入集体中，还可以通过自我展示让自己慢慢地成为集体中不可或缺的力量。学校教育作为一种外部的驱动力，就是要引导学习者形成这种交往关系，并通过交往行为发现自己的不足，增加学习个体的自我表达与展示机会，并通过学习使自身持续获得这种机会。

只有身临其境，才可能会遇到各种真实问题，也只有当自己在解决问题的过程中碰到了困难，才会产生解决问题的欲望与冲动，并激发内在的学习动机。但是，关于问题本身，又成了需要思考的新问题。学习者在学习过程中遭遇的问题到底是以什么形态来呈现的呢？在现有的学科或课程体系中，同样设置了许多问题，这些问题的存在似乎已经回应了前面的疑问。例如，在不同的课程中，有一类问题的表述是关于含义的，如什么叫光合作用，什么是剩余价值，什么是方程，什么是陈述句，什么是被动语态，什么是能量守恒定律，等等。如果学习者记住了这些概念的含义，是不是就表明学习者掌握了这些知识与技能了呢？

对于上述概念，读者并不陌生，但是对于这些概念，我们还能够准确地描述它们的含义吗？还能够准确地通过实例来说明可以将它们应用在哪些具体的问题情境中吗？这正是学习的价值所在，也是学习使个体的智慧产生变化的重点所在。明确了某概念有什么用，是我们想去弄清楚这一概念内涵的原因。对于一个有智慧的学习者来说，只有当他形成了某些问题解决的需要，建立了某种认知冲突以后，才会产生学习的意愿。

有一种说法是没有教不好的学生，只有不会教的教师。对于此论点，广大一线教师是深受其害的，毕竟在同一个课堂中，不可能同时顾及每一个学生的特殊需要。在生活中，几乎没有一个场所只提供一种服务，哪怕是一个包子店也会提供不同馅儿的包子供客人选择。但在过去的学校中，课堂提供的却是唯一的服务样式，每一个在课堂中的个体都需要接受统一的教学形式。这并非学校不作为使然，而是班级授课制本身制约了学习的样式：班级内的学生只能在同样的学习空间接受统一的学习进度和任务安排。在此种情形下，如果将学生低的成就水平都归结于教师，那么教师本身也就成了受害者。

智慧学习空间是一种混合空间，它既包括面对面的学习空间，也包括在线的学习空间。这种混合空间的出现可以在统一的学习目标的指引下，为学生提供不同的学习方式。如果能够在此空间中建立多样化的资源呈现方式，以满足不同学习者的口味，那么学习者就会拥有更多的资源选择机会，学习者的个性化学习需求就更容易得到满足。智慧学习体系建立，学校原有的教学结构自然就会被打破，教师在设计与组织教学活动的时候，就会考虑到不同学生的特点，站在不同认知习惯的立场思考问题，思考问题的角度也就从教学结构转向了学习结构。当多样化的需求得到满足后，一个新的论点就会产生，即没有学不好的学生，只有没有找到好的学习方法或路径的学生。好的方法需要教师协助提供，就此意义而言，当教师能够充分地关注不同学生的认知风格，并提供满足其需求的方法时，学生的学习成长机会就会变得更加丰富。

2. 如何让学习体现价值

当我们将关注的重点从教学转向学习以后，就不得不涉及如何重新理解教育目的的问题。关于教育的目的，每一名教师都有自己的见解，但有一些基本点是相似的，即都是指向人的成长。接受过专门教育的人与没有接受过专门教育的人的本质差别在哪里？在人类社会的历史进程中，没有接受过正规教育的人很多，但这些人也能适应社会的发展，并能够在社会的规则体系下健康地成长，而在接受过正规教育的人中，同样会有人不能适应社会的发展趋势，甚至会违背社会秩序。这些现象能否说明教育并非人的成长的必要条件呢？

正规的学校教育是帮助学生快速建立规则或秩序的途径，所有的秩序都是面向未来的，并会随着社会的发展而不断调整与完善。学习的意义是对未来的适应，不仅仅是对当下的顺应，而未来是对当下的超越，这种超越离不开当下每一个个体的持续思考与创造。因此，教育需要引导人们实现超越，而不是对社会简单适应。

从狩猎时代到农耕时代，从工业时代到信息时代，社会赖以发展的物质条件与环境都发生了重大的变化，这种变化正呈现出越来越快的趋势。从早期的基于自然界的现成材料的生活到基于材料加工的生活，再到材料的合成与创生，几千年来，人类生存方式具有极大的共同性，而今这种共同性变得越来越少。但是，没有了共同性，却不表明不具有相似性，教育就是要帮助学习者发现事物之间的相似性，并通过这些相似性去解决未知的问题，甚至能够引领人类社会的发展。

美国学者加涅（R. Gagne）认为，经历了学习活动以后，人的变化会通过不同的学习结果体现出来，教育的目的就是达成教育追求的不同学习结果。在适应人类社会生产与生活的各种要求的过程中，人需要具备许多不同的能力，譬如，使用工具的能力、记录与储存数据的能力、决策的能力等，这些能力可以借助某些类型的结果表现出来，学校教育的任务就是要通过设置不同的科目或课程来帮助学生达成这些结果。

加涅将学习的结果归纳为五种类型，即言语信息、心智技能、认知策略、动作技能和态度。其中，智慧技能与安德森所说的“程序性知识”这一概念在内涵上是一致的，都是指如何学会去做一些体现智慧的事，是一种对外部事物进行处理的能力。[①]在这里，智慧被看作用于解决问题的能力，并通过具体的问题解决过程体现出来。为了进一步细化这些技能，加涅又从辨别、具体概念、定义概念、规则和高级规则等方面，对如何运用智慧技能解决外部问题进行了阐述。

关于自然界存在的诸多现象，对于没有接受过正规学校教育的人而言，他们也会借助几代人的口耳相传，并结合自己的观察与总结，对这些现象做出判断，譬如，知道什么季节种植什么庄稼，什么时节可以收割，懂得物体会出现运动，甚至也能在模仿后懂得如何使用三相电[②]等。但是，对于其中存在的相关原理或原因，他们往往无从知晓。因此，对于变化了的环境，他们在适应性方面都会表现出缺失。学校的正规教育引导学生掌握了相关的规则以后，学生不仅需要了解

---

① Gagne R M，et al. Principles of Instructional Design［M］. New York：Harcourt Brace & Company，1992：39-44.

② 三相电是一种电能传送方式，通常采用的是三相四线制，其中三根线传输的电具有同样的频率与振幅，但相位依次相差120°，另一根线作为零线。

现象背后的原因或原理，还需要在现象发生变化以后，继续对现象做出准确的判断，这些正是智慧技能的价值所在。

英国学者约翰·怀特（J. White）[①]致力于对教育的目的[②]进行研究，他在对教育的目的进行再次论述的过程中发现，一些学者在实践中往往更加关注达成教育目的的某些手段，而另一些学者又认为教育绝不能仅仅关心那些可以帮助学生达到目的的手段，还需要做一些能够让学习目的得到升华的事。这里体现了两个不同层次的教育目的，前者是共识的目的，后者是基于共识目的的升华。如果教育的目的仅仅是让学生达成一些共识，譬如，国家课程中规定的一些可以具体化的知识与技能等，而缺少知识与技能和未来生活的衔接（即所谓的核心素养），那么学生具备的知能体系就会停留在服从的层面上，很难有突破与创新。

实现教育的目的需要依赖若干条件，既有来自学习者内部的，譬如，学生应该具备的能力、理解力和气质等方面的智力；也有来自学习者外部的，譬如，社会的经济水平和学校的教育条件等。对于学校的教师而言，他们在履行岗位职责的过程中，除了要完成对学生进行抽象概括的、可以具体描述的智力因素的培养外，还需要考虑到一些难以抽象概括的、富有变化的智力因素的培养，能考虑如何从一个社会公民的角度来培养学生，关注学生的综合理解力的养成，避免陷入狭隘。

综合理解力是一种超越了特定内容或课程的理解力，既可以应用于某些特定的场景中，又可以脱离某些具体的场景而存在。怀特在描述学生的理解力时，认为知识（knowledge）、推理（reason）、智力（mind）等都可以体现人的理解力。如果教育旨在以培养什么样的人为目的，就需要界定如何来描述这样的人，人们的成就（achievement）、人格（character）、智慧（intellect）[③]等方面都可以被纳入考查指标。

3. 如何理解智慧的内涵

加涅的学习结果分类描述以及怀特对教育目的的描述都关注了智慧的问题，但是没有对智慧做更深层次的探讨。我们甚至还会发现，在学者的与智慧相关的表述中，使用的词语也并不一致。

对于加德纳（H. Gardner）的“多元智能”概念，许多教师都耳熟能详。在

---

① 约翰·怀特曾任英国伦敦大学教育学院教育哲学系主任，是英国教育哲学学会会长，是英国当代教育哲学伦敦学派的主要代表人物。

② 约翰·怀特. 再论教育目的[M]. 李永宏等译. 北京：教育科学出版社，1997.

③ White J. The Aims of Education Restated（International Library of the Philosophy of Education Volume 22）[M]. Routledge：Taylor & Francis e-Library，2010：2-4.

2011 年再版的《智力的结构：多元智能理论》[①]一书中，他解释了最初提出“多元智能”概念的原因，认为过去的学校往往习惯于使用单一纸笔测验的方式来评价学生，这种测验难以准确反映学生的完整智能。他对学界以及其本人使用的不同词语进行了梳理和比较，并运用几种不同的表述来描述与智力或智能相关的概念，包括mind、intellectual capacity、multiple intelligence、smart等，在再版的著作中，他对使用相关词语的内外部原因等进行了阐释。由于纸笔测验的局限性，学习者的智能又远远超出了可以依赖纸笔进行测试的范围，因此需要引导学习者建立多元智能，进而形成完整的心智结构。

对于“多元智能”这一概念，加德纳使用了“multiple intelligence”一词，在术语的使用中，加德纳认为使用intelligence一词有三种不同的意图：一是将其看作人类特有的属性；二是可以借此体现出人的差别；三是人们可以将其用作达成目标的行为方式。[②]可以发现，在加德纳的话语体系中，智能既是一种结果又是一种方法。这里的智能与我们的话语体系中的“智慧”一词具有较大一致性。

作为“多元智能”的提出者，加德纳发现了一个有趣的现象，即当他的多元智能理论被介绍到国外以后，一些学校开始运用多元智能理论来变革学校教育，而他本人却认为自己只是一个心理学者而非教育者。他站在心理学的立场关注的是学生经过学习后发生的变化，以及导致这种变化的原因，他研究多元智能的目的在于强调个性化和多元化，即引导学习者在学习某一个特定主题的时候，能够建立多元化的思考方式而非单一的思考方式。他期待通过“多元智能”这一概念的提出，能够启发教育者运用多样化的方式传递教育信息，以满足更多的学习者的需要。教育的目的不是引导学习者获得多元智能，而是促进学习者实现其个体价值或社会价值，整合多元智能可以帮助人们更好地理解教育的目的。

加德纳给予我们的启示在于，考查学习者的能力体系的时候，需要综合考虑各个方面。当然，在对待这些不同智能的态度方面，同样存在着认知的差异，对于每一个个体而言，我们需要将重点任务放在强化其“强智能”方面还是应该弥补其“弱智能”呢？适应于培养“完整的人”这一目标，我们是要培养人的完整的智能结构吗？要回答这些问题，需要教育工作者拥有更多令人信服的“智慧”。

为了区分体现过程与结果的不同智慧，美国乔治亚大学教授科利尔（G.

① Gardner H. Frames of Mind：The Theory of Multiple Intelligences[M]. New York：Basic Books，2011：xi-xiii.

② Gardner H. Frames of Mind：The Theory of Multiple Intelligences[M]. New York：Basic Books，2011：xv.

Collier）对 intellect 和 intelligence 的内涵进行了分析和比较，认为 intellect 主要用于表达认知，指向人的“知晓”的理性认知过程，如识别、分析、记忆和分类，通过感知判断事物的特征和内涵，帮助人们了解外部环境的客观事实。intelligence 是指人建立的某种独有的智力，可以帮助人超越事实，能够看到事实的意义和目的，并能够建立行动的方针。①

在上述学者的分析中，他们围绕教育的目的、教育应该解决什么问题等进行了探讨，通过这些讨论我们可以发现，任何一个概念都有丰富的内涵，对概念内涵的多角度把握，可以帮助教育工作者不断认识教育的真实价值：教育的价值是多元的，既是个体自身发展的需要，也是社会发展的需要，个体可以依赖教育实现自我价值，个体的多元化价值使社会变得更加多元和生动。

学者的研究中关注的教育的目的大多指向了当下的教育，并会受到社会发展水平和人们的认知水平的影响。但是，关于教育的最终目的，依然存在许多不同的理解，并激发人们进行更加广泛的思考，譬如，怀特在分析教育现象时，就感觉到了一个“两难”问题的存在：教育是为了适应筛选的机制，以培养具有创造力的科学家和艺术家为己任，那么凭什么要让那些被筛选掉的人也来学习同样的内容？反之，如果教育是为了让每一个学习者达成一致的目的，那么我们的学生如何才能适应多行业对人才的特殊需求？上述问题的核心就在于，我们的学校教育如何与教育的最终目建立关联，如何在共性与个性之间达到平衡？过于关注共性或个性都有可能会造成对个体的倾向性关注，这样一来，会不会使教育失去公平性，让部分学生失去发展机会呢？

为了回应这些问题，中西方学者都在使用智慧、智能、智力等概念，试图运用这些概念来回应教育的目的，进而为教师设计和组织学习活动提供支持。但是，当“繁多”的概念不断出现以后，对于一线工作者而言就会显现出“杂多”，教育作为一种大规模的普适性行为，尽管在实践过程中可能会因教师的个体差异而表现出不同，在目标等方面却有严格的规定性。对于绝大多数教师而言，他们的教育行为方式主要来自对规范格式的模仿与简单的创新，并按照社会普遍认同的方式来组织与实施教学行为。譬如，在作业的布置方面，社会的主流认识往往是做得多就学得好，而很少关注做到什么程度就基本上可以认为学生的知能已经达到了稳定的水平，因此不加设计的作业布置也很少会被认为是不合适的，充其量被当作一种具有共性的教育问题略加指责，但这种指责针对的是整个

① Collier G. Intellect and intelligence：Fact and feeling determine the existential course of one’s journey through life[EB/OL]. http://www.psychologytoday.com/blog/the-consciousness-question/201205/intellect-and-intelligence [2012-05-02].

教育领域而非特定的教育行为本身。对于家长来说，其会认同一种观念，即别人家的孩子都在拼命做作业的时候，如果自己家的孩子不处于做作业的状态，就有可能会与别人家的孩子产生差距。

为了减少这种“杂多”，目前我国学界和实践领域开始试图运用“智慧”一词统整这一系列概念，因而产生了智慧教育、智慧学习等概念。由于汉语自身内涵的丰富性，加上多词语内涵的叠加与综合，智慧一词的内涵也在发生变化，在对“智慧学习”进行定义的时候，如何找到一个对应的外文翻译[①]，已经使国内学者产生了一定的纠结，甚至还引来了一些争辩[②]。事实上，这种纠结还仅仅是开始，部分研究中对于“智慧”的兴趣往往还处在以“智慧”修饰教育或学习的相关术语的层面，似乎谁能找到一个可以用“智慧”来修饰的词语，谁就更能够体现出“创新”，而对于运用“智慧”一词修饰其他词语以后引起的术语内涵的实质性变化，却并不能总是令人满意。

智慧教育一词已经不仅仅是一个学术术语，而是成了当前教育实践领域努力发展的方向，教育管理部门将智慧教育、智慧校园等纳入了目标建设与评估体系，全国许多地区的教育管理部门都在加大智慧校园的建设力度。对于一线的应用者而言，其需要的已经不再仅仅是关于“智慧”的理论层面的体系架构，而是如何对体现了“智慧”的具体教育实践行动进行指导。在相关的术语中，智慧学习是直接指向学习者本身的，学校的其他一切工作都服务于学习，因此对于智慧学习内涵的理解，直接关系到智慧教育的实践效能，基于此我们有必要对智慧学习的内涵进行更加系统、准确的阐述。

汉字的偏旁部首与结构往往反映了字的本义，“智”“慧”两个字也不例外。就汉字的造字本义来看，“智”强调的是通过交流和讨论形成谋略，“慧”关注的则是能够抛弃杂念与偏见，洞察事物的本质与真相，“慧”强调分析问题，“智”强调解决问题，而分析问题和解决问题又依赖于原有的“智慧”。随着汉字内涵的不断演变，“智”“慧”这两个字的本义也在不断变化，并渐渐地形成了词义交叉，即“智”中有“慧”，“慧”中有“智”。结合不同学者对“智慧”的研究和界定，我们不难发现，如今在教育领域使用的“智慧”一词几乎囊括了“智力”“智能”“心智”等词语的内涵，既涉及过程，也涉及结果，既涉及策略，也涉及方法，既涉及原初，也涉及未来。如果判定教育是否具有智慧，简单地看，就是要判定我们使用的方法或工具是否能够帮助我们找准问题，是否有助于我们分析

① 贺斌. 智慧学习：内涵、演进与趋向——学习者的视角[J]. 电化教育研究，2013（11）：24-33，52.

② 陈琳，等. 智慧校园的智慧本质探讨——兼论智慧校园“智慧缺失”及建设策略[J]. 远程教育杂志，2016（4）：17-24.

与解决问题，是否有助于我们提升个人的认知能力、认知品质。

相对于学习者，智慧可以被当作育人的目标，是指通过学习学生产生的学习结果的变化。相对于学习过程，智慧则可以被视作育人的技巧，是帮助学习者高效地理解知识技能体系的具体方法等。要完整地理解智慧学习，就需要从目标、过程、方法和结果等方面强调学习的系统性与完整性，强调学习之于个人未来的价值，重视学生的能力变化及其对学生生活状态的改变，避免片面性。

第一，充满智慧的学习设计能够充分尊重学习者的差异来确定学习目标。学习者在接受学校教育的过程中，其知能体系的不断丰富和完善会通过一定的知能结构体现出来。当学习者能够运用这些知能结构去解决真实世界中各种复杂的问题时，其构建的知能结构就转化成了心智结构。学习者的心智结构可以被看作其多元智能的映射，多元智能可以作为变量，不同的学习者因为这些变量被赋予不同的值表现出了不同的心智结构，体现在具体的问题解决过程中，会显现出一定的差异。这些差异的长期积累，会使个体之间表现出差异。因此，在确立学习目标的时候，我们有必要区分具体目标与教育目的的关系，对于基础教育阶段以课程标准为依据的目标，需要适应学生的差异而设计不同的路径以帮助学生达成统一的目标，对于体现专业差异的教学目标，则需要通过设计符合学科特点的学习方法来帮助学生达成，能够适应具体的目标变化或学习者的能力起点等差异设计教与学的活动，这就是一种智慧。

第二，充满智慧的学习过程有利于学习者养成面向未来的综合能力。社会发展既具有相似性，又具有不稳定性，因而才使学校教育成了必需。教育可以帮助学习者在具体的问题解决过程中不断提升自己的问题解决能力，升华学习的层次。学习者的个体差异，有的需要强化，有的需要弥补。强化的部分是为了让其表现出特有的才能，譬如，对于在音乐方面表现为强智能的人，可以通过培养让其发展成为艺术家，而对于具有一定创造天赋的学生，则可以往科学家的方向进行培养；弥补的部分则是为了让学习者获得一些基本的生存能力，满足学习者的一些基本生活需求或职业需求，譬如，对于动手能力弱的学生，可以重点强化操作性能力的训练，实践中的练字、发声训练等都是一些有效的方法。在教学实践过程中，教师能够弄清楚哪些智能对于学习者是必需的，哪些能力是可以迁移的，让学习者为未来而学习，能够依此组织学习过程，这就是一种智慧。

第三，充满智慧的学习空间有助于学习者合理地分配学习时间与精力。在现代学习过程中，技术一直发挥着重要的作用，技术支持教育的方式也在发生一系列的变革，从早期侧重于关注信息的表征与传播方式，到当下可以同时关注学习轨迹的记录与行为分析，技术的功能日益强大。当数据采集技术、存储技术与分析技术等得到广泛发展以后，技术就可以被用于收集学习行为数据，通过对这些数据的分析，可以帮助教育工作者理解学生的学习行为及其中包含的若干关系，进而判断学习是否有效发生，从而为后续的教学决策提供支持。如果在教育过程中能够建立合适的智慧学习空间，并能够处理好数据的采集与应用之间的关系，教师在进行教学活动设计与具体学习策略指导的时候，就可以不再仅仅依赖个人的经验，而是可以依赖数据中反映出来的各种证据，从而给予学习者更有针对性的学习方法方面的指导，避免学习者出现简单的机械重复性学习，这就是一种智慧。

第四，充满智慧的学习将会促进学习者不断完善其心智结构。学习者能构建心智结构源自其具有综合能力，并将会在具体的应用实践中使得他们与其他个体表现出差异。在问题解决过程中，有时候个体本身可以凭借自己的独立能力体系解决问题，但对于一些复杂的问题，则需要群体的共同力量去解决。群体是由个体构成的，群体的协同性与综合素质决定了群体的心智结构，群体也会因为整体心智结构的状态不同而与其他群体产生差异。正是由于学习者的差异化的存在，才使社会领域出现了不同的分工。对于学习者而言，其个体或群体间的差异性会影响他们的后续学习，在完成了某一阶段的学习以后，学习个体会出现分化，有的会从事专门化的不同职业，也有的会继续接受更高阶段的学习。如果学习者知道如何适应这些需求并做出调整，不断丰富自身的心智结构，这就是一种智慧。

综合上述分析，我们可以将智慧学习理解成学习者在特定的学习空间支持下的个人能力发展的自组织过程，是学习者为了适应未来的生活需要，借助于现代学习空间构建的一套支持自我调整与校正的学习平衡系统，开展有序的学习行为，逐步建立并完善体现个体特征的心智结构。智慧学习的实现，离不开智慧学习空间的支持，但仅仅有了智慧空间的支持还不够，还需要学习者的主体自觉，教师就是要通过设计若干学习活动，帮助学习者理解学习的价值，建立学习的意愿，最终形成学习的内需，这种内需会引导学习者不断地适应社会的变革，建立问题意识，并通过问题的解决来体会学习的价值。

2.2 理解教学结构与学习结构

在教育过程中，教学与学习构成了教学活动的主体内容。教师在履行职业责任的过程中，会通过具体的教学行为来体现其存在的价值，而学生则会在教师设计的教学活动中进行学习，不断积累知识与提升技能。

2.2.1 重新理解教学与学习

教学是教师和学生为了实现共同的目标完成的各种活动、任务等事件序列的总和。每一名教师在从新手逐渐成长为专家型教师的过程中，都会经历成长过程，而这一过程又与学生的成长密不可分。正是在持续不断的教学过程中，借助具体的教学活动中设计的各种方法及对学生能力变化的判断，教师不断积累教育经验，渐渐地开始精通教育规律，洞察教育问题，明白教育事理，最终将对教育的认识转化到引导学生学习的具体实践之中。

学习是学习者理解已知世界，并运用其中包含的知识与技能探索未知世界，以解决真实世界中各种复杂问题的过程。学习活动与教学活动存在相依关系，正是受到教师的引导与启迪，学生才能够实施学习行为。高品质的学习需要依赖特定的学习时间和学习空间，借助空间中的系列学习支持条件，学习者可以有计划地实施学习行为。学习本身也会因条件而变，在学习过程中，学习者只能利用身边可以直接接触到的资源来进行学习，当技术不断革新以后，学习者能够接触到的资源将不再局限于自己身临其境的学习空间，还可能会延伸到学习者所处的更加广泛的在线空间。

一切教学行为的安排都会因学生所处的环境和条件不同而形成特定的教学样式。同样，学习的样式也会受制于学习的环境和条件。新的技术出现以后，学生身处的学习空间也会发生变化，学生获得知识与技能的渠道、途径等都将发生变化，与此相适应，学习的内涵，包括学习的形态、时间分布、序列关系等也必然会发生相应的变化。

长期以来，对于教学与学习的关系问题，人们已经达成了一些基本的共识，并以此来设计学校教育活动。譬如，人们普遍认为教师、教学内容、学生、教学方法等是教学的核心要素，教学就是由教师通过合适的教学方法教会学生掌握相应的教学内容。

有效的教学并不是一成不变的，往往存在很多不同的样式，样式可以被看作“一种求知的方法，一种组织和分类信息的方法，一种思考和决策的方法”①。无

① L. C. 霍尔特，M. 凯斯尔卡. 教学样式：优化学生学习的策略[M]. 沈书生，刘强等译. 上海：华东师范大学出版社，2008：前言.

论是教师还是学生往往都有自己熟悉的样式，并借助于这些稳定的样式完成教学与学习活动。

在早期的教育实践中，学生获取知识或技能的途径主要有两种：一是书本；二是教师。即使在教学过程中教师也会运用一定的技术帮助学生认知，但受到技术功能本身的限制，教师使用技术的主要目的还在于帮助学生理解知识或掌握技能，譬如，通过技术的不同表征方式帮助学生理解一些复杂的概念等，教学的主要任务在于帮助学生建立对已知世界的认识。

体现了联通主义思想的技术出现以后，技术不仅仅可以被用于改变知识或技能的表征方式，还承担着传导知识与技能的任务。在新的技术背景下，学生获取知识和技能的途径已经不再局限于身边的人或物，还可以是远离自己的人或物，教师的内涵也不再仅仅是指原来意义上的站在教室讲台上的那个人，还可能是自己不熟悉的人，素未谋面的教师将会成为未来学生获取知识与技能的重要支持者。适应此种变革，教师的教学任务自然也会发生相应的改变，教师设计的教学活动将会围绕如何帮助学生更好地理解知识和技能，如何应用其解决面向未知世界的问题来展开。

因此，现代的教学实践过程中将会发生一系列重要的变化：一是学生的学习将不再简单依赖于教师提供的特定教学样式，而是可以选择更多的灵活样式；二是在组织教学活动的过程中，教师也不再仅仅提供单一的学习方式，而是可以为学生提供可供选择的多样化的学习方式；三是在教学活动中，教师允许学生以不同的行为方式来完成学习活动，对学生的行为方式的认同度会越来越高；四是在教与学的过程中，教师对学生学习效果的判断也会更加贴近学生个体的发展。

但是，一个摆在我们面前的事实是，尽管当前人们对于技术的认识越来越符合技术自身的特征，但就实践而言，确实存在许多值得反思的问题：一方面是全国范围内开展了大规模的信息化教育实践，并且已经对信息化教育有了深入的认识；另一方面是在具体的教学实践中，技术的应用程度和理论界的期待之间还存在较大的落差，两极化的倾向比较明显。尤其是在回答如何帮助学生获得较高的成就水平这一问题上，目前还存在较大的不一致性，这都需要进行更加系统的思考。

从目前的教育现状来看，关注学习在理论界占据上风，而关注教学则在实践领域占据上风，甚至许多一线教师在陈述个人的教育信念时，也往往会将学习作为关注的重点，但在实践中依然坚守着自己长期形成的教学样式。究其原因，不外乎以下几点：一是旧的样式便于驾驭，在旧的教学样式中，教学的主动权掌握在教师手里，教师有权决定教学的环节，可以按照特定的时间节奏来把控教学过程，教学活动是程序化的，是可以控制的；二是对新的样式难以把握其精髓，对于学习而言，学生处在不断的变化中，不同的学生有不同的需求，哪些需求可以通过共同的方式来满足，可以在何种程度上得到满足，如何在满足学生需求的过程中引导其构建个人学习力，等等，对于教师而言这都是新问题，教师要做到快速把握其中的精髓，需要经历一个长期的过程；三是对于学习中的变化难以做出快速决断与适应，面向学习的设计就不得不考虑到在学习过程中可能会出现的各种新问题，许多问题甚至可能会超越教师当前的知能体系，教师需要与学生一起思考如何解决这些问题，而不是替学生解决问题，只有这样才能使学生构建面向未来的学习力。

2.2.2　为何可以转向学习结构

正如前面提到的英国学者怀特抛出的“两难问题”，如果教育是为了通过筛选来培养专门人才，那么为什么要让那么多人“陪绑”呢？如果教育是为了达成统一的目标，那么又如何满足各行业对不同人才的需求呢？

当然，我们可以找到许多理由来回应这些问题，譬如，可以从竞争的角度来看待学习，现代社会是充满竞争的，学习的目的就是让每一个学习个体获得平等的学习机会，并在一种平等的条件下参与竞争，力争在竞争中取胜；也可以从人的最基本的需要出发来看待学习，将学习看作个体进入人类社会的基本门槛，教育权并不是个人的自由选择权，而是法律赋予人的基本权利和义务，每一个社会公民都需要依法接受教育；还可以从打基础的角度来看待学习，我们可以认为，学校教育中设计的所有内容对于学生的成长来讲都是基础，是他们将来适应社会必须具备的。对于那些没能在竞争中取胜的学生而言，这对于他们未来从事其他职业也是有一定用处的。

1. 课程标准的导向与现实

当前教育领域存在一个基本的现实：一方面是学校教育工作者都认同学习者具有差异；另一方面是在目标的设计和实现方式上又追求统一的标准。如果说以特定的行业需要来设计考核目标，并对有意从事相关行业的人进行基于统一标准的考核，这本身是无可厚非的，但是如果将考核目标确立为不同的课程体系中包含的学习内容，既将这些内容看作学习的目标，又将其看作考核的目标，就相当于在考核猎人的射击水平的时候，仅仅依据箭的飞行路径进行考核，而不管飞出的箭射向了何处，如此一来，会不会是不管猎人是否射到了猎物，只考核箭的飞行距离呢？

学习某些特定的知识或技能，是为了能够在具体的问题情境中运用这些知识或技能。在旧的教育体制中，曾经影响了中国1000多年的科举制度最初的设计意图在于选拔人才，并为不同阶层的人创造了进阶的机会，但是发展到末期的科举考试不仅在内容方面过于呆板，在考试的形式方面也过于刻板，最终导致一些饱读诗书之人除了满腹经纶以外，对如何解决民生问题、如何创造发明等几乎是一窍不通，对自然科学的贡献更是微乎其微，导致社会在很长一段时间一直处于相对落后的水平。新的课程体系就是要打破这些弊端，从而真正实现学以致用，既包括所学内容应该有用，也包括所培养的人才应该符合社会的用人需求。

在很长的一个时期内，我国作为许多国际企业的代工厂，只加工不设计，除了与我国人口众多、劳动力成本低有关外，还与我们自己的原创力不足有关。这不能不说与我们的教育有关。当然，在原始资本相对不足的初期，选择代工不失为强化资本积累的重要方式之一，但是当资本的积累达到了一定阶段以后，设计并创造自己的品牌就成了新一代国民的责任。在此过程中，奠定人生基础的学校教育就自然肩负着更加重要的使命，不仅要培养能够应对考试的学习者，还要培养能够运用所学知识进行创造的人。

运用统一的评价标准进行多样化人才的培养，就教育的公平意义而言，是合理的，但是这并不意味着要拒绝个性化和差别化。标准是一个相对的概念，对于某一种特定的生产工艺而言，标准就是生产工艺需要遵守的法则，对于不同企业生产的同类产品，以及不同企业为同一产品加工的不同部件，都必须符合一定的标准，其目的就是“合用”。在学校教育过程中，建立统一的课程标准，同样是希望不同的学校能够培养出满足统一要求的人才，以“合社会之用”。因此，“合用”可以被看作标准的标准。为了选拔运动员，可以将通过体能测试得到的数据作为依据，对于音乐或美术类人才，则可以通过艺术类的专门化测试进行选拔，但是如果要选择数学或物理专业的学生，绝对不会提出以他们的音乐才能作为入学的门槛。

2. 课程实施的使命与问题

学校教育中的课程体系承担着不同的使命，主要包括：帮助学生掌握语言，能够自由地表达，懂得日常的运算和推理，学会思考，能够对社会现象进行判断，并发现其中蕴含的规律，并能够合理地利用这些规律进行生产与生活，完成各种人类活动。社会的进化与分工对人才的需求结构也会不断发生变化，从早期的以体力劳动为主，到如今的体力劳动与脑力劳动并重，每一个生产者同时也是思考者。现代科技不断发展，许多简单的机械的人工劳动正在逐步被机器替代，一些行业正在逐渐消失，如早期主要依靠纤夫进行的水运，如今依靠机器的作业就可以实现。在农业生产过程中，原来日出而耕、日落而息的劳作方式也正在逐步被机械化大生产取代，小的手工作坊正在逐步被工业化生产的大工厂取代。在此过程中，人的社会存在价值已经不再是通过消耗自身的体力来实现，而是需要借助脑力来实现。

从学校教育的整体目标来看，我国目前的基础教育领域的课程内容设置主要还是为高等学校选拔人才奠定基础，因此课程的体系与高考人才选拔体系之间存在着较强的相关性。国家的高考科目发生的任何一次变革，都会引起基础教育领域的重大变化。比较近几年的中考、高考数据可以发现，初中毕业后，有很多毕业生会进入职业学校继续学习，高中毕业生中同样有很多人会进入职业院校继续学业。从社会的不同分工及对不同层次人才的需求角度看，这种设计符合人才的“合用”原则。

我国高校正在开展“双一流”建设，高水平大学也成了高考学子的首选目标，而从当前的实际招生数据来看，真正能够进入高水平大学的学生仅占该年度高考考生小学一年级入学时学生总数的4%左右。[①]小学和初中阶段的教育分别将主要教育目标瞄准了普通高中和高校，义务教育阶段的学习更多地满足了学生进入普通高中学习的需要，这样一来，就会出现以下几个问题。

第一，基础教育中的许多课程仅仅承担了满足学生考试的任务。在课程标准中，对基础教育领域的课程设计是基于核心素养的，是为了帮助学生适应未来的社会。但是，课程的命运往往会受到许多外部因素的影响，当大众对考核要求产生了误判，尤其是家长对学生的期待都瞄准“分数”这一要素以后，完整的课程体系就可能会在实践中变得支离破碎。

第二，大量的教学任务与活动设计都指向了如何通过考试。对于特定的课程来说，有些任课教师将主要精力放在了研究如何应付考试上，其在教学中的主要活动就是从设计题目到解题，以提供解题的技巧作为自己的教学特长。这样一来，总会有一些学生能理解教师的思路，并且能跟着教师的教学节奏进行学习，而另一部分学生则可能会因为无法适应而难以进入教师的“法眼”。于是，同一班级的学生就在教师的心中出现了自然的分化，学习也就简化成了读题、审题、破题与解题的循环。

第三，在基础教育阶段，一些学生不得不成为其他学生的陪衬。由于在学习

---

① 笔者统计了江苏省2017年的高考录取数据，并查阅了2005年入学的小学生数量，发现进入“985工程”“211工程”高校的学生占比为4.01%，对其他省份的数据没有进行严格查对、比较。

方法或节奏方面的不适应，一些学生可能难以充分表达自己的个性，当他们的考试分数较低的时候，很容易成为教师用以激励其他人的反面例子。他们的学习投入难以形成与社会预期相一致的回报，很容易导致他们被某些群体孤立，对于这一群体而言，当他们无法获得学习的成就感以后，自身也常常会对自己的能力持怀疑态度，既影响他们的学习兴趣，也会影响其创新能力的提升。

如果以能否进入高水平大学作为衡量学生成功与否的标准，那么成功的学生只占4%左右，其他96%左右的学生应当何去何从？既然分流是必然的，那么在学习的过程中，就需要让所有学生的学习积极性在学习阶段都被充分调动起来，让他们（包括他们的家长）对学习的兴趣点和方向有所意识，并在学校的学习过程中不断促进其增强个人兴趣，建立学习的价值认同，也就是说应该让每一个学习个体都能够在自我成长的过程中自然适应分流，而不是以失败者的姿态去接受命运的安排。

主张学校重新设计学习活动，实现向学习结构的转变，并不是要排斥考试，而是让学生能在学习活动中将所学知识转化成应用技能，能在应用中促进对知识的保持与巩固，进而将在学校学习的知识与技能作为个人成长的基础，促进学习迁移。

3. 教育引导的共识与失衡

社会的分工需要人才的分流，教育的意义在于引导，应该让学生学习合适的内容，让合适的学生做合适的事，以满足社会对多元化人才的需要。分流理应成为一种平行的活动，对于接受分流者而言，不应当因为分流导致其失去某些应得利益。

教育评价是对学生的学习状态的判断，对于学习过程而言，评价是为了“因材施教”，对于未来成长而言，评价是为了帮助学习者找准定位，其价值依然在于“合用”。尽管人们会说“三百六十行，行行出状元”，但是由于长期以来存在的传统观念，目前教育中的评价主要变成了用于区别学生好坏、选拔学生的基本工具。从社会到家庭，从学校管理者到每一位教师，在评判学生的时候，已经形成了一些固有的教育价值认同，学校教育中将“义务教育—普通高中—普通高校”这条线索视作衡量学校教育水平或学生学习成果的标准线。学生在完成初中的学业后就会被贴上一些标签，到了高中毕业，还会再次被贴上标签，这些标签甚至会影响学生的一生。

俗话说：“男怕入错行，女怕嫁错郎。”入错了行，不仅个人的主观能动性难以得到发挥，还有可能会使自己从此陷入不复之境。学习过程就是人生“入行”

的起点，借助于学习活动，个体可以对自己做出判断，建立自知。当然，对于每一个个体而言，其可以进入的"行"一定不是唯一的，教育的引导作用就是要帮助学生学会建立多种可能性，能够在未来的职业生涯中拥有主动性。

当前的学校教育一直都在标榜"以学习者为中心"，但对"中心"的理解却存在巨大的差异，有的教育工作者认为以学习者为中心就是要让学生获得高的成就水平，这就是学校一切工作的中心。也有的教育工作者认为，以学习者为中心就是要让学生获得自由的选择权。对于这两种观念，在实践领域中，前者一直占据优势地位，学校将如何让学生获得高的成就水平作为教研的重点，学生的学习只能以学校的行为为导向，"进了学校的门，就是学校的人"，学生只能依据学校长期形成的面向高等级人才选拔的教育范式进行学习。

关于以学习者为中心的问题，并非给予学生所谓的自由选择权这么简单，而是要求学校在帮助学生达成课程目标的过程中，能够充分关注学生在认知等方面的差异，能够从学生的认知视角来设计符合其个人成长规律的学习活动。

当前，学校教育中面临的一个重大困难是行业认同感的问题，而这一问题在短时期内是无法解决的。长期以来形成的社会积弊导致人们对行业的认识形成了天然的差别，加上目前社会资本对不同行业的投入程度不同，导致当前的大部分行业对体力劳动与脑力劳动都有不同要求，而社会大众明显偏爱以脑力劳动为主的行业，这种现象对学校教育提出了很大的挑战。对不同行业形成的认同感不同，导致教育领域在具体的运作过程中亦存在明显的评价失衡，由此而形成的教育现实自然也会遭到来自各界的质疑。如果不能建立多行业均等认同感，那么现实中存在的智慧学习也只能是浅层次的，最终依然会以追求分数为目的，而不在乎分数的获得过程。在这种情况下，学生只能依赖教师的经验进行学习，依据近似相同的范式完成学习过程。

对于社会分工而言，必然需要体力劳动与脑力劳动人口的比例适当。新的技术不断出现以后，一些繁重、机械的体力活有可能会渐渐由机器来完成，这样一来，就会导致行业对人才的需求结构发生变化，这都有利于促进教学结构的变革。

4. 教学结构的存在与无奈

在形成初期，学校就是以一种集中的方式来帮助社会成员适应社会的基本需要，因而早期学校的主要任务是教授一些实用性技能，包括耕种、射箭、驾驭等，后来逐步过渡到阅读、礼仪、音乐、计算等方面。受到"学而优则仕"观念的影响，后来的学校教育则主要服务于少数愿意求取功名的人，学习成了人们改变命运的通道。现代学校建立以后，教育系统开始关注教育内容体系的完整性，试图做到开民智，让每一个社会公民都能够有机会接受教育，并能够运用自己所学更好地生活。

学校作为一个组织机构，承担着育人的任务。教学作为一种有组织的行为，教师在组织和实施教学活动的过程中，需要围绕“教”的实现，确立支持“教”的要素，进而设计出具体的教学过程，形成教学结构。所谓教学结构，是指教师为了达成特定的教学目标，对于可能会影响教学实现的各相关要素，如教学内容、活动方式、时间与空间分配等，进行系统组织与安排后呈现出的表现形式。如果我们将影响教学的每一个要素都看作一个变量，教学结构就是这些变量的组合，教师会根据自己对教学的理解，在教学活动设计过程中赋予每一个变量不同的值，教学也会因此表现出差异性。

如同建筑一样，结构反映的是某些建筑的基本构件及其组合，建筑师的思维方式与设计风格等方面的不同会使不同的构件的具体呈现方式表现出差异（如同赋予每一个构件变量不同的值）。对于建筑师来说，他们会有自己的建筑风格，但绝不会千篇一律，而是会依照环境、材料的特征设计出既有共性又有个性的建筑物，从而使建筑物表现出一定的差异。建筑物形成以后，使用者也会因为自身的审美与认知等方面的差异，对建筑物形成不同的认同感，包括在审视建筑物的时候会有多个不同的赏析角度，并会得出不同的结论。

在早期的研究与实践中，人们通常将教学结构中的核心要素确定为教师、学生、内容和媒体等方面，这样一来，学生就成了教学活动中的变量之一。在教学结构中，将用户纳入了设计范畴，但最终又形成了统一的教学过程，在进行教学设计的时候，“学生”这一要素也只是起到了帮助教师理解学生所处的年级阶段的作用。对于某一特定的教师而言，其在分析学生这一变量的时候，往往是将学生群体看作一个综合变量，并以他们所处的年级阶段的整体学习状况作为主要参数，在具体的教学结构中，学生这一变量通常是以常量的形式在发挥作用（对于同一名教师任教的不同班级，可能会有适当的变化）。因此，教学结构常常被视作一种稳定的结构。

教育的这种稳定性使教育可以产生批量的效益。为了让学生在稳定的教学结构中完成学习过程，以及对学生这一变量的变化范围进行控制，教师进行教学设计时就会抓中间，兼顾两头。这样一来，在教学的整体设计中就相当于承认学生群体具有相同的认知特征或认知能力，在具体的教学组织过程中也必然会回避学生存在差异性这一现实。这种问题的出现，是由教育的具体实践方式决定的，在同样的环境下，面对同样的个体，为了达成统一的目标，教师只能采用同样的方式，以体现教育的公平性。为了尽量照顾到更大范围的受益群体，教师就需要放慢教学的节奏，对于起点高或风格一致的学生来说，这样的教学节奏会让其感觉吃不饱，而对于起点低或风格不一致的学生而言，这样的教学节奏会使其显得力不从心。因此，可以说在原有的教学结构中，教师的教学智慧就是通过设计尽可能符合更多学生的认知习惯的方式来体现的，而学生的学习智慧则主要是通过其在具体的实践中逐步形成的知识积累与学习风格来体现的。

旧的教学结构中表现出来的同一性，使得学习者在成长过程中不得不依据外部的规定性来控制自己的学习过程，统一的步调、统一的环境、统一的路径无法体现学习者的个体选择性。广大教师熟悉的教学组织形式，其实正是教师自身在成长过程中经历的方式，而这种方式又是由原有的教学条件决定的。毕竟在旧的教学活动设计过程中，教师需要考虑到学生能够获取资源的一切方式，并依照这些条件来确立相应的学习活动方式。教师一方面在强调要尊重个体的差异，另一方面又不得不用统一的方式去组织教学，因此个体的差异被简单、粗暴地理解成学习者存在的能力差异，进而通过分数与等级的方式把学生区别开来，却回避了因为教学方式的单一性与学生的不适应性而出现的差异，更加不在乎学生在多元智能方面的差异。

出现上述现象，主要还是受制于教学条件。教师在组织教学活动的过程中出现的是一对多的映射，一名教师同时面对多个个体，应该如何施加影响、如何干预学生的行为等，大多依赖自己的经验与判断，即使教师能够发现学生的差异，也不得不在有限的教学时空适度取舍，以追求教学效果的最大化，实现教育传播中的增值效应。互联网技术、大数据技术等得到广泛应用以后，学习的空间和时间得到了拓展，在这样的过程中，一些教师已经开始尝试借助于网络学习空间解决过去的教学中因为教学条件的不足而导致的教学难以满足学习者不同需要的问题。

但是，从现实来看，尽管技术创造了更多的机会，现阶段的许多教学实践过程中，教师依然是依赖教学结构来组织教学活动的。对于全体教师而言，自身的认知经验往往是他们组织教学活动的依据。全国范围内已经组织了多轮以提升全体教师的信息化教学水平为目标的能力提升工程，包括中小学教师教育技术能力提升工程和中小学教师信息技术应用能力提升工程等，但对于全国范围而言，区域分布广泛、学校相对分散，部分地区甚至落实完整的义务教育体系都还面临着困难。在这种情况下，要求广大教师彻底变革教学结构同样面临巨大的困难。然而，仅仅依赖于教学结构组织教学活动，教学的效能难以充分体现出来。

5. 学习结构的诉求与必然

学习活动是学习者在适当的空间中通过选择适当的内容与方式，帮助自己逐步达成相应目标的过程。现代技术的发展，使得学习空间可以突破过去的物理场所的限制，延展到学生的整个生活空间中。学习是无处不在的，学校教育作为学习的主要场所，将学习从分散的自发行为转化成了集中的自觉行动，且更加关注学习的系统性与整体性，关注对“完整的人”的培养。

如同病人看病，首先是病人发现自己有症状，然后医生才能根据病情对病因做出判断，如此才能做到对症下药，病人是有治病的需要的，所以他们会依照医嘱服药。把学习比作看病似乎有些不妥，但当教师给学生传达指令要求其遵守的时候，学生凭什么要听从教师的指令呢？如何才能够让学生愿意去遵守这些规则呢？学校通过建立规则与秩序等方式来要求学生形成某些学习习惯，当学生不能遵从这些规则时，教师借助其威严甚至配合采取其他方式，可能会取得一定效果。但是，如果对这些秩序的服从不是发自内心的，而是依靠教师的某种说教，甚至是依靠教师的某种强制性力量，即使学生表面上会表现出顺从，但这些秩序很难融入个人的综合素质体系中。

因此，在具体的教学实践过程中，教师不仅要教会学生知识，帮助学生达成目标，还需要用多种方式让学生知道为什么需要达到这一目标，让他们产生达成目标的主观需要，掌握达成目标的多种路径。这样一来，学生就可以依赖目标要求，寻找支持自己达成目标的方式，并结合问题的解决情况，不断优化自身的心智结构。借助智慧学习空间，教师可以将自己设计的多样化的学习方案同时呈现在学习空间中，这些方案是同时作用于每一个学习者的，却并非要求每一个学习者必须同时采用所有方案。学习空间中的智慧性就在于能够记录学生的学习行为，能够帮助教师进行决策，并且能够借助对学生的分析，给学生者推送更加合适的方案，同时也可以给学生提供自主选择的机会，能够结合学生的行为过程中形成的个性化学习轨迹适时调整并生成有针对性的学习策略，对学生进行适度引导，减少学生的机械、重复学习行为，帮助学生寻找到一条更加符合自己认知特征的学习路径。

在以教学结构为主的教学过程中，教师既要关注教学活动的设计，也要在具体的教学环节实施自己设计的教学方案，包括对学生的行为进行观察，对学生的作业进行批阅等。这样一来，教师就难以将更多的精力用于思考学习者的差异与设计有差异的活动上来。借助智慧学习空间的支持，教师可以将精力转移到对学习内容的多样化设计上来，通过不断积累形成关于学习内容的多样化解释方式或表征方式，以适应不同风格的学习者的需要，并帮助学习者建立课程目标体系与现实问题体系之间的关联，完善学习者的心智结构，促进学习者的智慧的生成。由此一来，无论是在在线课堂还是面对面的课堂中，教师都可以更多地关注差异来进行针对性的指导，并结合学生容易出现的问题，探索更多的表达方式，真正实现"让人做人的事，让机器做机器的事"。如果能够建立这种意识，那么教师的工作就不再是一年一年的重复，而是逐年的积累与完善，就真正实现了教师的专业成长。

学习者能够依据自己的实际状况接受相应的策略引导，从而形成与自身发展相一致的学习行为，这样就形成了特有的学习结构。所谓学习结构，是指学习者为了达成相应的学习目标，借助特定的学习空间的支持形成的关于学习内容的呈现方式、组织序列、时间分配、自我检测等要素的特有组织形式。学习结构中的不同要素构成的结构变量会因为学习者的差异而被学习系统赋予不同的值，并形成有差异的学习路径，以便学习者可以更加高效地达成学习目标。

新时期的教学设计需要从教学结构转向学习结构，一方面是因为现代技术已经为满足个性化学习提供了支持条件，使教师可以不再因困于单一的教学环境而束缚自己的手脚；另一方面是因为当下的生活世界正在发生巨大的变化，如果学校不能够追踪生活世界的变革不断修订人才培养方式，那么学生在学校建立的心智结构就可能会与现实世界之间存在较大的差距，难以帮助学生建立适应未来生活的素养。

第3章

学习设计的维度调整与重构

教学设计就是依据特定的课程标准设计相应的教学目标，根据教学目标确定教学内容和教学过程，进而建立教学评价的一套整体性规划。就教学设计的本意而言，其包含对教与学的设计，对于教师来说，他们将会依据这套设计来组织和实施教学活动，而对于学生来说，他们则会依据这套设计来完成学习过程。

就实践层面来看，许多教师都将教学设计看作教学活动的核心内容，但在具体的理解中往往又将教学设计看作对“教”的行为的设计，过多地关注了如何通过施教行为来展现教师自身的与众不同。使用“学习设计”一词，并非将教学设计中“教”的成分去掉，也不是说让“教”让位于“学”，而是强调“教”与“学”的一致性，强调教对学的“合用”性。

3.1 学习的需求判断

前面我们已经用很大的篇幅论述了学习的需求问题，提倡要从学生的需求出发来组织和设计教学活动，以便更好地支持学习。现在的问题是，如何判断学生的需求呢?

学习的任务就是学习者为了适应未来的发展而养成必需的关键素养。所谓学习需求，就是指学习者必须具备的关键素养与当前的已有素养之间的差异。判断学习需求，就是要判断这些差异是否存在，以便学习者可以消除这些差异。因此，教师在判断学习需求时，需要着手考虑以下几个方面的问题：一是要弄清楚哪些是学生必须具备的关键素养；二是关键素养从何而来；三是如何帮助学生获得关键素养。

3.1.1 什么是关键素养

"素养"一词与"素质"一词一直被混搭着使用，说的都是人的某种"应然状态"，即应当成为什么样的人。通俗地说，素养就是一个人表现出来的品性、品质等，是一个人内化于心、外化于行的东西。素养有公识与个性的双重含义，对于公识，是指要求所有人都应当遵守的公共秩序、规则等，而个性则是在公识的制约下表现出来的与众不同。素养既是一种现有的状态，又是形成未来的新状态的基础，同时还是未来所追求的状态本身。判断一个人是否具有素养，主要是判断其当下的状态：一方面是对其现有的状态做出分析和判断；另一方面也暗含了对其未来状态的预测和判断。对于一个学生的素养，主要是通过对其现状的描述，进而对其未来的学习潜力等做出判断。

人的日常行为就是人的素养的体现。小至居家生活，大至国家情怀，素养伴随着人成长的每一个阶段，并会通过人的言行举止表现出来。关于一个人的素养，人们往往会通过不同的态度来展示自己的判断。譬如，如果一个孩子在公共场合打闹，这很可能会引起旁人的反感，如果他人与孩子的父母就此问题产生了冲突，就可能会暴露出许多与素养相关的问题。对此选择制止还是保持沉默？两种不同的态度都可能会体现出不同的素养观，对于前者，可能体现的是一种正义感，但也可能是因为缺少宽容感，或者仅仅是个体表现出来的自我保护；对于后者，可能是因为有一种共情性，但也可能仅仅是一种忍让，甚至是一种“事不关己高高挂起”的简单心理；等等。

世界是充满变化的，对于学校教育而言，就是要引导学生适应这些变化。随着社会的日益复杂，人们对学校教育的认识也在不断发生改变。目前，我国的课程改革中提出要面向未来建立核心素养，表现在学校教育的不同阶段，就是要建立与学生成长阶段相适应的关键素养，通过关键素养的养成，帮助学生建立基础知能结构，进而通过不断的实践与应用，以帮助学生适应各种未知的可能性。关键素养不是要求学校教育要做到面面俱到，却需要通过学校教育帮助学生具备基础的学习力，可以通过引导学生对这些关键素养进行无限的延展，以应对未来世界的变化。

我国的古代教育家在实践中一直在尝试归纳人的关键素养，譬如，孔子及其弟子认为应当做到“博学之，审问之，慎思之，明辨之，笃行之”，从他们的论述中还可以看到关于立志、时习等方面的内容。立志是一种源自内心的信仰和追求，是一种内在的驱动力，可以激发人们产生某种特定的意愿。时习是一种持续不断的实践，是对所有思考的验证，是一种基于应用的学习。博学是一种对历史和自然的广泛关注，即博览群书，是对已有世界的充分认识；审问是一种持续不断的反省与追问，是对行事逻辑的把控，是指处理问题的严谨性；慎思是对各种已有知识与真实世界的关系的思考，是一种严格的循证，是基于证据的判断，是对创新的诉求；明辨是对外在事物中包括的诸多复杂性的洞察与辨析，是对事理的探究；笃行是对学习成果的检验，是在真实世界中的游刃有余，是处理问题时的周全与自信。孔子倡导学习者在日常行为中要能够做到“温、良、恭、俭、让”，就是建议人们在与他人交往或自己独处时，要能够做到温文尔雅、好善乐施、谦逊有礼、勤俭简朴、礼贤下士等。

《大学》[①]中亦对理想的学习进行了许多有见解的论述，简单地说，可以将其概括为“三大纲领”和“八条细目”。这里所说的“大学”，就是人的关键素养，是一种理想的教育目标，是人生追求的最高素养。所谓三大纲领，即“明明德、亲民、止于至善”，主张真正的学问是一种最高境界的素养，即能够弘扬崇高的德行，能够不断学习以成为与时代发展始终保持一致的人，能够以达到普天下公

① 《大学》距今已有2000多年的历史，原先是被收录于《礼记》，到了宋代，朱熹将其从《礼记》中独立出来，与《中庸》《论语》《孟子》合称“四书”，并作为科举考试的科目。

认的“大善”为终极追求。所谓八条细目，即“格物、致知、诚意、正心、修身、齐家、治国、平天下”。格物是对自然规律的把握，致知是个人的智慧的形成，诚意是发自肺腑的意愿，正心是对于社会公共秩序的良知，修身是个人品行的修炼，齐家是指适应小的群体并能够在其中做到与他人和谐共处，治国是指能够参与建立并共同维护符合更大的集体的共同秩序，平天下是指追求整个宇宙中万事万物的共荣共生。

在几千年来的研究和实践中，对于教育进行的各种改革，无不聚焦于如何培养学生的关键素养。在我国的多次课程改革中，对于关键素养的理解也在不断发生变化，从早期的“知识与技能”，到“知识与技能、过程与方法、情感态度与价值观”，再到当前的核心素养，都是在试图找到影响学生的关键素养，并以此作为学校教育的主要任务。对关键素养进行的研究虽然采用了多种不同的描述方式，但几乎都没能够超越上述表达。结合对不同的研究中关于关键素养的主要内涵的表述，我们不难发现，这些表述中基本上都强调了以下几个方面。

第一，需要建立主观的学习意愿。主观的学习意愿是学习个体的基础素养，没有意愿，一切都无从谈起。意愿是一种个人信仰，是一种对美好生活的追求，是对“善”的向往。在教育实践过程中，教师要帮助学生建立学习的意愿，要使其与人的认知需求相一致。过去的教育中，有的时候教师会从人的私有欲望方面来激发学生的意愿，如“书中自有黄金屋”“书中自有颜如玉”[①]等。在今天看来，如果我们只是将其看作个人的一种物欲追求，那么这些文字可能就会被看作糟粕。但是，如果换一个角度来看，我们能够弄清楚这是一位皇帝为了鼓励人们学习所作，就会发现这些朴实的语言就是要激励人们好好读书，让读书人知道学习蕴含的巨大价值。

对于学习者的意愿，不排除存在着公欲与私欲，公欲是一种公共的价值，而公共的价值必然符合个人的私有价值，最终会通过个人的行为表现出来。私欲是以公欲为基础的，是建立在遵守公共秩序的基础之上的，譬如，个体期待获得更高的收入，这是一种私欲，但高收入必须在合法的前提下以正当的手段谋取，而不得以损害其他人的利益为代价。如果个体在获取个人私欲的过程中损害了公共秩序，那么对于这种欲望就需要抵制。个人的学习意愿的建立，就是要帮助学习者在建立公欲的基础上形成私欲，帮助学习者理解“唯有我为人人，才能人人为我”，理解学习在满足私欲的过程中具有的价值，使其明白共同发展的基本

① 这是宋朝的第三位皇帝宋真宗赵恒所作《励学篇》中的文字。

道理。

第二，需要与真实世界建立关联。将学习和真实世界联系起来，既是对自然规律的尊重与服从，也是学习者自身的一种责任与自觉。只要谈及学习，必然绕不开学习的价值，学习的价值就在于学习的合用性，而合用性必然体现在真实的事物之中。有一种观念是，自然科学类的课程或许可以与真实世界建立关联，但人文科学类的课程就很难与真实世界建立关联了，事实并非如此。

譬如，对于唐诗宋词，许多学习者在很小的时候就能够背上几百首，但是如果不能够理解诗人当时所处的环境或历史背景，对于那些千古名句，背诵者又如何能够体会到作者的情感呢？如南唐后主李煜的“问君能有几多愁？恰似一江春水向东流”，如果我们不能够理解作者当时的处境，如何能够体会到其中所包含的凄凉与感伤呢？在自己的生日，想起昔日的雕梁画栋，想起往日的风光无限，如今却只能被禁闭在独立的小院中，内心产生了无助、无奈、无力感，只能仰天长叹。对于这种情怀，如果不能够让读者产生身临其境之感，如何能使其产生共鸣？

第三，需要依赖前人的已有经验。对于真实世界的认识，前人已经积累了丰富的知识，通过对已有的知识体系的学习，可以帮助学习者站在前人的肩上往前看。世界是变化的，每一个新的个体的出现都会引起世界的变化，因此人们对于世界的认识也总是在不断变化的。人的认识会无限接近世界的客观性（绝对真理），但永远也无法达到，这是人类进行创新的基础。

学校教育需要帮助学生学习已知世界的知识，但不是也不可能帮助其学习人类已经积累的所有知识。学习过程中需要关注的关键知识，是那种能够有利于学习者举一反三、触类旁通的知识。譬如，如果教师引导学生阅读一篇文言文，并不仅仅是要求其读懂该文的意思，也不应该将目标确立在文章中的某一两个特殊句法上，而是要引导学生从阅读的过程中理解阅读同一类文章时应当掌握的要点，能够借助于对一两篇文章的深度阅读，从而具备读懂同一时期的其他文章的能力，这才是关键的知识之所在。

第四，需要关注内容之间的关系。整个人类的知识体系涉及的领域和内容极其丰富，对于每一个个体而言，都可能会触及生活实践中的每一个领域，但是不同的个体对于这些领域表现出来的需求却不尽相同。只有身处黑暗之中才会呼唤光明，只有需要远行才会想起给汽车加油，只有在实践中遇到了某些具体的困难才会产生对特殊技能的需求。譬如，我们在养花种草的时候，才会去关注与花草相关的知识。

当人们建立了对某种特定知能的需求后，就可能会去习得这些知能。此时，对于学习者而言，就涉及先学什么、再学什么的问题，以一部分知识作为后续学习的基础，这是人成长的基本路径。知识与知识之间的相依关系并不总是源自学科内部，还可能源自学科外部。譬如，关于“算法”的知识，早期是被作为计算机程序设计相关课程中的内容来学习的，后来也被纳入数学课程中，这体现了人们的知识内容观的变化，也表明了内容之间的学科交叉性。将“算法”置入不同的课程体系中，在学习的要求方面自然也会发生变化。计算机相关课程中的算法更加侧重于培养学生的算法应用能力，而数学课程中的算法则侧重于数学表达。

第五，需要注重思维能力的培养。思维和知识内容之间的关系一直是教育工作者想弄清楚又难以说得清楚的一个话题。在孔子关于学习的话语体系中，有三个重要关键字：“学”“习”“思”。其中，对于学与思的关系，孔子认为“学而不思则罔，思而不学则殆”，这是孔子对学习所做的重要论断。“慎思”是为所学建立证据，是为了使建立的关系或逻辑更加缜密，也是为了让所学的诸内容自然构建起稳定的体系。学习者形成了思维能力，就可以避免其建立的知识体系之间出现孤立，但是如果脱离了知识体系，思维能力的形成就会成为纸上谈兵。

对于思维的认识，观察的视角不同，理解也不相同。在实践中，对于思维的简单认识是将“思维等同于动脑筋”，只要是教学过程中需要人动脑筋的行为，就可以将其看作思维活动。与这种认知相对应的是，在知能体系的构建过程中，必然会伴随着思维活动，因此教师在教学活动中只要将重心放在知能体系的构建中，也就同时促进了学习者的思维体系的构建。这种认识本身就暗示了“思维”概念的复杂性，在教学活动中，教师引导学生建立知能体系的目的并不是让学生简单地记住经典，也不是为了简单地表达对传统的敬畏，而是要让学生能够以此为基础习得解决复杂的未知问题的能力，从而表达对学习者的未来的尊重。这样一来，就需要引导学生将已知的世界和未知的世界联系起来，需要有一个联结已知世界与未知世界的纽带，这一纽带就是“思维”。

第六，需要通过实践来慢慢养成。孔子关于学习的三个关键字中的“习”，以及他进一步阐述的“行”都指向了实践。“习”是简单的“行”，是对所学的知识与技能的运用，并且这种运用可能是为了刻意强化对知识和技能的掌握而进行的，而“行”则是谋生过程，是对所学知识与技能的综合运用，是人生的历练，是以一种自信的姿态从容面对未来世界。《大学》中所说的治国、平天下都是实践的最高境界。

学校中的实践与生活中的实践具有高度的相似性，但又存在诸多不同。学校中所经历的实践是生活实践的抽象，是一种高度概括化的过程。在学校的实践活动设计中需要关注的因素很多，而安全是处于最高优先级的，仅就此意义来说，这就和真正的社会生产和生活实践有着不同。为了保证安全性，学校在设计实践活动时，需要考虑到各种可能性，同时还有必要刻意回避一些高风险的实践活动。但是，这并不意味着学校的实践活动是与真实世界孤立的，在实践活动中形成的经验及思维方式能为学习者进入社会后解决真实问题提供帮助。

第七，需要纳入整个社会视域中。将学校教育纳入整个社会视域中，除了要求学生学会解决真实世界中的问题以外，还要学会设计解决问题的方式。每一个个体在社会实践中都不是以独立的形式发挥作用的，许多情况下，一些复杂问题的解决需要建立不同的团队，由团队分工，并最终将分工所取得的成果进行综合。譬如，一些工业化产品往往需要由几百家企业分工生产，形成产业链，无论产业链中的哪个环节出现问题，都会影响生产的整体状况。

在学校的学习中，教师也需要将每一个学习个体作为社会成员来看待，学会用社会化的方式来促进学习行为的发生。对于一些内容的学习，有时需要依靠团队的力量，借助于成员之间的对话、分工等，可以使学生在观察问题的角度、思考问题的方式、知能体系的构建等方面变得更具开放性，视野也会更加开阔。同时，教师还可以借助学生之间的相互质疑，引导和促进学生以更加全面的视角来看待问题、辨析问题，能够在解决问题的同时理解选择该问题解决路径的依据和社会价值。

第八，需要适应社会的变化。处于变化的社会之中，教育系统就需要紧盯着社会的变化，并能够使变化体现在学校教育中。这种变化主要有两方面的含义：一是关于学习内容的；二是关于学习方法的。学习内容是为生产生活服务的，当社会发生了重大变革以后，如果学习内容保持不变就有可能会导致学校教育与社会脱节，学生就难以表现出与社会的“合用”性，因此只有强调对应于真实世界的学习，才能够培养出“新民”，使其能够“齐家、治国、平天下”。学习的方法在很大程度上会受到学习环境等条件的影响，而当前的技术变化已经将学习从封闭的空间拓展到了整个世界，早期的基于封闭空间的学习活动设计思路自然也需要被打破。

2018年，由少数国家推动并涉及世界各国的贸易摩擦给所有国家敲响了警钟：任何企业不管发展势头多猛，如果没有核心技术，产业链中的任何一个环节出现一点点问题，都有可能会造成致命性伤害。对于现代学校教育而言，在课程内容的设置中，需要改变过去那种过分重视概念和理论的描述而不关注概念和理论应用的现象，有必要加大课程中应用创新内容所占比例，引导学生从小建立新材料、新能源、新制品的意识，在基础教育阶段就培养学生的创造精神与工匠精神，以便在未来变化多端的世界格局中能够掌握主动权。

综上所述，我们可以将关键素养理解成学生为了适应未来的真实生活世界需要具备的关键知能与综合品质，可以通过其行为体现出来，且会因适应世界的变化而不断优化。探讨基础教育中学生需要建立的关键素养，并不是要求其能够指向特定的内容体系本身，而是要为学习内容的选择及学习活动的设计指明方向，强调在具体的教与学的活动中需要同时兼顾若干要素，确保学校教育能够与学生的未来生活相结合。

3.1.2 关键素养从何而来

关键素养作为人成长中的必备品质需要经过长期的积累才能形成。我们说关键素养需要与真实世界相关，需要适应真实世界的变化，并需要通过亲身体验和率先行动来实现。那么，关键素养从何而来呢？

教育作为一种特殊的社会现象，从原初的简单的动物性行为上升到今天的国家高度，是伴随着人类社会的发展历程而出现的。动物性行为主要是由生物体自身的生理特征驱动的，并由此保证了生命的延续。人类除了具备动物的一般性特征以外，还懂得了使用工具，并能够进行生产劳动。人类总想征服和主宰世界，但在许多自然现象面前，人类又常常会变得无能为力。这就提醒人们，所谓的征服与主宰的核心是尊重，只有尊重自然规律才可能与自然和谐相处。对自然规律的尊重，需要依赖于人的关键素养。在学校教育中，学生学习不同课程体系就是为了建立这种关键素养，以更好地适应社会。

教育是一个组织化程度较高的系统工程，社会的每一个个体都有可能成为教育者，同时也是受教育者，前者源自个体的长期实践与自信，后者源自个体的成长需要。长期的实践者又出现了分化：一部分成了专门的教育工作者；另一部分成了社会各行各业的从业人员。因此，学生的关键素养有三个主要来源。

1. 源自教育组织的系统化思考

教育组织包括三方面的含义：一是指依据相应的规范管理教育行为的专门性机构的统称；二是依据有关规程进行教育法律、规范、规则制定的专业性组织的统称；三是依据相关的标准组织和实施教育活动的各级学校等。学校在组织开展教育活动的过程中需要遵循一定的规范，并依据教育规律行事。教育组织的存在就是为了帮助教育领域建立规范，引领教育朝向一个明晰的目标发展。

我国的教育是在国家课程标准体系下进行的，课程标准是组织和实施课程行为的基本依据，也是不同学校在人才培养过程中需要参照的最低要求，是国家为了确保人才培养质量划定的人才培养的基准线。自中华人民共和国成立以来，我国已经先后进行了多次课程改革，不断优化和完善课程标准的建设，在课程标准的变化过程中越来越注重将课程理论与实际相结合，注重课程学习中的知能体验，注重课程内容的时代特征，并在学习方法等方面提出了更加富有时代特点的实施指导建议。

除了国家层面的课程体系以外，我国也倡导地方课程的建设，并鼓励有条件的学校开展校本课程的建设。这两类课程的设计有助于弥补国家课程因为内容的统一可能出现的对区域性差异的关注不足这一缺陷，既便于地方教育管理者和实践者建立体现区域文化的课程体系，也便于学校发挥教师的个人优势和特长，开设一些有利于拓展学生素质的专题课程。

允许地方设计体现区域特点的课程，并非表明课程的设计具有随意性。在课程设置的过程中，任何内容的增加或减少都需要以有利于促进学生成长为基本依据，这自然也给管理者和决策者提出了新的要求。譬如，在实践中常常会出现类似的问题，例如，有的学校在给学生开设某些体现地方特色或与传统文化相关的专题课程时，对于其中的“度”的把握存在偏差，难以对其中的精华与糟粕做出判断和取舍，因而在课程内容的设计或学习活动组织过程中出现了简单化的倾向，对于课程设计意义的思考不够明晰或不够严谨，如果这些问题不能够得到合理解决，就可能会使课程的存在价值受到影响。

对于自主性课程的设计而言，对学生的思维能力的培养往往会比内容更加重要。在课程的设计过程中，如果设计者能够在引导学生学习内容的同时增加对内容的讨论环节，鼓励学生从不同的角度来理解内容，学会质疑和审辨性地思考，就更加有利于做到古为今用、洋为中用、学为我用。

2. 源自现实社会的多样化需求

国家确定的课程标准吸引了教育领域的课程专家和一线实践者甚至一些行业人士，就整体的课程体系而言是相对完备的。但是，参与课程标准研制的人员毕竟是有限的，教育组织内部的人员在理解教育问题的时候，往往更多关注的是教育体系的完整性，并会受到课程标准设计者的教育观的影响，对于课程如何适应社会发展、如何满足行业需求等方面的思考常常表现出滞后性。

当前，无论是基础教育还是高等教育领域在专业或课程设置中都存在被行业牵着走的现象，而非教育牵着行业走。当企业提出需要人工智能领域的人才时，学校便开始设计相关的课程，高校开始一哄而上地开办相关专业，教育对社会发展的引领性不足，已经成了社会对教育加以诟病的主要原因。

再回到教育现实中来，当前的基础教育中学生学业负担过重的问题已经成了全社会的公敌，但又被全社会广泛接纳。对于家长来说，一方面，其不满于学生每天需要完成大量的作业；另一方面，又容不得孩子有点空闲。当孩子开始接受学校教育[①]以后，孩子的每一个日常除了上课以外，几乎都是与作业相伴，直到其正式就业。家长的理念是“不让孩子输在起跑线上”，不管是否有效，至少能够看到孩子努力了，孩子是否能学得进去，很多父母并不会考虑。这种将作业看作提高学生的学业水平的主要做法甚至是唯一做法的观念，也是导致教育对行业的引领作用不足的原因。

对于现实社会而言，除了来自社会不同行业对人才的需求，还有来自自然界对人才的需求。人类对于大自然的不断探索和发现，有一部分是来自专业研究团队的主观需要，也有一部分是来自大自然对人类的客观需求。气候的变化、地质的变化、生态系统的变化等都会促使人类进行新的思考，为了满足应对各种变化的需要，就需要组织相近专业的人才去进行“会诊”，在此过程中也自然会对人的能力产生新的诉求，这种诉求会影响社会的人才需求结构。能够引导人们快速适应新情况、解决新问题的就是人自身拥有的关键素养，这种素养使得人们具备了运用已知知能去应对未知世界的能力与力量。

人们对自然界的认识与应用观也处在不断的发展与变化之中，从向自然的无节制索取，对不可再生性资源的无度开采和使用，到强调生态发展观，重视对子孙后代的责任，这是人类社会需要建立的核心自然观。既要关心自然又要享受自然是人类行为的一体两翼，是一种平衡关系，如果过度追求从自然中获得享受而忽视了对自然本身的尊重，或许对于当今的少数个体而言会获得短期的满足，但对于社会的长期发展而言却是极其危险的。

学校教育瞄准了社会的需求，既要关注社会各种行业的整体变化，也要关注自然环境的变化，并结合课程标准中的各种规定性设计出掷地有声的学习活动，让学生在充满成就感的体验（而非简单的参与性体验）中感知学习的意义，并由此激发学习者持续学习的内驱力，提升学习者的综合素质。

在课程内容与学习活动的设计过程中，面向行业和自然的发展需要注意避免出现另一种倾向，即因过度实践化而忽视了学理基础的建立。一些发达国家在课

---

① 其实许多家庭在孩子出生之前就开始了，包括从怀孕之前的各种禁忌到怀孕之后的各种母亲优越感，到胎教，再到孩子出生后对其进行的各种智力开发，等等。

程改革过程中曾经经历过从理论到实践的转向问题，但由于过分强调实践性导致学生对一些实践行为背后的基本机理的认识模糊不清，这样做的后果就是学生缺乏系统性的知能体系，只能够完成一些基本的“生产”，却不懂得如何使用已有的“产品”或“材料”进行创新，将学生培养成了产业工人，却不能培养出工程师，导致整体的学习质量下降。

面向行业和自然发展的需要，就是要培养出满足行业成长需求的人才，而不仅仅是为行业提供满足其使用需求的一般工人，更不能培养只需要机械地装配零部件的普通安装工。否则，在面对日益自动化的产业发展变化时，就有可能会导致纯粹依赖于手工劳动的产业工人大规模失业。教育中倡导的培养高素质的劳动者，就是指要培养具有创新精神、永远无法为机器所取代的人。

3. 源自个体自身的主体性自觉

如果说前面的两种需求都是来自学习个体的外部，那么第三种需求就完全来自学习者自身。正是因为学习者接受了学校教育，他们才学会了思考，懂得了所学与自身成长的关系，懂得了如何根据所学解决问题，也懂得了自身在解决真实问题时可能存在的不足。因此，这种需求来自他们在学习与成长过程中不断形成的自我认识，来自实践中经常会出现的各种冲突，来自他们对自己所追求的不断丰富的“至善”，来自个人的境界与情怀。

学习而后知不足，正是因为学习才使得人的视野不断开阔，站得更高，看得更远，也就会对自己脚下踩踏的支架有着更高的要求，这是个体成长的基础。在教育实践中，我们会发现一个现象：表达机会越多的学生往往会表现出更高的成就水平。这是因为为了满足不断表达的需要，学生就需要不断思考和学习以体现其在表达方面的进步。如果教师在教学过程中能够为学生创造不同的条件，让他们有更多的机会将自己所学应用于解决实际问题，并能够接受不同群体的多角度的质疑，就越能促使其完善对问题的看法。

让学习者置身于真实世界中，他们可以从所处世界的不同空间对事物进行观察，他们的个人经验会影响其观察的视角，而观察的视角又会影响其对事物的判断。如果个体仅仅是以独立的形式存在于学习的群体之中，他们就有可能会受制于其视角的局限性而导致认识不完备。与真实世界打交道，与其他学习者打交道，是学习者自知的基础。所有的教育行为都是让学生通过学习达到自知的状态，实现在自知的基础上产生丰富和修正自身的知能结构的目的。

因此，主体性自觉是个体通过群体行为建立的对自我进行判断后产生的自我觉醒与觉悟。首先，在于个体的自我认同；其次，在于个体的自我否定。通过认同与否定的共同作用，个体对自身有了清晰的认识，并能够为自己找准定位，进而制订个人成长的整体规划。

源自内部的需求既是对外部需求的内化，也是对个体自身价值的判断，是个体自身对外部需求的超越。这种需求除了包括需要完成教育组织为其成长确立的课程以外，还需要充分考虑在实现了标准规定的目标以后，个体如何利用自己形成的已有知能体系去构建未来的学习目标，规划自己的职业生涯，形成个人的生活旨趣，等等。

学习个体在学习方面的主体性自觉主要表现在以下三个方面。

一是与学校教育相关的主体性自觉。学校教育作为一种外部的力量会影响个体行为的改变，并且能够促使个体持续进行改变。外力毕竟是外力，如何将外力转化为内在的行动，需要个体在学习过程中不断地领悟，并最终会通过个人的学习成就体现出来。学校教育不能将简单地告知学习者学习目标作为已任，也不能仅仅是通过某种约束性力量来落实教育的目标和任务。对于教与学的活动设计，就是要求教师从学习者的内心世界出发，想学生所想，以激发学生的内在驱动力作为组织学习活动的第一要务，唯有打开了学生的“心伞”，才能够让学生在学习的天空翱翔。

二是与未来的职业生涯相伴的主体性自觉。学校教育是对学生进入社会前所做的铺垫，是为人的成长奠基的阶段，并通过其未来的职业发展水平来体现学校教育的价值。职业生涯中的个人价值观与人生状态会影响人的职业状态，进而影响人自身的成长。就业率与失业率是反映社会公民的职业状况的指标，社会需要什么样的人，不需要什么样的人，对于已经进入职业岗位的人而言，能否适应岗位的发展之需，并与职业的人才需求保持同步发展，都与个体的终身学习情况有关。

传统的一些行业，譬如，制造、快递等行业，早先主要是依赖大量的人工劳动来进行生产作业，但是当物联网、人工智能等技术出现以后，过去需要依靠人进行的分拣，现在都是依靠机器来实现，而且我们会发现机器的分拣效率更高。依靠二维码、扫描仪、传送带等的有效配合，很快就会出现大批的产业工人过剩，对于岗位的需求也自然会发生变化。再如，我国的传统纺织行业曾经是国家的重要支柱，涉及的上下游产业工人有几亿，由于传统生产技术落后，产能低、污染重，导致整个行业的发展速度不快。随着新兴技术的发展，国家做出了行业的整体布局调整以后，企业的员工不得不面临转岗与再就业的问题。在现代企业中，“企业裁员”已经成了一个与企业发展紧密相关的词语。这些新的变化都要求人们不得不适应这些社会变革，持续完善自己的知能结构。

三是丰富个人生活情趣的主体性自觉。职业是人的谋生渠道，但人生并非仅仅是在职业岗位上度过的。广义的生活包括工作在内的人的一切活动，但这里所说的生活是指除了工作以外的事情。在人的日常生活中，每一个个体的业余状态也是各不相同的，有的人喜欢看书，有的人喜欢练书法，也有的人喜欢写作、旅游、垂钓、骑行、养花、种草、喝茶等，并且会巧妙地将多种不同的个人兴趣融入自己的生活中。

生活中的各种兴趣和爱好往往也是学习的结果。当人们喜欢上了喝茶，其就会去研究各种茶，并会比较不同茶的功能的差异，去研究什么时节、每天的什么时辰适合喝什么茶，会分析如何根据个人的体质选择不同的茶，会研究各种茶道、茶艺，学习如何品茶与赏茶，甚至还会通过各种优美的文字来表达对茶的青睐。这种学习过程引发的个人兴趣往往能起到陶冶个人情操的作用。

个体在学校教育、职业生涯、生活情趣等方面表现出来的内在的主体性自觉，实际上是作为整体的人表现出来的不同外在展现形式，而这些方面本身又高度地关联在一起。一个人的情趣必然会在学习、工作等方面同时表现出来，一个对学习有积极投入的人也一定会对职业有高的期待与投入，进而会让自己的生活世界变得充实。最高的境界就是三者完全融为一体，以一种普通人难以理解的方式显现出来。譬如，一位教育工作者在大年初一的早晨与亲人一起在大学校园散步，然后自己寻找了一缕阳光，默默地坐在一旁看了一会儿书，甚至会跑去办公室安静地看上半天的书。这种状态是学习、工作还是生活？

无论如何评价这种现象，它都是个体在经历了长期的学习过程以后形成的一种学习结果的综合，是人的关键素养的外化。接受了什么样的教育，学习者就可能会产生什么样的学习状态，并会直接影响个体综合品质的形成。如果学校教育工作者能够从不同的方面以更加完整的视角来关注学生的关键素养的复杂性，无疑会对学生的成长产生积极影响。

3.1.3 关键素养如何形成

我们将关键素养看作学生接受教育的结果，同时也将其看作影响学生后续学习、促进个人专业成长的条件。关键素养的来源渠道有多个方面，学校教育如何结合这些不同的要求，并在具体的实践过程中培养学生的关键素养？关键素养是指向人本身的，又是由人来培养的，最终通过人的行动来体现其价值。因此，要促进学生关键素养的形成，就需要充分调动人的因素，并从真实世界的角度建立学习的带入感。

1. 建立师生的学习共同责任

所谓共同责任，是指所有参与者共同确立的某种信仰与行为规范。共同责任是一种约定，是群体成员相互之间建立的契约，是所有参与各方需要共同遵守的行为准则。对于教师和学生而言，进入同一个班集体，他们之间就已经自然而然地形成了某种受到教育体系约束的契约关系，并需要共同维护这种关系，进而完成相互之间的交互行为。

教学活动是一种传播活动，在这一传播活动中多个参与方只有建立了反馈机制才能使传播活动变得高效。在一般性的教学传播行为中，教师会通过日常的小测试和学生的期中、期末考试成绩等来判定学生对知识的掌握情况，并辅以课堂中对学生的观察与判断，包括学生在课堂中参与交流的情况，学生在学习新的知识点的时候做出的反应等。这些来自学生日常行为的大量数据都是教师判断学生行为的基本依据，但是要获取这些日常行为数据，主要依靠的是教师的观察，以及学生通过测试留下来的记录。

交互行为是通过交往而产生的一种相互之间的双向行为。在教学实践中，如果仅仅依赖于教师或学生自身来获取对方的信息，并依靠自己的主观判断来对这些信息进行分析，那么在此过程中就容易出现认知偏见。认知偏见并不是个体的主观意愿，也不是个体的不作为，而是人们在认知实践中表现出来的一种自然倾向，与个体观察问题的角度、信息采集情况、信息的可靠性与有效性、信息分析方法等有关系，是人们在认知过程中由于个人所处的环境与条件的限制导致的片面认知结果。

对于个体而言，认知偏见是难以从根本上克服的，却可以依赖个体的努力而使得这种偏见趋于最小化，并通过尽可能多地采集证据使其判断更加接近事物的客观存在状态。有一个词叫“说透”，就是强调要依靠“说”来达到“透”的目的。教师和学生的交互就是减少认知偏见的较好方法，通过教师与学生之间的对话，开展多层次的协同，有利于不同个体更加准确地理解对方的观点。

无论是我国古代教育大家还是西方世界的哲学大师在传授知识的时候，都主张采用对话的方式，通过不断地启发和引导，从而帮助认知者在自我反思中建构个人的知能体系。师生之间的共同责任需要建立在相互之间平等对话的基础之上，通过相互之间的“倾听”能够准确了解表达者试图说明的问题，同时也可以借助提问消除倾听者的疑惑，从而使传授者与接受者之间在认知层面上达到一致。

建立师生之间的平等关系就是通过平等的交往方式，引导两个不同群体中的每一个个体都学会感恩。对于教师群体，正是因为学生群体的存在才使得他们有机会履行自己的岗位职责，并促进了教师个人的专业成长；对于学生群体，也正是因为教师群体的存在才使得他们懂得如何系统地建立个人的知能体系。任何一个群体对另一个群体表现出来的强势都会导致天平产生倾斜与失衡，并有可能会导致师生关系的对立，而这种对立既会影响教师的教育状态，也会影响学生的学习状态，最终可能会导致出现一种“双输”的局面。

2. 合理确立学习的规律意识

关于学习的问题，哲学、心理学、学习科学、生理学等领域都做了大量的研究，并试图论证学习的“科学性”问题。在实践中，我们经常会碰到一些教育大家对“教育科学”和“学习科学”进行“调侃”，无非是想说明学习到底是不是科学的问题。

就字源的本义而言，我们知道“科”字的最初意思带有强烈的“量化”特性，而“量化”一词又是一个典型的理工科术语，因此当说到量化的时候，人们就会联想到可以量化的学科，于是就出现了“自然科学”与“社会科学”的分野。自然科学的核心特征在于寻找不同变量及其之间的关系，并能够通过某些模型描述出这种关系，譬如，当知道了“压力”与“受力面积”，我们很快就会计算出“压强”的值，当我们确定了1个标准大气压[①]的条件，就能够计算出水的“沸点”[②]，并能够根据大气压的变化计算出沸点的变化值。这里有一些共同的特征，即不管如何改变变量，也不管地理位置如何变化，只要几个变量的值得到了控制，那么由这些变量作用以后得到的结果就必然是一致的，具有永远的可重复性。

对于学习的科学性的质疑正在于此。我们会发现，同一个班级的学生在接受教育的过程中采取的方式基本都是一样的，但结果常常会大相径庭，于是许多“高水平”的学者往往会对“学习科学”等类似的词语表现出不屑一顾的态度，因为他们可以找到许多理由来证明这一点。这恰恰就是学习本身的复杂性所致。

学习是不是科学？笔者认为这是毋庸置疑的，但至少在目前其还是难以取得像自然科学一样的突破，因为影响学习的变量比影响自然科学的变量要复杂得多，我们之所以难以找到学习之间的相似性，就是因为我们难以将影响学生的所有要素都找出来，譬如，对于身高、体重都相同的学生，即使用同样的方式训练

---

① 1个标准大气压=760mmHg，相当于101.325kPa，在计算中通常以近似值100kPa代替。

② 研究表明，当大气压发生变化后，水的沸点也会发生变化，譬如，当大气压降为0.5个标准大气压时，水的沸点是81℃，而为2个大气压时，水的沸点大概是120℃。

他们的肺活量，经过一定的时间以后，其所表现出来的结果也会或多或少存在差异。以学生所处的环境为例，父母就是一个无法控制的变量，父母在日常行为中的言谈举止等都属于不可控制的因素，而不像大气压那样只要借助于仪器仪表就可以进行精确控制。

美国斯坦福大学心理学家菲利普·津巴多曾经进行过一个破窗实验，后来美国政治学家威尔逊和犯罪学家凯琳以此实验为基础提出了一个概念——“破窗效应”。该效应表明，我们所处的环境对自己的行为有一定的引导性。观察生活中的一些现象，我们不难发现，对于一个家庭来讲，如果父母都比较注重在孩子面前的言行，那么这个家庭的孩子往往也会比较注重自身的言行，相反，对于一些父母脾气相对暴躁的家庭而言，孩子往往也会表现出比较暴躁的性格。这些研究启迪教师在进行学习设计的时候，有必要思考如何合理地控制学习环境这一变量。

影响学习的变量较多，对其的控制不可能做到精确“量化”，不能够以完全“计量”的方式来描述其中的关系，但是我们可以对这些变量进行相对控制。所谓相对控制，就是期待影响学习的相关变量能够符合一些基本的规范，能够在规范设定的限度内来开展活动。表现在具体的实践中，就是要对师生在学习中的言谈举止等做出某些规范与约束，认识到可能会影响学习效果的所有变量都能够在实践中体现出相应的价值，这才是学习科学研究的真谛。

学习规律就是被看作科学的学习所表现出来的某些因果关系。我们无法也不应当追求运用纯粹的自然科学的方式来理解学习，但也不能够以影响学习的要素过多为由而忽视对学习规律的探寻与尊重，而是应对学习规律进行持续思考与完善。对于一个小学三年级的孩子来说，当他能够将所有的精力都用于学习的时候，仅仅从外表上看，也许他就是一个勤奋的学习者，但我们不能够准确判断这背后是否有激励机制在起作用，或者是否有某种吸引他不断追求的东西，如果教师能够对学生进行更加系统的了解（如果仅仅依靠现代学校配备的大量监控设备来对学生的行为进行管理和控制，教师看到或得到的数据与教师想得到的数据之间也许就没有任何关系了），教师积累的教学经验就越来越接近学习的应然规律了。

3. 进行“学–习–思”的一体设计

从广义的意义上说，学习本身就包含了知能体系的构建、知能体系的实践应用、在此过程中包含的各种思考等，如果用这些内容的古汉字造字的本义来表达，我们可以简单地将学习理解成“学–习–思”的综合体系。

先来看看“学”和“习”。“学”者，游弋于博大精深的知识宝库也，“习”者，学以致用也。人们在认识世界和改造世界的过程中，已经对自然界和人类社会有了一定的认识，不排除这些体系中可能会存在一些认识上的缺陷，但是对于当下的每一个个体而言，这些前人的知识和经验都是一笔宝贵财富，是帮助我们更好地生存的宝藏。“学”本身存在两层含义：一是知识宝库本身；二是从这些宝库中获取自己需要的东西，既注重学的内容，也关注学的方法，并倡导学习活动中的协作关系。“习”是紧随“学”的，同样存在两层含义：一是借助于习来获得；二是通过习来体现价值。两层含义都指向了应用性，既注重习的必要性，无“习”而不得，是一种习得，又强调习的效能感，“时习”以巩固和强化，在学习中理解“学”，从而应用所学。这样一来，学习就成了一个整体。

对于“思”与“学”的关系，早在孔子时代就已经有了很好的阐释，前文已经简单做了说明。对于“思”的探讨，其实已经得到了广大基础教育战线上的教师的认同。在许多理论与实践的研究中，人们都在探讨关于“思维”能力的培养问题，对学生目前存在的思维能力的整体性缺失状况表示担忧，并形成了许多有价值的建议与实践案例。同时，为了帮助学生形成思维能力，为了较好地体现思维能力的学习结果，技术研究者也开发了许多促进思维形成的技术工具，如概念图工具、思维导图工具、论证工具等，还出现了许多协同学习的工具，不同的个体可以在一个文档中进行交流和沟通，从而形成集体的智慧。所有这些实践中的行为都充分体现了理论界和实践界对“思维”的重视。

回到具体的教学现实中，我们会发现对思维的理解其实是千差万别的，进行思维训练的方法也都风格迥异，包括思维训练需要达到何种程度，如何评判学生的思维能力变化，如何理解思维对学生的知能体系的构建可能产生的影响，等等。当一门被认为非常重视对学生思维能力培养的课程被开发出来以后，评价者在认同其对学生的参与性的重视与支持，认为其对学习者主体性的发挥起到了很好的示范作用等以后，常常又会产生一些后续的疑问：该课堂看上去很热闹，但最终学生到底得到了什么呢？

在汉字中，“思”的本义是强调要“用脑推理、用心感悟”，强调的是多感官的共同参与；“维”字的本义是指用绳子系住猛兽，并将其训练得听人的话，倡导的是可以将训练者的意志转移到被训练者身上，从而使被训练者也具备某些能力。如今，“思维”一词体现的是人们在认识世界和改造世界的过程中表现出来的系统性思考，表现在学校教育中就是要让学生在理解知识与技能的过程中弄清楚所学内容之间的关系，并能够主动思考这些内容的应用价值，懂得如何从有限的学习中习得解决世界中的无限问题的能力。

当说清楚了学–习、学–思的关系之后，其实习–思的关系也就不言而喻了。习和思直接指向了应用过程本身，关注了在实践过程中的身心合一的问题，关注的是应用的价值。实践并不仅仅是指体力劳动，也包括脑力劳动，是对所学知识与技能的转化，体现的是具有创新性的学习制品的生成，而非对于所学内容的简单验证。譬如，教师在引导学生理解如何刻画人物形象的过程中，并不应当总是让学生在课堂中模仿，可以引导学生从生活中捕捉人物的细节，将活生生的人用生动形象的语言描绘出来，尽管可以略带夸张，但更加重要的还是应当能够捕捉到人物最为本质的东西，能够进入灵魂深处理解人。

现实中对于“习”的认知存在较大的片面性。对习的一种通俗解释是“练习”，但对于练习中的“练”字，人们常常将其看作一种简单的“反复性的做”，与“习”一道构成了“反复性的做习题”。在我国的古代汉字中，“练”字是由“湅”字异化而来的（“练”是“湅”的异体字），原本指的是蚕丝的加工技术，强调通过“浸染”对蚕丝进行精选，是一种实践性极强的工艺，追求精熟的技艺。练习就是要对习得的材料进行精加工，通过在实践中的“浸染”精选对个体有用的内容，从而便于学习者建立更加稳定的知能结构。在这种反复的尝试性应用过程中，通过不断的“思”就可以提升应用的水平，并达到精熟的程度，同时也会促进学习者结合应用中出现的新问题不断反思自己的所“学”，进一步修正自身的知能结构，从而形成“学–习–思”一体的知能体系。

4. 形成不同的学习评价角度

评价是教育的重要内容，同时在教育中也饱受诟病，这主要还在于对评价本身的理解不同。简单地说，评价就是对需要评价的对象所做的价值判断。执行评价离不开评价的标准，然后就是如何依据标准做出判断。

我们依然可以从字的本义出发来理解“评价”。“评”本身就是一种具有典型的主观色彩的人类行为，是对外在事物的等级或品质的判断，由于在判断过程中过多地融入了个人的主观性，会导致判断的不公，因此我们主张在“评”的过程中要坚守一定的平衡法则。沿袭至今，人们在进行粮食、蚕茧交易的时候，对于交易商品的品质依然会依赖于人工的方式进行“评”，并以“评定”的等级来确定商品的价格。

“价”字则是从两个古汉字演变而来的，一个原本的字形就是“价”，指向的是人，另一个字形是“價”，指向的是物，后来两个字合并成了一个字。指向人的“价”，本来是军事上的概念，在古代的战争中士兵经常会行军打仗，如果腿部受伤，就很容易变成对方的俘虏，很容易丢了性命，因此士兵会在腿部戴上

“护革”来保护自己，这种用于保护自己的东西就叫作“价”，可以说古汉字中的“价”说的就是人的“生命之价”。指向物的“价”，说的是商品的价格，当商人之间进行物品交换的时候，就需要考虑各自可以获取的最大利益，并最终达成交易关系。货币出现以后，对所有的商品，都可以通过货币化的方式来衡量其价值，从而形成了自己的价格。

如今对于“价”，常常会通过“价值”来理解，尽管价值一词本身的含义已十分丰富，但实践领域往往受第二种含义的影响更大，使人们对“价值”的理解出现了功利性的倾向。表现在“教育评价”中，往往是由教育者执行对被教育者的评价，更加侧重于学生的分数，侧重于对学生的排序，侧重于等级的认定，有着明显的物化倾向。

指向人的评价，首先需要让被评价者参与到评价行为中来。就像士兵腿上的“护革”一样，这些“护革”关系到士兵的生命，因而士兵会主动对待它，并会主动参与到对其价值的判断中。如果学生只是被外界贴上了某种等级化的标签，就相当于将学生当成了商品，成了商品以后的学生自然也只会听命于外界的摆布。以学习者为中心，表现在评价中就是要让学习者参与到对自己的评价中来，能够引导学习者借助于评价形成明确的发展目标，制订个人发展规划。

在评价活动中，对学生的“自尊心”的尊重，应当成为评价坚持的首要原则。由于学习者在认知过程中的体验不同，加之学习者的原有学习背景和条件的限制，难免会出现有些学习者对学习内容的理解存在不一致的情形。对于一些貌似平常的东西，可能对于部分学生来说就是陌生的，如果教师因此而对这些学生的反应做出某种出格的评判，就有可能会伤及学生的“自尊心”。在实践中有一种认知，即教师总觉得现在的许多学生没有遭遇过挫折，所以在遇到重大问题时往往会无所适从，因此主张对学生进行挫折感教育。对学生进行挫折感教育本身是没有问题的，但是当将挫折感教育理解成对学生进行可以不在乎其“自尊心”的教育时，就大错特错了。

尊重学生的“自尊心”，就是要让学生有机会参与到问题的发现与解决过程中来，而不是通过嘲笑或挖苦讽刺等方式对待学生。对于大众认同的所谓常识，往往与大众建立的知识背景和知识的形成过程有关。成绩再优秀的孩子也会有自己没有体验过的场景，所有学习都是从“无知”开始的，自己的“无知”加上个体对自己的“自知”，才可能促进学习者产生或消除这种“无知”的内在需求。

要达成上述的自知状态，关键在于学习者本身，“自知”一定是主体自身的一种自觉行为，是主体在实践过程中表现出来的主动思考，是学习者对评价自己的行为的主动参与。教师在评价学生的成就水平时，不仅要让学生参与，还要引导学生主动参与。所谓引导学生主动参与，就是要引导学生对其表现出来的认知状况有清晰[①]的认识，要能够知道其对于所学建立的基本观念是什么，同时也要理解这些观念的形成原因。

对于评价，需要建立合适的评价标准，并依据标准来判断学习的效果。评价标准来自课程标准，但又不同于课程标准。课程标准是一种纲领性的标准，是对教育的引领和规范，但如何达成课程标准，需要师生双方共同承担相应的责任，并通过这种双向责任促进学生的行为不断接近标准。如果学生没有达到课程标准的要求，既可能与学生的认知能力有关，也可能与他们获得的外部支持有关。

物理学家阿基米德说过，如果给他一个支点，他可以撬起地球。同样，如果能够给学生提供合适的“支点”，他们同样可以轻松达到课程标准的要求。教学中所谓的“支点”，就是在教学中为学生提供不同的学习支架，学生借助不同的支架可以走出凭借常力无法克服的困境，并顺利到达彼岸。学习支架是用于支持学习过程的，如果站在评价的立场上来看，我们也可以认为学习支架就是考虑到学生的各种认知可能性，进而为他们设计的各种“锦囊”，但这些“锦囊”的打开人应该是学习者本人，唯有如此，他们才能够不断建立更加完整的知能体系，并理解学习的意义。

5. 引导个体创新学习的制品

作业是学生在学习过程中需要完成的各种活动的集合，既包括课堂作业也包括课外作业。尽管大多数学者都将“作业”理解成一种学习活动，但对于这一学习活动的理解却比较狭隘，常常会将作业看作让学生“做大量的习题”，并进而与评价混为一谈。做习题可以被看作作业的方式之一，如果仅仅将作业理解成做大量的习题，那么作业之于学习的价值就会被削弱。

在社会生产中，“作业”也是一个常用的概念，譬如，“高空作业”就是指作业人员在离地面一定高度的室外进行的作业，这里的作业指的就是生产实践活动。但是，当作业被应用于学校教育中的时候，往往就被局限在了以“做习题”为主。对于一个家庭来说，如果孩子看电视，家长可能会制止孩子的这种行为，并会要求孩子“去做作业”，这时候我们会发现家长的语境中的“做作业”同样指的是“做习题”。做习题是所有作业形式中社会认同度最高的形式。

---

① 这里选用“清晰”一词，而没有使用“清醒”一词，主要是基于两方面的考虑：一方面，就主体性而言，如果是源自学习者自身的，使用“清醒”一词会优于“清晰”一词，但如果是源自外部的力量，使用这个词就会出现很多问题；另一方面，这里使用“清晰”一词，也期待学习者在自知自己不足的同时，能够把握自己的问题之所在。

这里使用“制品”一词，就是想说明作业形式的多样性。学习中的制品指的是学生学习以后形成的作品，除了包括所做的习题以外，还包括学生进行的各种设计，甚至是制作完成的具体物化成果，如创作的某种方案、设计的某些实用型的小产品、社会调查报告、其他的各种小创意等。譬如，当学习者在学习数学概念的时候，让其通过设计并借助于3D打印制作的三角形、四边形等实物说明三角形的稳定性，相较于要求他们简单背诵这些结论，对于学习者来说，这种形式的学习参与感与体验感更强。

在现代教学中，许多研究者已经在思考如何将不同的学科联系在一起，譬如，当前基础教育领域比较重视的“STEM（STEAM）教育”、创客教育、机器人教育等，有一些关注了学科之间的关联，也有一些表现出了学科的相对独立性，这些内容从一定程度上改变了作业的呈现方式，从而体现出了制品的多样性，这都使得学生的作业形式更加丰富。

但是，对于实践中的作业制品形式，如果仅仅以独立的课程形式来设计必然不会长久，这与前面讨论的评价观是一脉相承的。毕竟这些以附加的形式所做的改革尝试并没有完全被纳入社会选拔人才的整体机制中，因此进入课程内部（尤其是国家用于选拔人才时重点关注的课程），以优化学生的学习方法、提升学生的学习效能为目的的制品设计才是当前的改革之需。

主张多样化的制品设计，并非主张简单变化学习的形式、简单追求学习形式的多样化，而是要从人的认知发展角度来看待制品的多样性对于学生成长的重要性，将学生从过去的简单、机械、重复的做习题的单一学习中解放出来，让学生以一种更为有效的方式，借助于不同的制品形式，建立知识与知识之间、知识与应用之间的关联，提高其解决复杂问题的能力。

以语文学习为例，在阅读古诗词的过程中，早期的教育更加偏重于帮助学生理解诗词中的文字和作者生平等，但对于诗人写作诗词时的写作背景等往往难以做出准确的描述，因而对于诗人在写作中的情感把握、词语选择、典故的应用等都很难有较深刻的体会。如果在诗词的学习过程中能够引导学生通过查阅资料，并结合自己的想象，以散文、记叙文、议论文等不同的体裁，鼓励学生进行小型的创作训练，就会将学生的古诗词学习、人物描写训练、想象力培养、思维训练等内容结合到一起，从而提升学生综合分析与解决问题的能力。

再以生活中的用具为例，如果我们光磨刀不用刀，就永远不会知道刀子的锋利程度，现代的刀具形式也会因为使用的需求而发生变化，并使得生活中的刀具品种更加多样化。从一定程度上看，制品的多样化也反映了生活的精致化和专业化。学习中的不同制品设计反映的是学习的精致化与专业化，是对更加符合学习规律的活动设计的要求。

对人才的培养，不能够由着性子来，而是需要尊重人才成长的普遍规律，能够服从于人的关键素养的整体要求。建立关键素养不可能单凭外部的强制力量来完成，关键素养是指向学习者的，因此学习者自身的主体性是影响其关键素养形成的重要原因。关键素养涉及的内容比较多，但这些方面又是相互统一的，如果在关键素养形成的过程中将这些方面独立开来、自成体系，就有可能会造成知能体系的割裂，导致学习者在成长过程中出现过重的认知负荷。既关注体系的结构性，又注重体系之间的内联性，是促进学生建立关键素养，并提升个人的内在学习需求水平的重要条件。

3.2 学习设计的维度

从学习的视角来组织设计教学活动，就是要从学习的过程出发，分析学习过程中学习者的内在心理及其变化，分析如何适应学习者的这种变化，并给予其适当的外部支持，以满足学习者的需求。为了解决这一问题，教师就有必要对学习的形态做出分析和判断，理解在学习过程中影响学习形态的核心要素，分析不同要素的变化，并能够适应这种变化进行适当的教学安排。

任何一个事物的构成都会涉及若干要素，而所有的独立要素只具有普遍性的含义，而不具有特定性的含义。譬如，构成汉语的基本单位是汉字，每一个汉字往往都有许多含义，如果抛开具体的应用背景来讨论某一个汉字的含义，本身就是没有太大价值的。每一个具体的汉字单字或者英语中的某一个单词、词根等都是构成语言的基本单位，这些不同的基本单位结合构成了语言的丰富内涵。

3.2.1 学习的维度划分

对于构成某一具体内容的各个不同的具体要件，可以将其看作相关内容的构成要素，它们的不同作用会使得事物表现出不同的形态。譬如，在语言形态学中，这种要素可以称为语素。同样，在学习过程中，也可以从形态学的视角对构成学习的要素进行分析。物质是可以无限细分的，所有的分解都与意图有关，并需要有一个合适的度，这种度的确定可以使我们更好地利用这种被分解的要素来解决问题。

1. 为何从五个维度来理解学习

对于教与学的活动，我们对其进行基本形态的划分，就是为了更好地描述教学的基本行为方式，因此，在划分的过程中并不主张进行无限细化，而是从学习活动组织的需要出发，将其划分为人、物、事、境和脉五个方面。将学习的维度划分为五个方面，既是对已有的教学习惯的尊重，便于教师适应变化，同时也更加符合学习的规律。

第一，对于学习的主体而言，人是构成活动的核心要素。学习是一种促进学习者成长的行为，在此过程中有经验的学习者又是引导没有经验的学习者走向成熟的基础和保障，从而形成了由教师与学生构成的人的关系。师生之间通过构建不同的关系可以实现知能传授，引导学习者从不知到知，从知什么到怎么知，这种支持关系需要以一种和谐的形式表现出来。只有当师生双方都建立了主体责任以后，才能够对各自的角色进行更准确的定位，并发挥各自的主体作用，形成正常的学习关系。

第二，对于学习的发生而言，需要依赖于特定的学习空间的支持，而对于学习来说，空间中的各种支持条件都是外物。学习空间是学习行为得以发生的主要场所，借助于学习空间提供的不同条件，学习内容可以呈现出不同的表征方式，学习的组织形式也可以变得更加丰富多样。在此空间中，师生、生生之间可以开展学习对话，系统还可以记录学生的学习行为，并通过适当的数据记录方式和分析处理工具将记录的结果转化为可供系统或师生进行分析的资料，提供更多的决策机会。空间中的各种平台可以承载教师需要使用的不同资源，便于学生选择不同的资源形式完成学习行为。

第三，对于学习的过程而言，需要依赖于特定的时间序列展开。每一个学习活动，包括教师讲解、小组讨论、完成任务等都是以过程的形式呈现的，并表现为一定的事件。不同的事件有不同的产生过程，而过程往往是随着时间序列的变化而发生改变的。设计学习活动就是要让学生依据特定的时间序列逐步完成相应的事情，并使事情得到顺利解决。学习事件的过程会涉及该学习事件的起点和终点，需要考虑到在处理不同事件的过程中如何判断事件的处理程度，需要对事件的每一个细节进行系统思考。

第四，对于学习的内容而言，需要通过价值实现体现内容意义。人的认知目的在于使知识对自己有用，而知识的用途并不是通过知识本身来体现的，而是通过人们在学习知识的过程中不断地使用知识来体现的。对于知识的使用，最简单的形式是死记硬背，但是大量的实践已经证明，靠死记硬背得来的知识是难以进入人的长时记忆系统的，要想让知识与应用结合起来，就需要在应用的过程中帮助学生掌握知识。因此，教师应在教学中融入知识能够发生作用的“境”，让学生体会到不同场景对知识的不同需求，并能够理解某类知识适合解决何种场景中的问题，将学习的意义从课堂内、书本中拓展到真实的生活世界。

第五，对于学习的结果而言，需要通过逻辑关联体现学习成就。前面我们多次论及一个现象，即学校教育中的课程之间呈现出相对独立的倾向。课程的相对独立需要学生同时建立多条认知线索，且各线索之间相对孤立，对于学生而言，就会出现认知的负担加重等后果。对于教师而言，当他们将各自的课程孤立开来以后，还容易出现的一种情形就是只对自己教授的课程负责，甚至会让自己教授的课程占用更多的学习时间，造成学生在学习时间分配方面的不平衡，并会影响整体的学习效能。因此，教师有必要帮助学生构建不同学科知识之间的关系，让学生的知识链之间能够形成既井然有序又相对开放的状态，便于不断吸纳新的知识，促进知识与知识之间形成有关联的脉络。

通过从人、物、事、境和脉五个维度来理解学习，就可以为原来的教学形态找到对应点。

2. 学习的五个维度的基本内涵解析

作为对学习活动的重要影响因素，教师自身既是学习资源本身，又是学习资源的设计者，还是学习过程的组织者和实施者，多种身份的叠加使教师容易出现身份的迷失。强化五维学习设计，就是要引导教师在设计学习活动时不应该将学习活动中的各个维度孤立起来，在具体的设计过程中应该从学习内容的受众群体、空间、事理、内容逻辑、价值关系等方面出发综合考虑，多维设计，全面体现学习的综合性与价值性。

判断学生的品质，并不是由教师说了算，还需要社会的检验。社会在判断学生的过程中，也不仅仅是看学生的分数，还会看他们在运用知识与技能解决真实问题时表现出来的综合能力。对于综合能力的理解，本身就具有一定的复杂性，在课程体系指导下进行的教学活动中，学生能够通过不同课程的考试，我们可以认为学生已经具备了多个学科的综合能力。但是，这种体现于不同学科中的由多个学科的综合形成的能力如何转变成学生的综合能力，使得学生能够同时将多学科知识融为一体，就需要接受不同实践的检验。

以机械运动为例，在一个复杂的机械运动系统中，可能会包含许多独立的小的机械运动系统，而每一个小系统的正常运行都是整个机械运动系统正常运转的基础。如果某一个小的机械运转正常，但有的小机械系统却停止运行，就可能会导致整个机械运动系统在运行过程中出现问题。再以人体的整个生理系统为例，当某些系统，如消化系统出现了故障以后，其他系统的营养状况就可能会因为该系统出现问题受到影响，依赖于营养的支撑运行的整个人的机体就可能会出现一系列连带反应，并导致机体运行机能的下降。譬如，某一个个体出现了肢体损失，导致某些身体器官或关节出现了问题，甚至可能会导致类似于截肢等严重问题，但是在可以控制的范围内，人的机体还能够通过自身的修复建立起新的平衡状态，但这种平衡状态中的人本身会出现某些功能的缺失，他们需要通过调整逐步适应外部的环境。此时，个体的生存方式与状态可能发生了较大的变化。这种自洽的修复功能说明了另外一个问题，即个体都应当具有综合能力，但并不表明每个个体的每一种能力都是相同的，不同个体的同一种能力的强度会不同，可能会出现某些能力稍微欠缺的现象。

人在与外部世界打交道的过程中，所处的外部世界本身也是复杂多变的，每一个人所经历的场景都不尽相同，但是也不排除不同的个体可能会经历相同或相似的场景。学习无法做到与个体的每一个生活场景一一映射，但是教师在进行学习设计时应当尽可能地预测学生可能会遭遇的不同场景，以学生的不变应对外部世界的万变，这才是综合能力的真实价值。

当今的世界瞬息万变，人们对世界的认识越来越丰富，依赖于学校学习的知识在人类的整个知识体系中所占的比例会越来越小。因此，现代学习自身也要求学生必须跳出知识的框架，转而关注知识中最基础的部分，关注知识的获取路径与方法，即我们在前面讨论的关键素养。从五个维度来设计学习，就是要以人的需求为基础，设计服务于人的学习空间，设计符合人的认知规律的学习事件，帮助学生理解学习的价值，建立知识之间的内在逻辑，从而为其关键素养的形成奠定基础。

我们主张以五个维度来设计学习，是基于学习的基本形态的视角进行剖析的结果。当然，如果观察的视角不同，可能会存在不同的维度表达，甚至还可能会出现更多的维度，包括在过去的教学中被视作重要环节的学习评价等都可能会被看作学习的不同维度。但在五个维度的表述中，我们将评价看作学习事件中的若干事件之一，认为教师在设计整个学习事件的时候，可以以学习时间线为基本线索进行多任务的设计，其中就包括评价等内容的设计。

（1）关于“人”的维度，主要指向学习中的师生关系

学习活动中的“人”主要是指各类教育利益相关者，包括教师和学生，甚

至可能会涉及家长等社会群体，并会产生师生关系、生生关系等，这些关系会影响学习个体与群体的智慧生成。

在所有的学习过程中，师生是维系这一过程的最活跃、最积极的因素。师生之间的信任度与投入度会直接影响师生之间的情感状态，而各自的主体责任意识与定位又是维系两者关系的重要因素。学校教育被看作一个培养人的过程，那么就需要弄清楚人的成长与培养的关系，人到底能否改变？改变一个人需要从哪些角度切入？一个人能够被改变的程度有多大？哪些个体更需要通过自身的摸爬滚打才能够建立认知？

在中学阶段可能会经常出现这样的场景：当一群学生正在愉快地讨论某一个问题的时候，或者在一起进行某些体育运动的时候，突然一个眼尖的学生发现班主任正悄悄地站在一旁“偷听”或“偷看”，只要他带头做出某些逃离的举动，就有可能会引起鸟兽散。这种师生之间的提防效应在某种程度上也会影响师生关系的建立，进而会影响学习的效果。

有许多中学生会出现偏科现象，当我们走近这些孩子以后就会发现，学生的偏科现象中有一部分是源于其自身对不同学科的偏爱，但还有一个原因就是这些学生对教师的看法不同。其实学生对教师的看法大多源于教师对学生的看法，教师在实践过程中难免会因为学生成绩不同而对学生表现出不同的态度，或悲之，或忽视之，甚至常常斥责之，低成绩往往会被教师视作水平低，当教师将自己视作一种有限的资源时，往往不愿意将自身的宝贵资源轻易输送给这些学生，进而造成了学生与教师之间的相互不信任。

我们还会看到有另外一种例子，即当有的学生不被教师重视时，他们往往也会试图从不同的方面来讨得教师的欢心，譬如，主动参与一些班级活动，主动承担班级的不同任务，等等。在此过程中，如果教师能够“领情”，或许对学生而言会产生积极的支持作用，如果教师已经建立了关于该生的成见，那么学生的许多努力就可能会白费，甚至还有可能会遭到教师更大程度的漠视。

类似的这些现象或许并不普遍，却是不争的事实，关键还在于其受到了教师对师生关系定位的影响。我们知道，对于商家和客户，商家往往会期待二者的关系能够得到强化并渐渐得到巩固，而要维护良好的商家-客户关系，就需要充分尊重客户，建立客户至上的价值观。教师对学生的成长是有恩的，但这需要学生来感悟，并自觉地生长于学生的心中，而非来自教师的强制性灌输，否则即使获得了成长，学生也可能会因为教师在其成长过程中施予的若干不适行为而对其教学产生厌倦。

师生在教学与学习过程中表现出来的双主体性是源自其对自身的准确定位与

自我尊重。每一个个体都是自己的行为的主体，相对于其他主体，每一个主体都会呈现出一定的客体性。作为主体的学生需要将自己作为知识习得的主要责任人，能够从自身成长的角度来理解知识之于自身的重要性，并能够主动担负起学习的责任和使命，而作为客体的学生需要理解自己所处的学习集体可能存在着多样性，教师在组织其教学行为时自然会依据教师自身的教学观。因而，对于教师的每一种行为，个体都需要运用自己的主体意识去战胜自己在学习群体中的客体意识，进而确立自己的认知路径。

同样，对于教师而言，同样会表现出主体与客体的不同身份属性。作为主体的教师需要以提升教学的品质作为自身的主体责任，并通过建立个体的主体担当意识对学生的学习状态进行判断。作为客体的教师需要理解自己的职业价值，通过教学行为中的责任感体现出来，并通过学生的学习成长过程来证明自身的职业价值，此时对于学习者而言，教师同样也是客体。

师生的双主体性自然也会表现出双客体性，这种定位可能会化解存在于师生之间的不和谐，促使师生怀揣同样的梦想，为实现个体的成长奠定基础。

（2）关于“物”的维度，主要指向学习空间的优化设计

学习活动中的“物”主要是指在教与学的过程中，教学行为赖以发生的学习空间，包括空间中运用到的各种环境、平台、系统等支持教与学的行为得以发生的各种条件。现阶段，学校特别重视信息化学习条件的建设。譬如，学习过程中需要使用到的教室，教室中配备的各种设备设施，设备中安装的各种软件，由各种软件提供的不同的信息承载体与信息承载方式等，都可以看作当前学习的主要条件，它们构成了教师组织教学活动、学生实施学习行为的学习空间的基本内容。

物的存在，是因为学习需要，而不仅仅是为了展示物的存在。在教育实践过程中，人们对物的理解程度有多高，运用物支持教学变革的程度就有多高。在早期的教育实践中，教育主要依赖于教室这一实在物，并通过教室完成了教学的各种行为，只要教室中具备了桌椅板凳，有了粉笔、黑板，就可以组织教学活动。有一些地区在没有足够的经费来支持学校配备桌椅板凳时，甚至会借助于学生自带板凳的方式完成教与学的任务。

正是因为在这些条件下也可以组织各种教学活动，于是我们可能就会做出一种简单的判断：教学与外部的支持条件的关系不大，能否组织好教学活动，主要还是看教师的水平与学生的态度。以教师自己的经验作为组织和安排教学活动的主要依据，对新的技术与方法采取回避甚至是抵制的态度，在当前的教育现实中并不少见。

技术能否改进教育与如何使用技术有关，而对技术的使用水平又与教师的技术观有关。如果教师在实践过程中采取消极的态度对待技术，技术确实就不会对其所进行的教学活动产生太大的影响，只有建立了恰当的技术观才可能发挥技术的优势，使技术对教与学的活动产生更大影响。作为物的特殊形式，技术的教育价值需要通过教师的设计体现出来，当教师形成了恰当的技术观以后，就有可能会根据技术自身的特点设计相应的教学活动，并思考如何向技术借力，巧用技术并慎用技术。

当前，出现了许多面向学科的移动APP，都将用户定位为学生。借助于移动技术帮助学生进行学习的初衷是好的，但是对于APP本身而言，其所依据的基本理念会影响APP质量。譬如，有一些APP专注于出题，教师可以通过这些APP布置作业，学生的作业中很大一部分都可以依赖于APP自身所具有的批阅功能来实现，甚至还能生成学生的作业报告，并根据错误题目的类型等给学生追加新的作业。对于类似的产品，往往会被贴上一种所谓“智慧”学习的标签，但是我们会发现这种技术主要体现的是“反复练习”这一属性，其他属性都被该属性所掩盖，其后果是学生做的题量越来越多，负担日益加重，对于为什么会做错或做对等却不知晓，这样的技术有可能会沦为学生攻击的靶子，甚至会成为教师批评技术的原因。

技术的不断更新对于教育的意义在于，可以帮助教师发现学生在学习过程中的优势和不足，在帮助学生强化优势的同时，能够瞄准其劣势进行突破。譬如，对于面向学科的APP，需要关注的是如何结合学习的规律对其进行合适的控制，即通过控制作业的量、频次等，在引导学生做题的过程中，使学生能够发现自身的问题，能够聚焦个人的问题进行有针对性的强化，而非简单地进行持续训练，只注重作业的“量”而忽视了作业的“质”。

对于每一个个体而言，都会存在一定的认知习惯的差异，譬如，有一些读者可能喜欢阅读，并会花大量的精力去阅读一些经典名著，也有的读者只喜欢进行浅阅读，对于一些经典的名著，只会关注一些大致的故事情节或框架，却不关注作者是如何使用语言文字来刻画不同人物形象的。如果仅仅是站在语文学科的立场来看待这一问题，也许我们会认为在这两种不同类型的学生中，前一种更加优秀。但是，如果我们以文科和工科的视角来看待这两种不同类型的学生，可能就会有不同的认识。对于“程序员”而言，他可能会陶醉于某几千行“代码”而无法自拔，但对于一个喜欢“码格子”的人来说，每天在键盘前敲上几千个字就是他最大的快乐。

借助于技术工具的支持，教师可能会对学生表现出来的上述差异给予更大程度的宽容。技术的使用不仅仅可以帮助我们完成过去能够完成的事，还能够帮助我们完成许多过去完成不了的事，后者的价值会更大。技术的教育价值并不是天生就附着在技术身上的，它需要教师的反复思考与实践，也需要学生的反复应用与感受，技术的许多隐性价值都是在教师和学生长时间的反复应用中体现出来的。

对于技术的认识不当，可能会使技术表现出负面的作用。譬如，在当前的学校教育中，我们经常会发现一种现象，即技术的作用被异化，并对学生和教师的身心造成了极大的影响。最典型的例子就是摄录设备，本来这些设备的使用可以帮助学校建立学生的学习行为数据库，以便为学生提供更好的学习建议，但是当前许多学校将这些设备用作监控设备，主要用于对师生的行为进行监控，以防止教师在教学中出现懈怠行为。这导致许多教育工作者在实践中对技术产生了反感，从而会影响许多不同类型的技术在教育领域的应用。

借助于现代技术，并与传统技术适当结合，通过技术具有的记录、承载、表达、运算等功能，构建新型学习空间，就是要发挥不同的“物”对于学习的支持作用。对技术的合理组织与应用，可以帮助教学组织者更好地对学生的行为做出判断，能够通过学生的行为分析其认知习性，理解学生在学习过程中可能会出现的问题及其原因，能够对学生进行更加有针对性的分析，并将其反馈给教师，以便教师能够根据学生的差异设计出更加符合学生的不同认知习性的学习活动，并给予其合适的指引。

现代学习空间既需要依赖于特定的教学场所，便于师生共同组织相应的学习活动，也需要为学习者提供便于他们选择不同学习资源进行自主学习的场所，还需要有能够满足学生进行在线学习的场所，便于学生采用线下、线上等不同的学习方法，以个别化或集体化等不同组织形式开展学习活动。在此过程中，学生的学习行为及其行为的痕迹都会影响后续的学习策略选择，因此在现代学习空间的建设过程中，有必要同时考虑到这些诉求，使得现代学习空间更加具有现代性，通过改变学习过程、减轻师生的负担等，展示学习空间对于学习的外部支持作用。

重视“物”的变化，就是要设计出符合现代学习特征的学习空间，促进学习效能的提升。技术涉及的领域十分广泛，并以不同的形式与教育建立了联系，在学习空间中存在一些与学科相关的专门化技术主要是指跨越了特定的学科专业的技术，这些技术专门服务于特定的学科专业领域学习。譬如，生产实践中的挖掘机操作是一种技术，对于特定专业的学生来说，他们要掌握挖掘机操作技术，就需要通过使用真正的挖掘机进行实践体验，这类技术是与特定学科专业相关的，并不具有学科专业之间的普适性，因而我们并不将这类技术纳入信息化体系中的技术领域来考察。

从技术影响教育的历史轨迹来看，我们会发现技术对教育产生的影响主要表现为对教与学的功能的拓展。譬如，幻灯与投影等技术主要是拓展了内容的呈现方式，使得局部的内容可以得到放大，并能够实现从文字到图形图像的变化。电影、电视出现以后，图形图像的呈现形式发生了变化，从以静态为主的呈现形式过渡到了动态的呈现形式。计算机出现以后，内容的表现手法变得更加多样化，以文本、图形、静态图像、影像、动画、声音等形式的合理组合形成的不同内容表征方式使得内容的呈现变得更加自然、生动。

当前，技术的发展与变化使一些重要的议题又重新回到了人们关注的视域：技术会不会颠覆人们的生存方式，进而颠覆人类的生存方式？但是，关于这些命题的讨论似乎对教育界的影响并不大，因为当前人们并没有意识到技术之于教育的变化可能会对教育的本质产生触动。当然，我们并不认为技术的出现一定会颠覆人类的生存方式，如果无视技术的存在与变化，必然会导致教育与社会需求之间出现阻隔，并会影响到教育自身。

技术之于教育的价值不仅仅在于可以改变信息的承载方式与表征方式，还在于可以从多个不同的角度完成对人们的行为轨迹的记录，而这一过程中所记录的各类数据都能为教与学的决策提供一定的支撑，并使得改变行为有了更大的可能性。因此，对于技术本身的设计，往往需要与学习过程联系起来，进而将其运用到学习事件的设计中。

（3）关于“事”的维度，主要指向不同的学习事件设计

学习活动中的“事”是指在教学活动中关于教与学的事，是在整个教学过程中教师所做的事与学生所做的事的集合，两者本身是相互联系的。譬如，对于教师而言，其所做的所有与教学相关的事都需要以学生能否接纳和适应为基本依据，而对于学生而言，要想让学习顺畅，就需要充分借助于教师设计的教学过程来实现，这两件事的意图是相同的，然而不同事件中的主体责任却不一样。

在早期的教育实践中，学生获取资源的机会和途径有限，因此学生的学习之事与教师的教学之事被混为一谈。教学的事主要被看作教师的事，是教师根据教学目标的要求所做的事，其目的在于教会学生掌握相关的知识和技能，实现教学目标。因此，大量的教学之事都是从“如何教”的角度来设计的，尽管在实践中也倡导以学习者为中心，强调关注学习，但在具体的实践中这些理念都需要通过具体的教学过程体现出来。

诚然，当学生只能借助于教师获得知识时，教师的设计就显得特别重要，教师选择什么样的学习内容，学生就能接触到什么内容，教师“如何教”决定了学

生“如何学”，因此学生必须依赖于教师设计的学习路径来开展学习活动。在新的学习空间下，技术的介入使学生可以获取的资源形式更加丰富，获取资源的路径更加多元。当学习者具备了某些基础性的学习能力以后，他们就能够依据个人的意愿参与到资源的选择过程中来，并通过资源的选择提升个人的自主学习能力。

因此，对于新型学习空间中的教与学之事而言，就不再仅仅是教师的事，也成了学生的事，教师的任务不仅仅是告知学生应该学习什么，还需要知道学生需要什么，能够站在学习多样化的立场来设计多样化的学习活动，以满足学生完成不同的学习之事的需求。

学习之事与学生有关，但并不意味着没有统一的标准。学习需要依据特定的课程标准来设计，但是课程标准仅仅是对学习目标进行的界定，对于如何达成目标这一具体的“事”而言，却无法做出具体的规定，这就为广大教师提供了展示个人教学才能的机会。

培养人的目的在于服务于未来社会人才需求结构，便于社会机体的正常运行，也便于学习者建立体现差异的能力结构，帮助学习者适应未来社会的发展需要，能够为每一个个体提供生存机遇。对于生活行为本身而言，有的可以依据约定俗成的方式来进行，有的需要适应变化并不断进行改变。对于融入社会的每一个个体而言，在进行某种社会行为的过程中，有的时候可能依据一定的规程即可，有的时候却需要建立规程，这就涉及两种情况：一种是沿袭规则秩序；另一种是建立规则秩序。

要适应以上变化，我们在学习过程中就需要同时考虑这些不同，从而形成两类主要的学习责任：一类是适应已有规则秩序的学习；另一类是指向持续创新的学习。与学习的责任相适应，就需要有多种不同的学习设计思路，既包括对已知规则秩序的适应，也包括对持续创新的追求，在此基础上逐步形成多样的学习样式。

知识是有层次的，因而学习也是有层次的。最低层次的知识就是对外部内容的简单记忆，记忆的对象可能是某些字符、符号，也可能是字符与符号的组合，还可能是一些单字、单词、术语等。当这些字符或符号以某些规则组织起来以后，就会形成更高层次的知识。高层次的知识既包括可以描述知识的字符或符号等构成的文本、视频等，也包括构成这些文本或视频的法则，甚至还包括这些文本或视频的应用价值等。因此，所谓的“知识”就不仅仅是那种用于描述该知识的字符、符号、文本或视频等本身，也包括用于描述知识的语法结构等法则，还包括知识的应用领域与范畴等方面的描述，是一种体现了“语符-语义-语用”的综合体，是一种关于所学对象的“结构–关系–价值”的复合体。

教师进行学习事件的设计，要考虑到“知识”的完整意义，以“结构–关系–价值”的多维度来理解知识，而不应以知识的单一维度来代表知识本身，并通过知识的习得引导学习者形成相应的思维体系。结构表达的是知识中可能涉及的若干方面，关系表达的是知识的若干方面的关联程度，而价值则表达了知识的效用，通过赋予知识某些“结构–关系–价值”，就可以帮助人们更好地理解知识的意义，并能够通过适当的表征方式来阐释知识，能够通过不同的思维方式来理解知识，能够通过深加工来合理地使用知识。

1）设计学习事件需要关注知识的表征方式。知识是相对于应用者而言的，如果外部资料进入人们的大脑以后能够转化为知识，那么就会以特定的表征方式出现在人的大脑中，并会借助应用体现出来。对于知识而言，由于其指向性不同，因而在表征形式方面也会不同，譬如，对于数学相关的知识而言，往往会以符号和图形等形式来表征，对于语文等相关的知识而言，往往会通过文字、陈述句式等形式来表征，而对于物理等学科知识，则往往会借助公式等形式来表征。

知识的表征是为学习者理解并建构知识体系服务的，借助不同的表征方式可以帮助学习者理解知识本身，将新的知识以适当的形式和原有的知识结构之间建立关联，从而形成体现个体能力特点的知识结构。信息技术的突出优势就在于，能够创造不同的知识表征机会，以不同的方式呈现知识，对于学习者而言，可以获得更多的通达知识的路径，为学习者的深度理解创造条件。

设计学习事件，需要设计与学习者的认知规律相一致的学习路径，而所有存在于学习路径之上的各种要素皆应为有利于学习者成长的支持要素。学习路径是学习者在成长过程中经历的轨迹，在此过程中遇到的各种事件都会影响学习者的感觉和知觉，进而影响他们对外部事物的判断。

关注知识的表征，就是要在学习者经历的路径中为其提供不同的知识呈现形式，当学习者游弋其中的时候，具有不同呈现形式的知识内容本身会引起学习者的不同关注，进而对学习者的个人学习爱好与倾向产生影响。这种源自外部的设计与学习者的内在需求的一致性，会有效促进学习行为的发生，进而会影响学习效果。设计学习事件就是为了提供有利于学习者学习的各种条件，提升其学习效能。

2）设计学习事件需要理解知识与思维的关系。关于知识与思维的关系，目前在实践领域还存在着不同的观念，主要有三类理解方式：第一类理解将知识看作是与思维相互并行的，它们是相互促进的；第二类理解将知识看作从属于思维的，认为知识是思维的基础或条件，并最终为思维服务；第三类理解将思维看作知识的组成部分，认为思维是知识的条件，思维从属于知识。对于这些不同的理解，究其本义，可以发现在描述知识与思维的关系时，往往与对两者内涵的理解有关。

我们将知识和思维看作人的整个知能结构的重要组成部分，如果一定要对知能结构进行解剖（而不是切割），那么我们可以将人类通过学习形成的知能结构划分为两个方面：一是关于人们对世界的认识对象方面的，是人们对于世界的整体认识的总和；二是关于人们对世界的认识方法方面的，是人们在理解认识对象的过程中形成的认识的方法论的总和。当学习者理解了认识对象与认识方法以后，我们就认为学习者拥有了一定的知识与思维，这里所说的知识和思维都是狭义上的概念。

我们可以发现，认识的对象与认识的方法之间存在着无法分割的联系。当学习者确定了认识的对象以后，就需要确立与对象一致的方法，由此可以做出进一步的推断：第一，知识的形成与思维的形成是相辅相成的；第二，知识是促进个体思维变化的原因；第三，思维是帮助人们形成知识的条件；第四，在知识的形成过程中，人们的思维同时得到了加强；第五，在思维体系建立的过程中，思维本身也会转化成知识，并丰富知识的内涵；第六，当面对新的问题情境时，人们的思维会引导其选择合适的知识，并运用旧的知识去解决新的问题，进而形成新的知识–思维体系。

因此，如果一定要将知识和思维分割开来进行描述，就容易导致教学过程中出现孤立，或重视认识，或重视方法，这种简单的切割导致的一种现实缺陷就是教学中出现的学用分离，即过分重视对基本概念、公式、原理、命题等的学习，却轻视了这些概念、公式、原理、命题的产生原因及其关系，有可能会出现学习的孤立现象，大量存在于人脑中的内容以纯粹孤立化的样态存在，只有一个个独立的知识点“孤岛”，却无法建立“岛链”，难以形成真正意义上的知识。

譬如，对于唐诗的学习，可能会表现出几种情形：一是学生能够熟练地背诵某一首唐诗；二是学生能够在某种特定的情境中联想到唐诗；三是学生在某些特定的氛围中能够产生模仿唐诗写作诗词的欲望；四是学生能够从某首唐诗中体会到诗人当时的特殊心情；等等。在这几种情形下，我们会发现学生表现出来的能力是不同的：对于第一种情形，学生表现出来的可能是记忆力、语言表达力、记忆的技巧等；对于第二种情形，学生表现出来的可能是理解力、联想力等；对于第三种情形，学生表现出来的可能是创造力、感染力、思维的敏捷性等；对于第四种情形，学生表现出来的可能是洞察力、移情能力、思维的深度等。

但是，如果我们机械地做出上述这些判断，往往是存在着较大的局限性的。在实践过程中，对于一个能够背诵唐诗的孩子来说，他表现出来的是记忆力，这可以从语言的流利性、持久性等方面体现出来，但是我们并不能够由此就做出判断，认为他们只是运用了死记硬背的方式记住了某一首唐诗。对于儿童来说，在背诵唐诗的过程中，往往会涉及许多技巧，包括反复朗诵、复述、多场合提取等，在此认知过程中，唐诗中的每一个字词都会经历从简单的表达符号到符号意义建构的过程，甚至最终形成的一首完整唐诗也已经以一种新的符号形式储存在学习者的大脑中，围绕该符号建立的更加广泛的意义就是真正的知识。

因此，对于人们通过学习建立的知能结构，就可以从知识、思维两个方面来进行阐述，对于知识，主要是通过“语符–语义–语用”的综合体来体现的，而对于思维，则主要是通过“结构–关系–价值”的复合体来体现的。

3）设计学习事件需要注重对知识的深加工。实践者习惯于用“知识”来表示学习的结果，尽管在描述知识的内涵时往往存在着许多不确定性，但有一点是一致的，即都认同知识存在层次性。美国教学设计专家加涅在对相关研究进行梳理的基础上，提出了学习的累积理论（也称为学习的层次理论），认为学习将经历信号学习、刺激–反应学习、动作链索学习、辨别学习、概念学习、规则学习、高级规则（问题解决）学习等几个层次，并由此概括出了五类学习结果：言语信息、心智技能、认知策略、动作技能与态度。

尽管这种分类方式体现出了一定的层次性，但主要还是建立在类型划分的基础之上，因此为了进一步描述如何在教学中帮助学生达成这些学习结果，加涅提出了“教学事件”的解决路径，将教学设计成九个主要环节，包括引起注意、告知学习目标、刺激回忆旧知识、呈现新的刺激材料、引导学习、诱导反应、提供反馈、评估行为、促进保持和迁移，借助于这九个环节可以帮助学生取得不同的学习结果，并达成不同的学习目标。

知识的层次与学习的层次是一致的，在设计学习活动的过程中，如果教师仅仅将重心放在知识的层次上，而忽略了学习的层次性，就容易导致在实践中将知识孤立开来。因此，教师有必要将学习的层次和知识的层次对应起来，在建立知识层次结构的时候也注重与之相适应的学习层次，增强学习层次之间的关联性。因此，我们也从“知识”出发，借助于对“知识”层次的划分，为设计体现这种层次的学习事件奠定基础。

较低层次的知识是外部刺激物作用于学习者以后，学习者经过与外部的交互作用形成的对外部事物的认识，既包括用于识记和理解这些事物的某些字符、符号等，也包括这些字符与符号的组合，如单字、单词、术语等，还包括通过这些字符、符号等描述的与外部事物相关的初始内涵等，我们称之为“语符”。处于这一层次的知识，通常是已经为前人所发现，并借助于特定的教学活动来建构的，因此这里的外部刺激物有的时候已经被抽象成了纸质或电子课本上的具体内容，既可能是文本形式的，也可能是音视频形式的，还可能是动画形式的，通常都是以独立的形式存在，与其他知识内容之间缺乏关联性，甚至可能需要依赖于学习个体的记忆力来维持。

中间层次的知识是外部刺激物作用于学习者以后，学习者建立内在关联与外在关联后形成的认识，既包括学习者在理解外部事物的过程中懂得如何寻找恰当的符号进行表征，也包括能够不断调用和修复内部结构，建立可以脱离特定的外部刺激物的抽象认知等，我们称之为“语义”。处于这一层次的知识往往更加接近外部世界本身，除了具有与上一层次的知识相似的表征方式以外，还可能需要学习者在真实世界中进行抽象，并能够建立体现知识与知识之间联系的各种法则等，这种层次的知识往往会通过学习者在具体的行为过程中展现的理解力等表现出来。

较高层次的知识是学习者在吸收了课本上的内容并理解了内容与内容之间的关联以后，能够将其运用于自己所处的外部世界，并通过解决具体的问题形成的认识，既包括学习者在遭遇真实的问题情境时能够综合运用已有的认知去解决问题，也包括通过创新去改变外部世界，形成超越已知世界的现实存在的各类新制品等，我们称之为“语用”。处于这一层次的知识，既注重对现有世界的尊重，更重视对未来世界的向往，将学习者引向了其目前需要不断适应的生活世界。

因此，在学习事件的具体设计过程中，教师需要沿着这样的知识变化思路，强化知识的深加工，从而为学生理解学习奠定基础。

对于事件本身，我们可以假设教师在入职以后就已经基本上能够胜任教学之“事”了。但是，教学之事却非良构之事，尤其是当新的技术被广泛应用于教育领域以后，教学之事将变得更加复杂。人们对于客观世界的认识，有已知领域和未知领域两个方面，教师在工作的过程中涉及知识的输入与输出两个方面。因此，教学中的“事”其实就是要帮助学生学会输入已知知识、输出已知知识、输入未知知识和输出未知知识，既有对已知世界的学习，也有对未知世界的探索，从而形成完整的知能结构。

在设计“事”的过程中，首先，教师需要处理好一些关键概念，如教学目标、教学活动、教学过程、教学方式、教学策略、学习评价方式等。对于教学这件“事”的设计，就是要设计在信息化环境下如何体现教学目标，如何组织教学活动，如何实践教学过程等。其次，要弄清楚教学过程的核心要素是什么，是什么决定了教学过程，例如，对于“翻转课堂”，哪些环节先安排，哪些环节后安排，如何巧妙地进行时间序列的组合，都需要进行比较深入的思考。再次，要合理安排混合式学习方式，课堂时空是有限的，网络时空的出现弥补了课堂的局限，为学习者提供了自由选择权利，因此教师需要清楚在什么时空下进行授导教学或组织探究。最后，要同时兼顾学习者的能力生成和评价，评价学生的学习行为，既要关注其能力起始点，也要关注其能力的变化过程，还要关注其能力的最终变化结果，适当借助于信息化评价工具，使评价超越分数，聚焦于学生学习中的薄弱环节，为调整教学策略提供科学的支持。

（4）关于“境”的维度，主要指向学习的应用价值实现

学习活动中的“境”是指学习过程中描述的知识或技能赖以存在的场所，既有现实的真实世界的场境，也有虚拟世界的意境等。围绕“境”的维度设计教学，主要在于帮助师生借助于“境”来理解学习内容的存在价值，通过将学习内容与真实世界的应用场景建立关联，或者通过对虚拟场景的设计与想象，引导学习者更好地开展学习。

关于“境”的设计，人们并不陌生，在21世纪的教学改革过程中，创设情境甚至成了许多教学案例中必备的元素。然而，深入地剖析一些教学案例，我们发现教学中教师创设的情境，很多还仅仅是为学习课程知识或技能而做的一种假设，许多假设甚至忽略了科学性，让教学活动置于脱境化的状态下，对于学习者和教学者而言，其可能会处在两个不同的话语体系中。当学习的知识远离了学生的生活世界时，虽然可以让学生在高分的刺激下享受到一些学习的快乐，却难以让学生真正体会到知识的价值。

“境”的设计需要体现真实世界的状况，并要符合事实本身，而非为了让学生完成题目而设计一些根本不可能的事件，最终只是帮助学生学会了解题，却不能帮助其从题目中获得其他有价值的信息。强调“境”的应用，并不总是要求学生一定要亲自处于特定的境中，但学习内容发生的境应该是合理的。例如，2013年6月20日的中国首次太空授课，通过空地的实时互动，太空授课团队完成了质量测量、单摆运动、陀螺运动、水膜和水球五个物理实验的教学任务。在以往的课堂中只能够依靠教师的灌输才能让学生记住的知识以一种真实的存在方式展现在了学生面前，过去只能够靠“想象”的许多物理现象突然变得“可视”起来，让人仿佛置身其中，形成了身临其境之感，这里带给学习者的就是一种真实的“境”。

“境”主要有两大类型：一种是场境。场境是一种能够让人置身其中的真实

的或假定的学习场景，如在太空授课中，授课者置身于真实的场景中，地面教室的学生置身于假定的场景中，授课团队的展示本身是真实的，因此学生感受到的知识应用价值同样是真实的。另一种是意境。意境是一种可以促进学生的思维或想象力等得到拓展的美好遐想。例如，在语文学习中，学生的大脑中可能会随着文章的描述而勾画出某种画面，这种画面可能会远离现实，却也能够激发学习者的情感，促进学生对相关事实、概念、程序或原理的关注。

"境"的设计在于帮助学生理解知识依赖的特定"客体"，帮助学生在与客体的交互作用中理解知识并建构知识。在实践中有一种简单的认知是，"境"就是某种知识发生的具体"例子"，譬如，在学习数学的时候，为了帮助学生掌握"加减法运算"，教师可能会采用不同的方法，有的会采用反复练习测试的方法，有的会通过举例来教会学生计算，有的会通过引导学生参与实际的事务来学会计算。这里存在三种不同类型的客体：第一种是直接以包含了运算法则的知识内容为刺激物的客体；第二种是以某些抽象的真实世界作为刺激物的客体；第三种是以现实世界为刺激物的客体。

这里需要讨论的是，我们所说的"境"与上述三种不同类型的客体之间是一种什么样的关系？如果将"境"简单地理解成我们必须亲历的事实，那么这种与学习者相关的"境"就只能帮助学生理解当下的世界，而不能引导他们适应未来的世界。因此，我们在理解"境"的时候，就需要突破学习者自身的限制，将"境"延伸到学习者当前无法触及但将来可能会触及的领域之中。

因此，我们可以从知识的产生与知识存在价值的角度来理解"境"，也就是要从知识对于学习者而言在当下或未来可能存在的意义的角度来理解知识。我们建立的一种假设是，如果学生不能理解知识之于他们的价值，那么这种知识对于他们而言就是没有意义的，即使学生可能会通过记忆等方法在短时间内对这些知识进行暂时储存，甚至还能够通过一些形式的考核，但是这种脱离了具体的"境"的知识很难满足学生适应和改造世界的需求。

（5）关于"脉"的维度，主要指向学习内容的逻辑建立

对于"脉"这个要素，过去常常会与"境"相连使用，成了"境脉"。在五维设计中，我们将"脉"与"境"区分开来描述。学习活动中的"脉"主要是指学习者在学习新的知识或技能时，能够对其自身建构的认知体系中的关系有较为清晰的认识，进而形成各种不同认知结果之间的内在关联。围绕"脉"的维度设计教学，一方面是要确保教学中的各项活动都有一条清晰的主线；另一方面又要有利于学习者建立学习内容之间的关联，形成学习内容的内在逻辑，促进学习者形成完整的认知谱系，促进学习者对知识进行更加完整的理解和认识。

从“脉”的维度来设计教学，需要同时考虑到学科内与学科间两个不同方面，以什么知识或技能为基础，需要用到哪些其他学科的知识，都会影响学生对新知识的学习。例如，初中二年级学生学习数学课程时，教师需要弄清楚学生已经掌握了哪些必备的数学知识，在进行解析几何的教学时，如果能巧妙地以学生的平面几何与代数知识基础来进行引导，可能会让学生少走许多弯路，提升其学习效率。

“脉”的设计有的是关于特定的知识与技能层面的，也有的是关于学科层面的，还有的是关于跨学科层面的。在设计的过程中，“脉”的设计相较于其他维度的设计有更大的难度，这主要是因为其中存在着许多学科或内容之间的关联，而这些关联有时甚至可能会超越教师的认知。毕竟在当前的教师培养体系中，主要还是以相对独立的形式来设计培养体系，教师对于跨学科的知识或技能的掌握本身存在着较大的差异，甚至可能还会存在对其他学科知识的完全回避，使得跨学科的“脉”的设计几乎丧失了可能性。

目前，在教学过程中许多课程往往是孤立的，各个部分的内容之间缺少关联。譬如，有一节政治课“传统文化的继承与发展”，教师是这样设计教学活动的。第一，他让学生模仿汉字听写大赛的方式进行汉字听写；第二，选择了几个汉字帮助学生理解汉字中包含的文化元素；第三，让两个不同的学习小组分享课后收集的资料，包括“旗袍”和“清明”两个主题，第四，介绍与文化相关的六个核心要素；第五，引导学生讨论对待文化的态度；第六，引导学生设计地区地铁文明公约。

对于这一主题的教学，任课教师能够将教学中需要关注的核心知识点通过适当的方式传达给学习者，从整个环节来看是没有问题的，但是如果我们从教学中若干环节之间的关系来看，就会发现这些环节显得支离破碎。学生在完成了某一个环节的学习任务以后，为什么需要接入下一环节的学习，其存在着什么样的递进关系，如果设计者没有考虑到这些问题，没有事先对这些关系进行设计，就有可能会增加学习者记忆[①]的负荷。

在上述教学过程中，如果能够建立一条主脉，那么教学中的各个环节就可能会出现变化。在上述案例中，经过与任课教师的沟通，我们建议可以结合传统文化中的“孝”这一主题来衔接不同的内容，同时将教学中的若干环节归纳为三个基本阶段：第一阶段还是从观看汉字听写大赛的视频开始，然后让学生分组运用PAD模拟进行汉字听写大赛，汉字的选择不再是随意的，而是体现了“孝文化”

① 这里使用“记忆”一词而没有使用“认知”一词，主要是考虑到在类似的学习过程中，学习者对于新的知识的习得往往还停留在记忆层面。

的若干词语，引导学生通过汉字理解文化的内涵，并通过体现“孝”的汉字示例，帮助学生理解文字的形态之美和诗意之美。第二阶段让学生结合“孝文化”对传统文化进行归类，引导学生尝试寻找相关的传统文化资料进行分享，可以让展示的两个小组分别展示体现了孝的节日（清明）、体现了孝的服饰（不再是旗袍）两个主题的研究成果。然后，引导学生结合“孝文化”思想并归纳不同的文化类型，如与孝相关的习俗、建筑、文艺、思想等，并由此引导学生分析可以从哪些方面理解传统文化，便于学生对知识的迁移。第三阶段则组织学生利用网络论坛结合“孝文化”讨论应当如何对待传统文化，同样可以帮助学生理解：一要继承和发展；二要取其精华、去其糟粕；三要创新和面向世界。同时，教师应巧妙地引导学生合理地看待“孝文化”，要抛弃历史虚无主义、民族虚无主义和守旧主义等观点。在课外作业中，教师可以要求学生以孝为主题适当延伸，例如，突出“尊老爱幼”的主题，结合本地区地铁的发展情况，分组设计一组地铁中的尊老爱幼公约。

上述设计仅仅是最简单的“脉”的设计，即在一节课的教学过程中，教师尝试通过一条主线将所有学习内容串起来，帮助学生理解知识之间的逻辑。在现代教学中，“脉”的设计远没有这么简单，有的时候需要教师从课程内容来考虑，尝试建立相关内容的“脉”，有的时候需要跳出该框架，尝试建立多学科之间的“脉”。此外，“脉”的形式既可能是“主题”，也可能是“知识体系”，还可能是“思维体系”，更多的则是几者的综合。在具体的实践过程中，教师需要考虑到学生的基础，让“脉”成为助力学习与教学的因素，而不能够让其成为制约因素。

教学是一个复杂系统，我们倡导教师围绕五个维度来设计教学，并非要构建一种所谓的五维教学设计模式，而是主张还原教学的根本，从课程教学的价值取向来看待教学设计的问题，进而通过信息化对教学的支持的研究，形成更加符合教育教学之本的教学活动形式与过程，让教师始终从学生的未来需求出发构建教学体系。教学活动是教师展示自己的教学才能的舞台，但不应当成为教师进行独舞的舞台，而应当成为学生的学习空间，教师的介入是为了帮助学生更好地理解如何学习。对于这五个维度，在具体的实践中，不排除可能会因为某些学习目标的变化而需要对其中某些维度进行强化，如果忽略了其他维度，学习的效果必然会受到影响。

3.2.2 学习结构视角下的智慧学习范式重构

在长期的教育实践中，我们已经习惯了师传生受的教学方式，尽管实践中也出现了一些变化的范式，包括目前倍受关注的翻转课堂等，但是这些变革的本质依然是教学结构方面的。在学习过程中，学生虽然获得了一定的自主学习权利，但他们进行的学习活动基本上还是依赖于教师布置的学习任务。学生在完成学习任务的过程中如何分配学习时间和精力、如何达成具体目标等，往往依赖于个人的主观判断。

设计教学活动或行为会受到教学信仰与教学观念的影响，教师采取的教学措施或策略等都与其建构的个人教学观有着密切的关系。在当前的教学实践中，教师采取的教学策略与教师能力培养体系、社会的整体教育观等都是一脉相承的。尽管教师在具体的教学细节上存在某些差异，但是有一些基本的做法是一致的，即基本上都认同学生的成长需要高度依赖于教师的教学行为，教师对学生所做的若干判断也主要是其区分培养对象的依据。

我们将这种以教师的教学观作为整个教学设计的主导思想的教学行为、教学样式、教学模式等统称为教学范式。所谓教学范式，就是从“教”的立场出发，着重于探索如何设计高效的、具有同一性的教学活动，以帮助学生达成学习目标的方法体系的总和。教学范式的形成，既与人们对教育的认识有关，也与教育的条件有关。自班级授课制度建立以来，人们已经普遍认识到，以集体方式来组织授课，可以达到以最小的代价实现最高效的教学效果的目的。因此，教育工作者致力于寻找有利于达成统一教学目标的方法，并试图让这些方法能够尽可能地满足更多学习者的需求。

教学范式的存在与教学实践中的资源供给方式有着较大的关系，学生和教师构建的相对完整的学习闭环使得这种范式在应用中能够最大化地发挥效能，因而有着较为现实的存在意义。信息技术的广泛应用，加之智慧学习空间的建立，使得资源的供给关系正在发生变化，学生与教师构成的学习环正在从旧的闭环向开环转变，学生有条件获得更加符合自己的认知习惯的资源和学习方法，并能够围绕自己的学习需要选择适当的学习方式。在这种情况下，教师在设计教学活动时，就可以突破原有的限制——可以不再考虑如何确保其设计的教学活动或行为能够满足每一个学生的需求，而要考虑这些活动或行为是不是可以满足某些学生的需要。

当教师将关注的重点从寻找适合每一个学生的共同方式向满足不同学生需要的不同方式进行转变的时候，就为转向学习范式提供了可能性。学习范式是从“学”的立场出发，关注的是如何发现每“一类”学生的特点，并能够依据“不同类”学生的特点设计学习活动或行为，以方便学生在现代智慧学习空间获得与自身学习风格相适应的学习形式的一组方法体系的总和。

如果说教学范式关注的是教学结构，我们可以认为学习范式关注的是学习结构，即整个学习活动或行为都是以便于学生完成学习任务以及达成学习结果为目的的。从实践的视角看，如果在研究范式变换的过程中过分强调变化，而忽视了变换过程中要素的一致性，就可能会导致实践者难以适应，从而出现范式转变的困难。

前文中我们从五个维度来理解学习，就是要从学习与教学的共同要素出发，并通过对两种不同范式中相关要素的作用变化的比较，便于实践者能够理解如何通过不同维度的变化实现从“教”到“学”的变换。

1. 学习结构视角下学习要素的变化

从教学结构转向学习结构，并不是说需要建立完全不同的理解学习要素的维度，而是需要重新理解具体维度中的“核心本质”的变化，以满足学习者的学习需求。在这里，笔者尝试依据教与学的过程中的一些基本维度，从人、物、事、境和脉五个具体的形态要素对教学结构体系与学习结构体系中这些要素的差异做简单比较，如表3.1所示。

表3.1　从教学结构转向学习结构的基本要素变化的比较

形态要素		教学结构体系	学习结构体系
人	教师	教学活动的设计者与学习活动的组织者	教学活动的设计者与多样化学习活动的策划者
	学生	依据学习目标，在教师的统一安排下完成相应的学习任务	依据学习目标，并结合自身情况（学习风格、能力基础等）有选择性地以符合个人认知习惯的路径进行学习
物		助力教师完成教学活动的各种教学条件，如教学环境、教学资源、设备设施、教学平台等	助力学生进行学习的智慧学习空间，其中包含了多样化表征的结构化学习资源、记录学习轨迹并支持学习决策的平台等
事		教师会充分考虑到学生的情况，组织和实施教学活动，对于所有学习者而言，这个过程通常是相同的	学生可以采用混合式学习方法进行学习，借助于学习空间的智慧诊断与智能推送等功能，学生可以选择与他人不一样的方法进行差异化的学习
境		关注独立学科目标体系的达成，从学科的视野帮助学生理解知能与真实世界的关联。“境”的设计往往是为了帮助学生建立知识与知能体系	关注真实问题的解决，并能够注重不同学科对于学生综合能力养成的系统性支持
脉		学科之间往往相对独立，学生建立的是以独立学科为体系的心智结构	注重学科之间的贯通，学生建立的是体现未来核心素养需求的完整的心智结构

在教育过程中，学习者主体价值的实现必须建立在高度的自我决策与自我选择的基础之上，而这种自我的实现又必须以资源足够丰富与资源的表征方式足够

多样化为基础。这些基础性要求借助于现阶段的技术发展，已经可以最大程度地得到实现，进而为从教学结构向学习结构转向提供了可能性，同时为实现真正意义上的智慧学习提供了保障。

2. 构建智慧学习的基本范式

学习的意义在于认识外部世界，教学就是要帮助学习者认识外部世界。如果仅仅是从“教”的立场来理解学习，学生就首先需要适应教学方法，其次才能够接受知识，一旦出现了方法方面的不适应，学习难度就会增加。

对于每一个学习个体而言，他们都在不断地与各种外部教学活动之间发生关联，而外部教学活动是教师设计的，并服务于学生学习。在旧有的教学体系中，教学活动与学习活动是合二为一的，大多数学习活动基本上是在教师的组织下进行的，尽管学生被称为学习的主体，但是主体的主要学习过程还是沿着教师设计的基本路径展开的。

教师之于学生的价值，在于帮助学生理解学习内容、建立认知体系，教师设计的大量活动也基本上指向了学生的成长过程。但是，从当前的教学活动来看，许多教师在具体的实践过程中设计的主要活动基本上还是以满足学生认识已知世界为目的，并以大多数学生能够掌握为基本准则。因此，如果仅仅将教学设计视作教学活动的设计，尽管可以帮助学生完成学习活动，但由于活动形式的一致性和学生认知的差异性，必然会导致对学生群体的关注产生偏差，最终教学活动会以牺牲部分学生的利益为代价。

学习的意义就是让每一个个体都能够获得成长，学生需要依靠外部的支持和自身的力量实现专业成长。在学习过程中，学生是学习的选择者，也是学习目标的达成者，教师是帮助学生达成目标的助力者，他们会凭借自身的经验与在具体的教育实践过程中形成的判断，不断丰富和完善学习资源与策略，通过构建多样化的支持策略帮助学生建立更加符合自己的认知特征的学习活动。

信息化工具出现以后，学习资源的形式变得更加多样化，资源的设计与表现形式是与资源使用者的认知需求相一致的。因此，教师应关注每一个学习者的差异，从学习者的需求差异出发，分析学习者的认知机制，并能够将精力从统一的活动设计转向差异化的活动设计中来，资源的呈现与具体的学习活动的开展都可以依赖于特定的学习平台进行。

由学生、教师与学习平台等相互作用而构建的完备的学习支持体系共同构成了智慧学习空间。在此空间中，“平台”本身会通过不断优化对学生做出趋于精致的判断，并对教师提出新的资源与策略建设方面的要求，教师可以依据不同学生的学习风格等特征逐步积累和丰富资源，丰富资源的表征方式与学习活动组织方式，并通过与平台的相互作用促使学生实现自我调整与校正，促进学生完善其心智结构。

从学习的组织与应用的视角看，教师、学生和平台之间建立了协同机制以后，就会促进学习范式的变革，并催生新的学习应用范式的产生。在学习的过程中，不同要素之间的相互作用可以简化为图3.1。

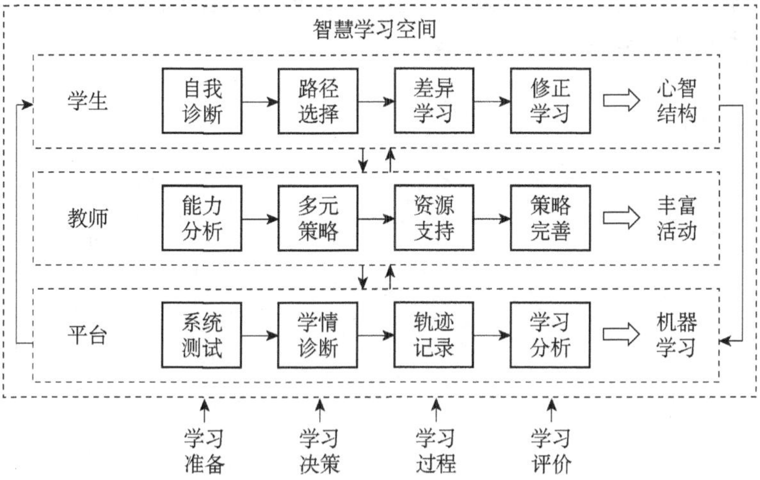

图3.1　智慧学习的基本应用范式

在此应用范式中，学生的学习策略的选择依然是由教师提供的。与以往教学不同的是，教师的任务不再是年复一年地重复教学，应该是结合学习的指导过程和系统的判断不断发现学生的差异，并探索适应这些差异的新策略，逐步建立适应不同学生的多重学习策略，并通过补充和丰富资源满足学生的选择需要。

当新的技术能够承担某些教育使命时，技术与人之间的协同性就在于可以让人从繁重的体力劳动中解放出来，让人有了更多的时间思考教学的差异性问题，减少教学的同质化。从教学结构向学习结构转向，还有漫长的路要走，但是如果不思考这一转向，那么学生的学习依然会在完全统一的教学体系下展开。这种忽视了学生的差异而安排的教学活动，因为其自身存在的天然弊端，不仅不利于学生确定合适的学习路径，还有可能会因此误导学生，更不要说让学生表达个性了。

智慧学习并不能简单依赖于学习支持系统的智能化，但是如果缺少这些智能化系统的支撑，无论是教师群体还是学生群体就只能依赖个体的经验去组织教与学的活动，而系统对于学习的支持作用是否符合教与学的规律，又需要借助对学生的学习行为分析，并需要依赖广大教师的实践经验。因此，在推进智慧学习实践的过程中，需要建立稳定的实践推进策略，真正实现目标、过程、方法与结果等方面的整体智慧化。

我们有理由相信，学习的意义在于不断构建面向未来的学习力，让学习者形成适应未来世界的生活智慧。因此，智慧学习这一概念并非对“学习”概念的修正或限定，而是对学习本质及意义的进一步阐明，当实践过程中对于学习的引导能够真正体现学习的本质及意义时，这一修饰词自然会褪去，到那个时候，智慧学习也许才会真正实现。

第4章 单元统整的目标转化与分解

在前面的章节中，我们对当前的教学与学习的现状进行了阐述，对为什么需要从学习结构的角度来理解教学等进行了较为详细的论述，并倡导从五个维度来理解和重构学习设计的维度。在我们系统论述不同维度的具体内涵与应用之前，有必要再次对学习目标及如何促进学习目标的达成等进行重新审视。

4.1 学习内容的单元组织

在进行学习活动设计的过程中，需要有一定的学习活动方案，表现在教学过程中就是教学设计方案。“方”，本义是远方，引申为边界，“案”，本义是桌子，后来引申为在桌子上做的文案。所谓方案，简单地说，就是为了实现某一特定计划所做的有一定的界域范围的行动文案。

4.1.1 教学的课时与时长

但凡是“方案”就自然会涉及方案的执行时间，通过分配合适的时间建立以“课时”为单位的教学活动与学习活动，既便于学校组织教学活动，也便于管理不同课程花费的时间，从而为落实课程标准和课程大纲提供基本依据。在教学实践中，课时往往会被视作课程分解的依据，也会被视作划分不同课程在学生的整体能力体系中权重的依据。

设计教学方案或学习方案，需要同时兼顾其中的每一项活动的时间分配，并借助于特定的课时这一尺度来把握活动的节奏。目前，我国中小学和大学有着相对统一的课时制度，教学活动必须在规定的课时内完成。因此，教师在设计教学方案的时候，基本上是从“课时”的角度对教学内容进行切割。

在实践过程中，课时往往还会存在另外一个附加功能，即被用于衡量教师的工作量，从而导致有的教师很在乎课时的总数，对于课时的“时长”本身却不是十分在乎。譬如，有些高校将每节课的课时从“50 分钟”调整到“40 分钟”以后，教学的课时总数没有改变，而总时长却改变了，在此情况下，对不同的课程教学安排并没有产生太大影响。

给予“课时”一定的时长规定，可以建立一定的控制尺度，从而避免学生在某一些内容的学习过程中投入的时间过长或过短，有利于学生的健康成长。课时“时长”的设计更多考虑的是学生的健康和科目分解因素，这样不仅便于管理，也便于教师控制教学的进度与节奏。教师确定了一节课的教学内容以后，就需要按照该节课的时长来分配具体的活动时间。这样一来，许多教师更加习惯于根据时间来设计教学活动或教学任务，从而形成了以“一节课”为单位的教学设计思路。

将教学中需要达成的目标分解成具体目标，并能够将这些具体目标转化为每一节课程的内容，尽管对于实践操作而言是合理的，却存在一种耐人寻味的现象，即每一学期的课程都可以切割成等长的学习内容，这样就会产生一个值得追问的问题：我们的学习目标总可以被切割成时长相同的学习内容吗？

一些国家和地区的学校也在尝试进行课时时长的研究，譬如，一些欧美国家对课程进行了分段处理，通过建立15—45分钟不等的时长机制来变革单一长度的课时，试图做某些变化，但是考虑到教学中不同课程的关系，如果想彻底回避“时长”问题而设计教学活动，几乎是不可能的。

如果站在学习目标达成的立场来理解学习本身，我们就会发现判定学习目标达成情况的依据不应该是统一的时间长度（即每一节课的时长），而应该是学生对所学内容的理解程度。时长的控制则是为了让理解的效率更高，教师设计教学活动方案的意义就在于提高学习效率，帮助学生较快地达成学习目标。

在学习过程中，由于学生的不同认知风格等综合因素的影响，无论如何设计教学内容，总会存在部分学生难以在单位时长内完成相应学习任务的可能性。对于处在选拔性考核体系中的这一部分学生来说，他们就有可能会因为难以在给定的时间内理解相关内容被淘汰。

以单元来设计教学[①]活动并不是什么新生事物，从当前基础教育的课程体系来看，许多教材的设计都体现了单元设计的思想。但是，在具体的教学实践过程中，教师在组织教学内容的时候并没有完全依赖单元设计的思想来组织教学活动。这主要有以下几个方面的原因：一是许多教师认为不是所有的教学都适合采用单元化的方式进行，部分教师认为这仅仅是不同的教学理念而已；二是即使采用了单元化的设计思路，也不表明就不再受到课时制的限制；三是对于采用了单元设计理念后建立的课程形态，在具体的执行过程中其可控性会变弱；四是对基于单元设计的教学与基于课时设计的教学之间的本质差异理解得不够深刻，有的教师将单元教学看作课时的简单叠加，因此在具体的实践中会认为自己已经采用了单元设计的思想在组织教学活动。

事实上，以单元化的思想来组织学习活动并不是为了改变课时制，而是为了避免出现因为过分依赖“课时”导致的学习内容的被切割，给予学生更多的支配

① 1931年，美国的莫里逊在芝加哥大学附属中学实践的基础上所著《中学教学实践》一书首先提出“莫里逊计划”，即莫里逊单元教学法。

时间与支配权利，强化课程学习内容之间的内在关联性，丰富课程内容的应用价值。

4.1.2 单元化的学习设计

相较于以课时为单位的教学，以单元化的思想来组织教学是从整个单元的视角来看待教学内容及其关系，更加注重内容之间的关联性与学习活动之间的联系，有利于学习者在建立认知结构的过程中既建立具体的知识结构，又强化不同结构之间的关联，实现从知识点到知识面的过渡。

1. 学习为什么需要单元化

自从人类具有了社会属性以后，就开启了关于学习问题的研究，对学习的认识也随着人类的进步而不断深入，这就使关于学习的研究已经成了永恒的研究命题。

从与外部生活世界的接触到认识和理解外部世界，这是整个人类社会认识世界的基本过程。学习的过程既是为了帮助学习者理解和消化人类世界已经形成的关于外部世界的认识，也是为了帮助学习者更好地认识世界。

对于学校教育而言，就是要将人类世界已经积累的认识成果传递给学习者，同时还要让学习者理解如何利用这些认识成果去适应外部世界，解决在生活世界中面临的问题，并能够在此过程中不断积累经验、修正认识，形成关于外部世界的新认识，提出解决问题的新路径。

学校教育以何处作为起点？庞大的知识体系以何处作为突破点？对于需要学生掌握的知识怎样进行系统切割，如何才能够将不同的知识点串联起来，促使学习者构建系统的知识结构与内容？

为了解决上述问题，我们再次回到“单元化”这一立场上来。以单元化的思想来设计学习活动，如果仅仅是借助于“单元”进行内容的组织，而不改变具体的教学形式或学习形式，那么就可能只是掌握了“单元”的形，而没有理解“单元”的魂。从学习结构变革的立场看待“单元”，就需要不断优化单元化学习的基本内涵，提升单元化学习的品质。

（1）什么是单元化

单元化，从本质上说是一种系统化，是对学习内容的整体性组织。对于学习者来说，外部世界对他们而言既是陌生的又是熟悉的。熟悉在于学习者就生活在这一生活世界之中，陌生则在于他们并不总是能够对生活世界给予准确的描述。学习者无法对外部世界有比较系统的认识，就难以适应可能出现的各种变化。

学习的内容是人们关于世界的现有认识的总和，人类认识世界的过程是漫长的，而学习的过程是短暂的，在短暂的时间内学习者能够接收的知识是有限的，因此就有必要思考：如何选择适当的学习内容，如何以更加合适的方式组织学习内容，如何建立内容之间的联系，以帮助学习者在有限的时间内高效地实现学习的目标？

学习中的单元既可以被看作知识的集合，也可以被看作认知方法的集合，是关于学习内容的适当的组织单位。所谓单元化就是通过对学习内容的适当组织，从而使得具有特定关系的知识点能够以一种整体的方式呈现，并通过教学与学习的过程逐步实现教学与学习目标。

首先，单元化是有特定关系的知识集合。在现在的学校教育过程中，“单元”的教学概念对于许多教师而言并不算陌生，一些学科的知识内容选择或教材内容的安排也能够考虑到以“单元”的方式进行组织。关于这一点，在偏重理科性质的学科中会体现得更加明显。对于文科性质的学科，如语文学科，目前在教材的设计中也考虑到了用“单元”形式来组织相关内容，但从当下的具体教学实践来看，教师似乎很少能够充分认识到“单元”在教学中的优势，过分强调了对同属某一“单元”中的语文课文的学习，对于课文之间的关系的关注相对不足。

实践表明，单元的概念在教学中还存在着有名无实的现象，有的仅仅是借用了“单元”的形式，对相对独立的知识进行了简单的堆砌，或者是从相对独立的学科的角度完成了不同学科内部的知识“单元化”组织，而对于这些知识之间存在的特定关系还存在认识上的缺陷。

以“特定关系”来看待单元，就是要强调“单元化”设计的整体性特点，借助单元中不同内容的组织安排，关注单元的整体目标与具体目标，并通过目标的实现过程，始终让学习者能够理解目标之间的关系，通过整体目标的指引，让学习过程中的学习者始终处在自明的状态中。

其次，单元化更加注重知识的整体结构。在现代学习过程中，学习的目的是什么？简单地说，学习的目的就是帮助学生解决问题，解决真实世界中的真问题，而不是让学生记忆一些前人积累的知识，通过考试来评价谁的记忆能力强，谁记的内容多。

在认识世界的过程中，人们的认识能力和对客观世界的认识程度都在发生翻天覆地的变化，对于学生的能力要求也在不断发生变化。从早期要求学生能够熟读经典，到要求学生掌握一些基本知识与基本技能，再到让学生具备面向未来的核心素养，学生的学习目标越来越接近他们的生活世界。

知识量的增长与知识的更新这一现实变化要求我们不得不重新思考学习内容及其关系。学习内容的无限增量要求我们不得不在做好“学习增量”的同时做好适当的“减量”，对于过时的、落后的、陈旧的、存在错误的知识内容，都需要适时剔除，对于先进的、具有前瞻性的、顺应时代发展的知识内容，则需要进行不断补充，建立学习内容的筛选机制。

对于教师而言，“破旧立新”的难处在于如何区分“旧”与“新”，如果“破”得不准确，就有可能将一切基础性的知识内容都当作“旧”的东西而破掉，这样一来，由于失去了基础，就很难建立“新”的内容。借助“单元化”的方式就可以避免在教学过程中陷入对“旧”与“新”的争论之中，通过建立单元中相关内容的体系关系，从结构化的角度建立“从基础到应用”的结构化体系，以及建立学习的整体样式及内容的内在关联，从而达成学习的目标。

【示例】茴香豆的“茴”，有几种写法

孔乙己自己知道不能和他们谈天，便只好向孩子说话。有一回对我说道，“你读过书么？”我略略点一点头。他说，“读过书，……我便考你一考。茴香豆的茴字，怎样写的？”我想，讨饭一样的人，也配考我么？便回过脸去，不再理会。孔乙己等了许久，很恳切的说道，“不能写罢？……我教给你，记着！这些字应该记着。将来做掌柜的时候，写账要用。”我暗想我和掌柜的等级还很远呢，而且我们掌柜也从不将茴香豆上账；又好笑，又不耐烦，懒懒的答他道，“谁要你教，不是草头底下一个来回的回字么？”孔乙己显出极高兴的样子，将两个指头的长指甲敲着柜台，点头说，“对呀对呀！……回字有四样写法，你知道么？”我愈不耐烦了，努着嘴走远。孔乙己刚用指甲蘸了酒，想在柜上写字，见我毫不热心，便又叹一口气，显出极惋惜的样子。①

这一段文字摘自鲁迅的短篇小说《孔乙己》②，我们在这里先抛开鲁迅先生创作这部小说的意图不谈，而是要从这个小故事的片断来看看在旧的教育中可能存在的许多问题。孔乙己在生活上穷困潦倒，却能够写出“茴”字的几种不同写法，一个可以说是掌握了“许多知识细节”的人，学到了“礼节”，知道了字的“写法”，但是他既不能够运用这些知识去获取功名，也不能够借以养家糊口，却只能够成为一个为“学”所困之人。

---

① 鲁迅. 呐喊[M]. 杭州：浙江文艺出版社，2018：25.

② 鲁迅的作品《孔乙己》最早发表于1919年4月的《新青年》，后来被收入他的小说集《呐喊》中。

学习需要关注细节，但又不必过分拘泥于细节。在过去的学习中，由于学习内容的相对有限性，学生往往会将精力集中于对内容细节的深究，学生可能能够说出计算“三角形的面积”或“解方程”有几种不同方法，还能够熟练地运用各种统计工具进行数据的计算与处理，但是一旦进入真实世界的场景中，往往就不知道如何面对遇到的各种新问题了。

结构就是去除细节以后留下来的东西，是构成整体的若干组成要素按照一定的顺序形成的联结。表现在单元化学习中，就是指学生“非学不可”的内容，既包括相应的知识基础，也包括由这些基础生成的知识，以及应用这些知识解决的问题。单元化学习强调的结构直接指向了学习的价值本身。

最后，单元化学习强调所学知识的应用价值。单元化学习强调以“单元”为单位来组织学习内容，如果将单元仅仅理解为是知识内容的“堆砌”，其实并没有发挥单元的真正优势。单元化的核心目标在于通过知识的组织，强调知识之于学习者的价值，帮助学习者理解知识的应用价值。

学习的价值就在于利用知识，包括理解知识本身、对知识的组织、对知识的重构、利用知识解决问题。对于教师而言，单元化在于组织教学，对于学生而言，单元化则在于学习，教学是教师设计的用于支持学生学习的行为，学习则是学生在教师的指导下促进自我成长的行为。因此，借助于单元化学习，就是要让学生能够借助学习活动提高解决真实世界中各种问题的能力。

相较于非单元化的学习，单元化学习能够让学生做到“知–行–用–思–创”的结合，真正做到融会贯通。譬如，在过去的学习中，学生能够通过地理课的学习熟记国内甚至世界各地的地名，但是当他们离开了学校以后，再让他们回忆的时候，有的学生甚至已经说不出国内省份的名字，这是为什么？因为其在学习中只侧重于记忆，侧重于能够通过某一个阶段性的测试，因此许多记忆的节点往往就停在了那个测试点。

采用单元化学习以后，教师关注的重心已经不再是对某些具体内容的记忆，而是通过与真实任务相关联的活动，引导学生通过完成任务来建立与所学习内容的关系，从而形成系统的知识脉络。

对于任务本身，也存在多种不同的理解，如果教师在教学中设计了一些简单的事项让学生去完成，就可以被看作一种任务，但是这种任务也有不同层面，有的任务仅仅是在做某些重复性的工作，可能仅是通过体力劳动就能够完成，而有的任务则需要经历更加复杂的过程，既需要用到体力，也需要用到脑力，既需要运用已有的知识，又需要对已有的知识进行适度的变通与重组，对学生进行全面、综合的引导，方能够提升学生的系统化的、整体性的问题解决能力。

单元化学习就是要充分发挥知识的价值，让学生能够跳出分数来理解知识的价值，从自身核心素养的角度认识知识的价值，在此基础上，学生可以运用知识实现知识的迁移，同时也能够促进知识的革新。从一定的意义上说，学习不仅仅是为了表达对先辈的崇敬与继续，而是为了促进对传统文化的弘扬与发展。

（2）单元化的层次

提到单元化，一线教师往往会觉得对这一概念十分熟识，但在实践中人们又会发现教学中体现出的单元化特征并不明显，使得“单元化”这一概念在实践中成了一个“陌生的老概念”。

出现这种情况的一个重要原因，就是对“单元”这一概念的理解出现了偏颇。当教师认为自己理解了单元的概念，却没有能够运用“单元”来组织教学活动的时候，可能是因为他们所理解的“单元”的概念过于单一，或者可能是他们没有理解“单元”的价值，也可能是他们对于如何组织“单元教学”缺乏比较系统的理解。

单元化是存在层次的。浅层次的单元化学习是对学习内容的简单组合，往往表现在课程内部，教师会沿用教材中的教学单元作为依据，围绕教学单元组织教学内容，完成教学任务；中等层次的单元化学习是对学科内容的适当延展，教师会结合教材中提供的已有教学单元，或者重新设计出适当的教学单元，引导学生通过解决一些真实世界中的问题来体现单元的价值；深层次的单元化学习是对学科内容的融通与重整，倡导以某些特定的现实问题为依托，引导学生借助不同的学科知识来解决这一问题，强调在问题解决过程中对综合能力的运用。

单元化学习的设计将学习力的塑造作为学习的终极目标，瞄准学生在未来的生活中可能会面临的各种复杂问题，注重对学生的核心素养的培养，因此在设计中关注的是学生的核心能力，指向了“知识产生”与“知识生产”两个方面，从静态知识指向了动态知识，从单一知识指向了复合知识，从记忆知识指向了创造知识。

2. 从单元化视角理解学习

我们提倡单元化学习，但是在实践中又缺少广泛应用的土壤，导致学术界对于“单元”的认识远远超越了应用界，其中不乏对“单元化”与“学习”的关系认识的不足，以及对单元化学习组织方式认识的不足。

第一，单元化可能带来的学习变化。以单元化的方式来设计学习，必然会对学习的诸多要素提出更高的要求，这些要求涉及教师组织教学的方式和学生学习的方式，师生对学习内容关系的认识，教师本身对师生在教学中的关系的认识、对学习过程的认识、对学习评价的认识，等等。

在刚刚进入21世纪初的一段时间，由于国家倡导开展素质教育，当时学校掀起了一股单元学习潮，但是在此阶段同时出现了一种观念，即将一切教学的改革都看作与素质教育相适应的，还将其与应试教育对立起来。由此就在一线教师的实践过程中自发地出现了行为的分化：一方面，以应试教育之名沿袭着原有的教育方式；另一方面，以素质教育之名进行着部分改革创新。于是，前一种行为成了教育实践的常态，而后一种行为则成了教育研究的根基，两者之间的自行割裂使得基础教育的实践与研究走在了两条互不干扰的轨道上，各自发挥着自身的影响力。

这种分化是现实存在的，并且明显地出现在整个基础教育界，使得基础教育在研究领域表现出了欣欣向荣的景象，但教师在实际的教学过程中依然因循守旧，其最终结果就是学生和教师不得不疲于应付，都承受了巨大的负担。

在学习中倡导开展以“单元”为基本单位的教学变革，就需要从过去的“知识点-课时”制逐步过渡到“单元-时间线”制。

> 所谓“知识点-课时”制，就是以帮助学生掌握一个个知识点为目的的学习，并通过具体的课时化的分割，使得每个学习活动都以“一节课”为基本单位，确保能够在特定的课时时长内实现特定的学习目标。
>
> 所谓“单元-时间线”制，则是强调以单元来统整知识，对指向特定单元的各种知识以结构化的方式进行组织，并通过对学习不同内容需要的时间进行分配，以及在特定时间内对多个不同任务进行设计，制定符合学习目标需要的多重任务。

学习中的“时间线”设计就是以时间为序列来设计学习活动，时间线强调在时间轴中的多任务设计，同时还要充分考虑到不同任务之间的关联。譬如，在学习的过程中，学习的不同阶段会有不同的具体学习目标、不同的学习事项、不同的学习环境与条件、不同的评价方式等，这些不同的要素往往都是并行的，是在同一个时间序列同时发生的。

在同一个时间序列中，多任务的并行体现了生活的真实状态。在现实世界中，其实每一个人都是处于多任务并行的状态的，人们在解决具体问题的过程中会综合考虑到多个方面的要素，并能够系统解决各种并行发生的复杂问题。如同在每天的生活中人的消化系统、呼吸系统和血液循环系统都在同时工作一样，而非在某一个系统处于工作状态时，其他系统都处于停止或让步的状态。

对于一线教师而言，“知识点-课时”制易把握，可控制性强，大多数教学内容和问题都可以提前设计，也比较容易操作。无论是学校还是教师都比较容易在实践中落实，学校只需要考虑不同的学科设置和时间分配，而教师则要根据具体课程中的教学内容总量来分配学习时间，根据教材中的教学单元、每个教学单元的具体教学内容合理分配教学时间，并由此形成了具体的课程教学的不同时间的串联。

“单元-时间线”制则相对复杂得多，对教师的要求更高，教师会在组织教学的过程中面临许多新的问题，而对这些问题往往难以做出准确的预设。在教学的整体设计过程中，学科教师不仅应该关注学科自身，还需要对学生的已有能力基础有所把握，甚至有的时候还会用到其他学科的知识内容，且在某些单元的设计过程中需要对教材中的“教学单元”有所突破，对单元的整体学习时间可以控制，但是对每一个具体环节的时间控制往往会变得困难。然而，同一时间序列中的多任务设计及多任务之间的相互协同机制的设计，更是对教师提出了较高的要求。

第二，单元化学习可能遇到的困难。以单元化的方式组织教学活动，形成的是“单元-时间线”制的教学设计思路。对习惯于“知识点-课时”制教学方式的教师来说，两者之间的最大差异就在于，“单元-时间线”制关注的是知识的应用体系，而“知识点-课时”制则关注的是知识自身的体系，知识的应用体系又是建立在知识自身的体系之上的，因而会对教师提出许多新的挑战，主要表现在以下几个方面。

其一，对问题的理解。关于问题，最直接的呈现方式就是问句，通过问句的方式要求学生做出回答。譬如，在语文教学中，对于古文《师说》[①]的学习，教师可能会连续追问学生：《师说》的作者是谁？他的字是什么？他倡导了什么？与他一起被称为“唐宋八大家”[②]的还有谁？等等。

对于问题会有许多不同的理解方式，上述问答式的提问是教学中比较常见的方式，关于这些内容，如果教师直接教给学生，学生只需要花费时间死记硬背即可，在很多教师看来，这是最高效的学习方式。因为总有一些学生的记忆力会超过别人，在现实中我们还会看到许多用于训练学生记忆力的方式，譬如，学生如果能够记住圆周率超过多少位，一定会得到许多人的赞赏，甚至会成为隔壁邻居

---

① 《师说》的作者韩愈（768—824），字退之，唐代文学家、哲学家、思想家，河南河阳（今河南省焦作孟州市）人，世称韩昌黎，晚年任吏部侍郎，又称韩吏部，谥号“文”，又称韩文公，是古文运动的倡导者，“唐宋八大家”之一。

② “唐宋八大家”又称为“唐宋散文八大家”，是中国唐代柳宗元、韩愈和宋代欧阳修、苏洵、苏轼、苏辙、王安石、曾巩八位散文家的合称。其中，韩愈、柳宗元是唐代古文运动的领袖，欧阳修等六人是宋代古文运动的核心人物，王安石、曾巩还是临川文学的代表人物。

用来教育孩子的标杆。

不主张死记硬背，不是说不需要记忆。大脑本身就具有存储功能，但大脑里应该存储什么？事实上，采用好的方法同样可以让学生记住许多东西，但关键的问题是要让学生记住哪些东西才是重要的。今天的许多中小学教师的记忆能力也是惊人的，譬如，许多中小学语文教师对于那些名篇名句已经烂熟于心。有一个不太敢提但一直觉得有必要提出的问题是，无论是中小学的哪一个学科的教师，除了其从教的科目以外，其他学科的知识，还记得多少呢？许多正在不同行业工作的成人可以好好地反思一下，我们在学校期间学习的内容对于今天的生活和工作起到了哪些作用呢？

作为成年人，我们在今天的生产与生活实践中留下来的东西，就是我们的核心素养。当然，如果我们简单地把其归结于某一个学科，而忽视了基础学科，忽视了我们在基础教育中打下的基础，显然会出现另一种极端性错误（假如我们把教学中以培养学生的死记硬背技能作为目标看作一种极端性错误的话）。教师需要思考的新问题是，如何通过教学活动的设计和问题引导，让学生在学习过程中自然地记住一些知识，并使这些知识成为学生学习更多知识的基础，促进学生学习能力的提升。

重新认识“问题”，才能够接近“问题”的本质，而“问题”恰恰又是单元化学习中的重要要素。广大教师在接受教育的过程中也是这样被教育的，成了教师以后，如何才能克服旧的教育中的缺陷，建立新的“问题意识”，并形成解决这些问题的路径，这将是广大教师面临的最大困难与挑战。

其二，对应用的理解。关于应用，最直接的表现形式就是做题，即运用已经习得的知识解决一些练习题。譬如，在数学的学习过程中，当学生学习了因式分解的若干方法以后，教师常常会让学生进行若干关于因式分解的训练，引导学生熟练地掌握因式分解的不同方法，并通过大量的练习提高学生巧妙地选择不同的解法解题的能力。

“应用”的本义就是将学习的知识或技能用到解决问题的过程中，前面已经就该问题进行了简单的讨论，应用指向何方与设计的问题存在较大的关系。但是，在长期的实践中，我们对应用的理解更多是运用所学的一些知识解决一些练习题，这种情形导致的结果是难以跳出知识的书本体系，难以将知识带进学生所处的真实之境。

应用不应仅仅被用于衡量学生的记忆能力，而是要衡量学生对知识的理解水平与洞察能力，真正做到能够将所学与生活建立起关联。譬如，当学生学习了物理中的电学知识以后，学生能够设计出一套多联开关控制的电路吗？能够自己动手完成对电路的改造吗？当然，在这一实践过程中，可能会存在一些安全方面的隐患，在面向实践过程的设计中，如何强调安全因素，如何提升学生的动手水平，都值得进一步思考。

这可能会存在一种悖论，即有的教师认为在未来的具体生活实践中，术业是有专攻的，并不是每一个人都需要在每一个方面具有较强的动手能力，譬如，在具体生活中，当电路出现故障时，我们会请求专业人士的协助，因此学校教育也无须要求每一个学生都具有比较强的动手能力。这种说法似乎佐证了一些观念，即学习只是为了丰富和拓展学生的知识面与视野，而不是要让学生成为“万能者”。

这恰恰就是学习中的问题之所在。当学习者面对一些生动的知识内容的时候，他们本来可以借助生产实践和生活实践来促进对知识的理解，但他们不得不只凭借大脑的记忆功能来完成学习，无法将其与具体的应用建立起关联，这就导致学生在学习过程中因为难以寻找到支持建立牢固的知识结构的方法，不得不忍受着外界各种不实的指责，或曰其智力平平，或曰其不适合学习。

在现实世界中，许多孩子被认为不适合学习，往往是因为他们没有找到合适的学习方法而出现了认知迷航。有人会说，那为什么总有一些学生不需要经过实践过程或应用过程却能够获得高分呢？我们认为这不外乎几种可能性：一是这些学生采用了我们不常见的学习方式；二是这些学生在学习过程中可能同时越过了认知的不同层次；三是这些学生对知识的记忆能力确实高于其他学生。

其实还有一种可能性是，这些学生已经适应或者说习惯了某种学习方法。如同居住于中国北方的居民习惯于吃面食，而居住于南方的居民却习惯于吃米食，但是我们并不能够由此证明居住于北方的人一定是不习惯吃米食的，反之亦然。当他们对不同的饮食方式进行调节以后，才能够体会到饮食的文化意蕴，才能够体会到饮食调节的重要性及其对自己的价值。

“应用”本身与记忆并不矛盾，应用是对记忆的强化，是促进学习者学习知识并迁移知识的基础和保障，也是维持其学习兴趣的方法。正是因为有了应用，我们才能够理解知识之所在，才能够理解知识之于人的成长的作用，也正是在运用知识的过程中可能出现的若干冲突，才能够促进学习者进一步思考，更好地理解知识之间的关系与自身认知的不足，从而激发学习者产生新的需求，持续探索知识对于人的成长的支持作用。

在单元化的学习过程中，强调结合对“问题”的不断思考来“应用”所学知识，重视将应用与解决问题相结合，而不能够仅仅将应用看作解几道“应用题”。对于许多长期将练习等同于应用的一线教师而言，超越练习题的层面来看“应用”，确实是一个新的挑战。

其三，对效率的理解。效率最直接的表现形式就是学生在完成某一阶段的学习任务之后，在接受某种检测或评价的时候获得的分数。分数高，就会被认为效率较高，分数低，自然会被认为效率低。

效率是一个比值，其分母是“时间”，对于同等的学习结果，学生花费的时间越少，学习效率就越高，或者说对于同等的学习时间投入，学生获得的分数越高，效率就越高，这是对“效率”最基本的理解方式。

如同前文所述，当评价者将分数作为衡量学习效果的标准的时候，时间投入成本就成了不得不考虑的要素。以“课时”为单位进行的教学内容设计对教学内容的系统进行了分解，对于每一个知识体或知识单元，教师已经建立了大致的“知识点-课时”制意识，因此也就形成了关于“效率”的基本认识，即知识点与时间之间几乎形成了类似于处在第一象限中的“一次函数”①的线性关系，在此认知背景下，对于任何知识点的学习，学习时间投入的变化都有可能会引起教师对“效率”的质疑。

组织“单元-时间线”制的学习活动，学生的学习容量与学习时间投入会同时增加，但是学习时间的分配会发生变化。对于特定的学习单元而言，时间的分配往往会呈现出类似于处在第一象限中的反比例函数②的关系，在单元化学习中，容易出现的一种现象是，单元学习的前期投入的时间成本会相对较高，但此时学生的学习成果的可见性或可呈现度会偏低，在单元学习临近结束时，单元学习的整体效能才能彰显出来。

如同农业生产，在春耕或秋收时节，人们会忙一阵子，但是庄稼长成直到收获往往需要经历一个漫长的过程，而不像包饺子，从和面到端上一盘子热气腾腾的饺子可能只需要几个小时就可以完成。对于这些生活常识，一个普通的农人都懂得其道理，但在教学中要想做到像农人一样有智慧，又是何其艰难。此时，笔者突然想到了一个成语故事“揠苗助长”。

【联想】成语故事——“揠苗助长”③

宋人有闵其苗之不长而揠之者；芒芒然归，谓其人曰：“今日病矣，予助苗长矣。”其子趋而往视之，苗则槁矣。天下之不助苗长者寡矣。以为无益而舍之者，不耘苗者也。助之长者，揠苗者也。非徒无益，而又害之。

---

① 一次函数是函数中的一种，一般形如 $y=kx+b$，这里所说的线性关系是一种单调递增关系，学习的知识点越多，学生花费的时间也越多。

② 反比例函数中，两个变量 x、y 之间的关系可以表示成 $y=k/x$，那么称 y 是 x 的反比例函数。这里借用反比例函数来描述，x 可以被看作知识单元的目标达成度，y 可以被看作时间消费的变化。

③ 出自《孟子·公孙丑上·第二章》。

这个故事是孟子回答公孙丑关于“何谓浩然之气”这一问题的时候讲的故事。意思是要培养人的浩然正气，既不能认为其无用而放弃，也不能为了早日养成而想要去助长，浩然正气的形成是需要经历一个过程的。就如同农业生产一样，既需要不断地为其锄草，也不能够急于求成，只有如此农作物才能够茁壮成长。

单元学习的效率会呈现出一种后发优势，而对于习惯急功近利的人来说，让他们去等待这种后发优势呈现出来可能就是一种折磨与煎熬。在“知识点-课时”制的教学实践中，讲完即练，学校为学生设计了日日练、周周练、月月练、随堂练、单元小测验等各种形式的测试，这样每一天都可以看到可量化的成绩，在这种情况下，进行以单元为单位的学习，学生的学习效果往往不能立竿见影，让教师去适应这种“后发性”的状况，对于教师本身而言就是一个不容易迈出去的坎儿。

因此，单元化学习不是不追求效率，而是要追求长期效率，而非为了满足一时的狂欢需要形成短期效率。这在中小学的作文教学中就可以充分体现出来，当学生能够坚持不断地训练，对写作形成了整体理解与兴趣以后，学生形成的写作能力与水平就会影响其一生，不会因为阶段性考试的终结而导致其写作水平出现退步。对于习惯了短期效率的教师而言，要让他们同时兼顾长期效率，确实会成为新的挑战与困难。

4.2 单元统整的学习目标

无论是以知识点为基础的学习还是进行单元化学习，都需要确定相应的学习目标。在单元化学习设计中，教师需要充分考虑如何从学习整体的角度进行系统化思考，强调单元学习目标的统整。

统整就是要以一个更加完整的视野，充分理解学习单元与学习整体之间的关系、学习单元中的内容之间的关系，既能从课程的角度看单元，也能从单元的角度看内容，甚至还能够看到课程与课程之间的关联。经过统整了的学习目标应当是充分尊重了人自身的学习特征、学习的客观规律、社会对人的多重能力需求等多方面的现实，强调学习的序列性、学习者的成长性、学习结果的价值性。

4.2.1 单元化中的知识点变化

在前面的讨论中，我们将现在大量存在的教学形式归纳为“知识点-课时”制，而提倡单元化学习设计则要强调“单元-时间线”制。在这里，有必要对“知识点”与“单元”的关系再做进一步阐述。

在平时的口语交流中，有的时候我们会将“知识点”理解成最小的知识单元，在这里我们将“知识点”和“知识单元”等同起来，此时的知识单元被看成了知识构成的最小单位，是一种无法再进行切割的、可以单列的内容。

单元化学习强调的“单元”也可以被看作一个最小的单位，但这个最小单位不同于“知识点”，不是以“知识点”作为最小单位的，而是以要学生达成的特定目标作为基本单位。通常而言，要达成这些目标，离不开对一些具体的知识点的学习，但是目标的最终达成仅仅是以这些具体的知识点为基础，并能够跳出这些具体的知识点，帮助学生构建符合学科要求的核心素养。

以小学语文教学为例，为了便于说明问题，这里选择苏教版①的教材五年级上册的一个“教材学习单元”为例，在此单元中，教材共设计三篇课文，主要是以“写景”为主，并设计了一个“习作”与一组“练习”作为补充任务。在经历了若干次的教材改版以后，语文教材在内容的设计形式上发生了许多变化，但是有一些基础的东西没有变化，既通过“课文+练习”的方式来呈现内容，也注重对课文内容进行适当组合，有了一定的单元性质。有的是将相似体裁的内容放在一起构成单元，有的是将相似的学习主题（如写景、名胜古迹、智慧、人物）放在一起构成单元。

【语文教材内容引用】黄山奇松

被誉为“天下第一奇山”的黄山，以奇松、怪石、云海、温泉“四绝”闻名于世，而人们对黄山奇松，更是情有独钟。山顶上，陡崖边，处处都有它们潇洒、挺秀的身影。

黄山最妙的观松处，当然是曾被徐霞客称为“黄山绝胜处”的玉屏楼

---

① 关于小学教材的版本问题，早期的做法是许多省（自治区、直辖市）都会根据各自的情况决定使用什么教材，并形成了许多版本的教材。2019年，教育部印发了《中小学教材管理办法》，规定：“思想政治（道德与法治）、语文、历史课程教材，以及其他意识形态属性较强的教材和涉及国家主权、安全、民族、宗教等内容的教材，实行国家统一编写、统一审核、统一使用。”本书中选择“苏教版”语文教材为例，目的是借用其中的课文内容来阐述单元化学习的具体设计方法。

了。楼前悬崖上有“迎客”“陪客”“送客”三大名松。迎客松姿态优美，枝干遒劲，虽然饱经风霜，却仍然郁郁苍苍，充满生机。它有一丛青翠的枝干斜伸出去，如同好客的主人伸出手臂，热情地欢迎宾客的到来。如今，这棵迎客松已经成为黄山奇松的代表，乃至整个黄山的象征了。陪客松正对玉屏楼，如同一个绿色的巨人站在那儿，在陪同游人观赏美丽的黄山风光。送客松姿态独特，枝干蟠曲，游人把它比作“天然盆景”。它向山下伸出长长的“手臂”，好像在跟游客依依不舍地告别。

黄山松千姿百态。它们或屹立，或斜出，或弯曲；或仰，或俯，或卧；有的状如黑虎，有的形似孔雀……它们装点着黄山，使得黄山更加神奇，更加秀美。

在课文后面配套的练习中，提出要能够朗读课文并能够背诵课文的第二自然段；用钢笔描红六个字：誉、陡、屏、宾、屹、卧；读读词语：陡崖、屹立、盆景、宾客、情有独钟、姿态优美、饱经风霜、充满生机，能够用“屹立”“饱经风霜”造句，能够通过默读课文理解黄山奇松“奇”在哪里。

【语文教材内容引用】黄果树瀑布

黄果树瀑布，真是一部大自然的杰作！

刚进入黄果树风景区，我们便听到“哗哗”的声音从远处飘来，就像是微风拂过树梢，渐近渐响；最后像潮水般涌过来，盖过了人喧马嘶，天地间只存下一片喧嚣的水声了。

透过树的缝隙，便看到一道瀑布悬挂在岩壁上，上面折为三叠，好像一匹宽幅白练正从织布机上泻下来。那“哗哗”的水声便成了千万架织布机的大合奏。

瀑布激起的水花，如雨雾般腾空而上，随风飘飞，漫天浮游，高达数百米，落在瀑布右侧的黄果树小镇上，形成了远近闻名的“银雨撒金街”的奇景。

黄果树瀑布泻落在一片群山环抱的谷地里。我们自西面顺着石阶往下走，一直来到谷底。坐在水边一块岩石上，离那道瀑布近得很，中间只隔着一口小小的绿潭，仿佛一伸手便可以撩过来洗洗脸。瀑布泻入谷底溅出的水珠直洒到我们的脸上，凉丝丝的，舒服极了。

黄果树瀑布虽不如庐山瀑布那样长，但远比它宽，所以显得气势非凡，雄伟壮观。瀑布从岩壁上直泻下来，如雷声轰鸣，山回谷应。坐在下面，仿佛置身于一个圆形的乐池里。四周乐声奏鸣，人就像漂浮在一片声浪之中，每个细胞都灌满了活力。

我们久久地坐着，任凉丝丝的飞珠扑上火热的脸庞，打湿薄薄的衣衫。聆听着訇然作响的瀑布声，只觉得胸膛在扩展，就像张开的山谷，让瀑布飞流直下，挟来大自然无限的生机。

离开潭边，我们循着石径登上溪旁的一个平台。绿树掩映间，有一座徐霞客的塑像。他遥对瀑布，仿佛在凝神谛听远处的瀑布声。他完全沉醉了。此时此刻的我们，也完全沉醉了。

在课文后面配套的练习中，提出要能够用钢笔描红八个字：哗、缝、隙、叠、隔、轰、膛、醉；读写词语：杰作、沉醉、缝隙、胸膛、悬挂、掩映、气势非凡、山回谷应；能够在句子中补充词语，使句子更加生动，如壶口瀑布从高处（　　）下来，声如雷鸣，动人心魄；能够从课文中找出有关语句，理解黄果树瀑布的形态和声响各有什么特点。

【语文教材内容引用】莫高窟

敦煌莫高窟是祖国西北的一颗明珠。她坐落在甘肃省三危山和鸣沙山的怀抱中，四周布满沙丘，492个洞窟像蜂窝似的排列在断崖绝壁上。

莫高窟保存着两千多尊彩塑。这些彩塑个性鲜明，神态各异。有慈眉善目的菩萨，有威风凛凛的天王，还有强壮勇猛的力士。有一尊卧佛长达16米，他侧身卧着，眼睛微闭，神态安详。看到这一尊尊惟妙惟肖的彩塑，游人无不啧啧赞叹。

莫高窟不仅有精妙绝伦的彩塑，还有四万五千多平方米宏伟瑰丽的壁画。壁画的内容丰富多彩，有记录佛教故事的，有描绘神佛形象的，有反映民间生活的，还有描摹自然风光的。其中最引人注目的，是那成百上千的飞天。壁画上的飞天，有的臂挎花篮，采摘鲜花；有的怀抱琵琶，轻拨银弦；有的倒悬身子，自天而降；有的彩带飘拂，漫天遨游；有的舒展双臂，翩翩起舞……看着这些精美的壁画，就像是走进了灿烂辉煌的艺术殿堂。

莫高窟里还有一个面积不大的洞窟——藏经洞。洞里曾藏有我国古代的各种经卷、文书、帛画、刺绣、铜像等六万多件。由于清王朝腐败无能，大量珍贵的文物被帝国主义分子掠走。仅存的部分经卷，现在陈列于北京故宫等处。

莫高窟是举世闻名的艺术宝库，这里的每一尊彩塑、每一幅壁画，都是我国古代劳动人民智慧的结晶。

在课文后面配套的练习中，提出要能够朗读课文并能够背诵课文的第二至第四自然段；用钢笔描红七个字：煌、尊、录、弦、绣、腐、帝；读读词语：断崖绝壁、威风凛凛、惟妙惟肖、啧啧赞叹、精妙绝伦、宏伟瑰丽、漫天遨游、腐败无能；能够给课文编写段落提纲。

在三篇文章后面还有两部分内容：一是习作，要求学生能够描述自己经历的一件事，注重表达自己的真实情感；二是练习设计，包括六个练习任务：①模仿句型扩展，如“早晨的雾可真大呀，(　　)”；②模仿《莫高窟》一文中“彩塑”“壁画”“藏经洞”的描述方式，描述家乡的某处自然景物；③朗诵与欣赏《边疆小夜曲》；④练习钢笔字；⑤学写公益用语；⑥练习毛笔字。

对于语文教材来说，以这种方式进行呈现的形式基本上已经成了许多出版社编写教材的共识。按照国家相关文件要求和新课程标准修订后的教材主要是以此形式进行内容设置的，譬如，2019年人教版的小学语文教材[①]中，以四年级下册为例，共计安排了八个单元的内容。其中，在单元五中，教材中的引导语直接点明了本单元的主题“妙笔写美景、巧手著奇观”，并给出了学习提示，即“了解课文按一定顺序写景物的方法，学习按游览的顺序写景物”，该单元包括两篇课文，一篇是巴金的《海上日出》，另一篇是叶圣陶的《记金华的双龙洞》，两篇课文后面都有相应的课后思考与练习。在课文后面设置了“交流平台”板块，引导学生如何写游记和变化的景物；在“初试身手”板块，要求学生学习描述和写景；在“习作例文”部分，提供了两篇范文，包括袁鹰的《颐和园》、碧野的《七月的天山》，对于范文中各部分的意图进行了提示性分析；在最后的“习作”部分，要求学生能够以“游(　)”的作文题目形式进行写作训练。

对于教材中的内容呈现形式而言，现在的教材更加注重内容的可读性与学习引导，语言的组织方式已经体现出了一些任务特征，并注重与学习者的真实生活世界相关联，尤其是在写作训练方面，更加注重引导学生写身边的事，写自己熟悉的景物和人物。

但是，这种以单元化的思路编写的教材，各单元学习之间还是存在差异的。回到前面引用的苏教版的三篇课文构成的单元中来，完成教材中本单元的教学，一般需要8个课时左右。在以往的教学中，教师已经习惯的教学方式是：按照教材中设计的顺序，以每篇具体的课文为单位进行教学，实践中也有少数教师会根

---

① 这里简单以小学语文四年级下册的内容安排为例说明，2020年“疫情”期间，为了响应国家关于“停课不停学”的号召，人民教育出版社提供了多个学科教材的电子版，本处举例选择的四年级下册教材中的相关内容进行适当说明，仅仅是为了举例说明如何进行单元化学习设计，而不是为了对教材进行点评。

据自己的教学风格调整教材中课文的顺序，但依然没有脱离“课文”这一基础单位。

对于三篇独立的课文，教师在教学中有着不同的教学目标。

1）对于《黄山奇松》一文，作者重点围绕三大名松对黄山奇松的各种姿态进行了刻画。学习目标大致可以确定为：“通过有感情地朗读课文，感悟三大名松之奇，体会黄山之美，领会作者描述奇松的顺序。”

2）对于《黄果树瀑布》，作者以游览的顺序介绍了黄果树瀑布之美，并通过与庐山瀑布的比较，介绍了游览体验。学习目标大致可以确定为：“通过朗读课文，感受黄果树瀑布的壮美，体会大自然的勃勃生机，理解黄果树瀑布的形态与声音特点，理解观察自然和抒情的手法。”

3）对于《莫高窟》，这篇文章介绍的不是自然的景而是人工的景，描述的是中华传统文化，课文通过对莫高窟的彩塑、壁画、藏经洞的介绍，大致介绍了这一文化瑰宝的基本情况。学习目标大致可以确定为：“通过有感情地朗读课文，结合对彩塑、壁画、藏经洞艺术特点的理解，感受莫高窟文化的博大精深，体会敦煌莫高窟艺术在世界文化史上的地位，激发学生对祖国传统文化的热爱。”

此外，在对这些课文的学习中，还强调教师要帮助学生理解一些词语，包括一般的描述景物的词语，掌握一些成语，理解描述景物的方式，以及在描述景物的过程中作者是如何选择适当的词语来修饰和渲染景物的。在阅读方面，要求学生能够有感情地、适当辅以身体语言等形式进行朗读，并能够熟记一些优美的语句和段落。

学习目标的设计基本上可以体现出对于知识点的理解，譬如，在《黄山奇松》一文中，课文设计的练习中就有关于理解词语和使用词语的要求。譬如，要求学生能够理解“饱经风霜”一词的含义，并能够运用“饱经风霜”一词造句，这里可能会涉及几种情形。

1）饱经风霜的读音：bǎo jīng fēng shuāng。

2）饱经风霜的含义。饱：充足的、充分的，经：经历、经受，风霜：生活中的各种挫折与痛苦等，饱经风霜指经历了各种艰难困苦、挫折或磨炼。

3）饱经风霜的同义词：历尽艰辛。

4）饱经风霜的反义词：养尊处优、少不更事。

5）造句。①他是一位饱经风霜的老人。②他脸上的皱纹告诉我，这是一位饱经风霜的老人。③他那饱经风霜的脸上露出了一丝微笑。④他一辈子饱经风霜，但他的儿子却过着养尊处优的生活。

在教学中，为了帮助学生理解“饱经风霜”一词，还可能有其他若干用于支持学生掌握“饱经风霜”这一词语的相关情形，譬如，在句型中选择合适的词“填空”，要求学生“修改病句”，等等。

借助于课文学习中涉及的“饱经风霜”一词，引导学生理解词语的含义，能够合理地“使用”词语，这是语文课程学习的基础内容，也是学习语文的直接价值，这种价值更多地体现在语文的工具性价值方面。语文的学习，就是要帮助学习者掌握语言文字的运用，体现工具性与人文性的统一。[①]

这里所说的工具性与人文性强调从两个方面来理解语文学习的内涵：一是将语文作为学习、生活或交流的工具；二是将语文作为提升学生的人文素养的基础。在对语文素养的解释中，课程标准中强调了三条基本线索：第一条是“字词—语言—语感—语思—语法”线索；第二条是“识字—写字—阅读—写作—口语交际—语言运用”线索；第三条是“熏陶感染—和谐发展—道德修养与审美情趣—良好个性与健全人格”线索。前两条线索指向了语文教学中的工具性，第三条线索指向了语文教学中的人文性。

上述课程标准的变化已经开始瞄准学习者的“语文素养”，这种素养强调的是借助对祖国的语言与文字的学习，以及对优秀的传统文化的学习，帮助学生领会和理解语言与文字，能够运用语言与文字，既可以感受中国文化的博大精深，又能够描绘当下的文化，能够促进文化的传承与发展，实现文化的传播与交流，提升个人的文化品质。

字词句章既是语文学习的基本内涵，也是语文学习的基本方法，通过“字-词-句-章”的逐步积累，可以帮助学习者理解和运用“字-词-句-章”，并具备一定的阅读能力与创作能力。要具备上述能力，就需要回到生产和生活实践中，通过对生产与生活实践的观察和感悟，合理地使用语言文字，建立指导生产与生活实践的语言表达方式、科学文化记载方式与传承方式，让语文成为一门真正能促进素养提升的科目。

结合上述分析，我们可以发现，在语文学科的教学中，对知识点的描述可以具体到在不同的学习阶段需要认识多少个汉字，认识哪些汉字，能够阅读多少文学作品、多少古诗文，能够理解多少种不同的修辞手法，能够掌握多少不同的文体，能够达到什么样的阅读或写作速度，写作能够达到什么样的水平，能够懂得如何使用某些标点符号，如何学会与他人交流，等等。

上述对知识点的表述方式是当前语文学科教学的基本做法，在课标的表述和教材的编写中也基本上沿用了这一思路。在其他学科中，也基本上遵循了这种思

---

① 参考了我国2011年颁布的《义务教育语文课程标准（2011年版）》。

路，即对知识进行切割，以具体的知识点呈现。说得更明白一点，所谓知识点，其实就是考点，是可能被用于考查学生学习水平的那些考点。对于学生来说，如果他们能够掌握这些知识点，就很容易在考试中获得高分。

因此，知识点可以被看成是学习目标的细化，是在教学过程中用以判断学习目标是否达成的基本依据，是用于指导学生学习的具体要求。就此意义上讲，知识点就像一个学习的清单，无论是教学管理者还是教师和学生甚至家长等都期待学生能够对照学习的清单进行学习，譬如，可以对照要求了解学生掌握了哪些生字词、哪些句法，能够背诵多少诗词和佳句。

上述方法不仅是合适的也是实用的。但是，上述工作仅仅是完成了教学的部分任务，在这种方式的干预下，学生已经变得精疲力竭了，师生与家长都会感觉到几乎要用尽学生的一切可能时间，学生的学习负担也已经达到了极限，似乎再对教学进行任何变革，对于现代的学生来说，也只能是“雪上加霜”。

如果我们对当下的教学方式不做任何反思，甚至将当前的教学方式看作理所应当的，还要在此基础上增加新的学习任务，无论对于教师还是学生都有可能会造成“灾难性”的后果，师生的身心健康都会受到巨大的影响。

由“知识点”的组接形成的学习目标，借助于反复的诵读、背诵课文和通过大量的练习理解字词的含义就可以实现。在教学过程中，学生即使处于单向的知识接受过程中，只要有足够强的记忆力就能掌握考点，顺利通过不同阶段的考试，并获得高分。对于家长和教师而言，这种结果是显性的，因而也是可以得到认同的。对于那些无法获得高分的学生来说，在实践过程中由于对方法的不适应或对记忆方法的不习惯，自己的童年伴随着教师和家长的斥责慢慢逝去。

当前，短期效率是教学中存在的比较大的问题，但对于家长来说，他们可能并不是特别在乎效率的长期性。因此，基础教育领域进行的诸多改革往往会因为家长的反对戛然而止，孩子一旦离开了学校步入社会，家长往往又会对学校教育表现出极大的不满。

单元化学习的价值在于不仅可以形成短期效率，还可以形成长期效率，在单元化学习过程中，教师对知识的组织方式已经不再瞄准“知识点”本身，而是瞄准“单元”，因此学习的表现形式、学生的作业形式、学生的学习条件支持等方面都会发生变化。对于许多习惯于看着孩子做练习，喜欢自己的孩子每天坐在书桌前不停地“学习”的家长来说，这可能就是一种挑战了。

一线的很多教师也意识到了学生的学习负担日益加重的事实，但是这并没有引起教师的广泛重视。譬如，对于今天的教师而言，由于有了大量的教辅书和教学APP，他们给学生留的家庭作业与过去相比要多得多，作业中强调的更多是反复练习而非思维训练，在这样的训练方式下，部分学生养成了较好的作业习惯，加之他们的课堂领悟力稍强，因此可以顺利地完成每天的作业，然而，对于部分学生来说，一方面是他们可能对课堂中所学的内容领会不够，另一方面是他们经历了过多的机械训练，出现了学习的疲倦，甚至还有可能伴随着许多挫折，很难对学习产生兴趣。

4.2.2 单元化的学习目标转化

单元化的学习设计的目的在于解决学习效率低的问题，即通过对学习过程的重新设计和组织，以及对学习目标的重新设计，引导学生建立学习内容的联结，从而保证学生能够真正掌握知识点，从识记到应用，通过应用不断发现自己在学习知识过程中存在的问题，从而合理地将学习与自己的生活结合起来。

实现从"知识点"到"单元化"的过渡，对于学习者本身而言，就是一种学习层次的提升。就像建筑一样，在设计高楼大厦的时候，必须要打好地基，如果只打了地基，即使地基再结实，如果没有砌成高楼大厦，那么地基也只能是一堆装饰，难以发挥其作为基础的作用。学习中强调要由点及面、由表及里，从基础出发，以基础的积累来实现对基础的应用，而"单元"就是对基础知识进行应用的较好方式。

依然以前面的三篇写景文章为例。这一"教材单元"中包括《黄山奇松》《黄果树瀑布》《莫高窟》三篇写景文章，我们对三篇文章进行更进一步的分析就会发现，这几篇文章都是以写景为主，但对于"景"的描述各不相同，既具有一些共同的特点，也存在一些差异。

1）《黄山奇松》《莫高窟》两文侧重于对"静景"的"动态刻画"，是对景的直接介绍；而《黄果树瀑布》则是对"动景"的"静态描绘"，是以游人的变化的视野来描述景色的变化，并融入了更多的游者的心理感受。

2）《黄山奇松》《黄果树瀑布》描绘的都是大自然的景观，是一种天然自然；而《莫高窟》则是人工制品，始建于公元4世纪，经历了漫长的建设，是人类文化的结晶。

3）《黄山奇松》《黄果树瀑布》《莫高窟》三篇文章都运用了大量的修辞手法，包括比喻、对比、夸张、拟人、衬托等，以烘托出"松""瀑布""彩塑""壁画""藏经洞"的特点。

4）每篇文章都运用了不同的描述方式来说明景物。其中，《黄山奇松》主要是从形的方面来刻画三种不同的松的奇特之处，《黄果树瀑布》则主要从“气势”与“声音”等方面来描绘瀑布之壮美，《莫高窟》主要从“神态”与“数字”等方面来赞誉人的力量之伟大。

5）对于写景的顺序，三篇文章也各有不同。《黄山奇松》先总体从黄山四绝开始，然后突出“松”这一“主角”，并依据“迎客”“陪客”“送客”的顺序，以一种符合常理的方式来组织；《黄果树瀑布》则按照进入景区、观景与赏景、戏景、离开景区的顺序，以游览的时间顺序来组织和安排内容；《莫高窟》则是采用了由远及近、由粗到细的手法，重点介绍了彩塑与壁画，对于藏经洞，作者寥寥数笔，既介绍了其曾经的辉煌，也简要勾画了对于屈辱的历史的回忆。

在语文教学过程中，对于不同的课文，教师除了要求学生掌握课文的基本内容之外，还会制定一些相似的学习目标。

1）要求学生能够掌握文章中词语的含义，对于有些词语，要求学生能够做到会认、会写，有的则主要要求学生能够做到会认；对于有的词语，则要求学生能够学会使用，要能够理解文章中作者是如何使用这些词语的，懂得词的分类、短语结构、单句的成分和复句的类型。

2）要求学生能够熟练地掌握默读、朗读等不同阅读方式，对于文章中的优美词语和段落，要求能够熟记。

3）能够体会作者在写作中描述的风土人情、喜怒哀乐，能够领会修辞手法、标点符号的用法，掌握简单的文体。

4）能够理解作者描述文章的顺序，对于文章中的若干自然段，要能够理解如何进行分段与分层[①]，能够概括出文章的段落大意。

5）要求学生能够通过阅读文章理解文章中饱含的各种情感，譬如，对于《黄山奇松》《黄果树瀑布》，引导学生感受祖国大好河山之美，对于《莫高窟》，则主要引导学生体会中国文化和古代文明的博大精深，体会莫高窟艺术对于中国文化史和世界文化史形成的作用，形成对祖国的热爱之情。

在语文教学实践中，“知识点-课时”制的教学与学习方式与“单元-时间线”制的教学与学习方式的主要差别不在于学习目标方面有多大不同，而在于实现学习目标的方式不同。教师只有设计合适的学习路径，让学习者行走在一条合适的学习道路上，才能够促进他们真正理解这些学习内容，真正达到学习

① 有的文章包括许多自然段，有的自然段的内容很复杂，这时就会涉及段与分层的问题。分段是将内容相关的自然段放到一起，分层则是对一个自然段中的内容进行划分。分段和分层都是为了帮助学生更好地学会阅读，同时也是为了判断学生的阅读理解能力。

的目标。

首先，从学习的表现形式方面的变化来看，对于学习来说，教师在其中到底应该发挥什么作用？学术界倡议的是要发挥学生的主体作用，实践界注重的是在教学中如何体现教师的地位，教师的自我小结中也总是喜欢用以学习者为中心来进行渲染。事实上，当前很多教学形式主要还是以教师的传授为主要的表现形式，其中可能会穿插一定的变化，包括小组活动、学生汇报与分享，但这些方式大多仅仅是作为一种教学的补充与调味品，并没有真正发挥其在教学与学习中的作用。

“知识点–课时”制的教学侧重于教师的“教”的行为安排，学生依据教师安排的节奏进行学习，教师坚持的教育信条是：“只要学生能够将我教学中所讲的内容弄清楚，他们的学习效果一定会很好。”所以，教师会将教学中可能涉及的知识点尽可能完整地概括出来，甚至可以跳出教材，直接使用教师提供的知识点“集”，就可以完成学习任务。这种以知识点“集”来组织学习的方式就如同织了一张大网，几乎可以将一切考点网罗其中。

“单元–时间线”制的教学侧重于学生的“学”的行为设计，教师会依据学生的学习情况，并根据学生在学习中面临的困难，不断优化和调整学习的资源呈现方式，便于学生自由选择学习的内容表征方式，并借助于知识的应用过程理解知识的内涵和知识之间的关系，理清知识的逻辑，注重学习过程中的思维训练，即使可能会存在许多知识点“集”，但这种“集”源自学生在解决真实问题的过程中的自主思考，是学生在主动思考和对知识建立了理解之后的“逻辑再现”。在教学设计中，教师会从知识的价值出发来引导学生理解知识，学生则会通过运用知识的过程理解知识之间的关系，真正实现了“学–习–思”的统一。

其次，从学生的作业形式方面的变化来看，学习中要让学生理解知识的内涵，就需要以“作业”作为补充。一方面，借助于作业来判断学生是否掌握了所学知识；另一方面，借助于作业来判断学生是否能够运用所学知识解决生活中的“真”问题。这里所说的“真”问题，既可能是教师从真实世界中概括出来的问题，也可能是学生在真实世界中碰到的问题。

在我国汉字的造字中，“作”的本义是“木匠运用刀具进行削刻，以制作器物”，“业”的本义是“奴仆在严酷的管理下进行艰辛的劳作”。“作业”的本来含义就是强调借助适当的管理，经历一些艰苦的过程，以创作出一定的学习制品。所以，不能够将作业单纯地等同于“做练习”，而是指要让学习者从事某种具有业绩的事务，这种业绩并不仅仅是学习中获得的分数，还可能是解决了真实问题（譬如，帮助自己理解了知识的关系，形成了某种解决问题的方案，等等）后形成的某些特定的学习产品。

在“知识点-课时”制下的教学中，教师将知识点掌握情况作为衡量学习质量的基本依据，在具体的教学过程中，教师会围绕知识点设计作业，学生只要掌握了这些知识点，就能够完成相关练习。在解题过程中，学生的思维层次仅仅停留在模仿的层面，适度的学习迁移能力常常是知识点的应用情境的迁移，教师不太在意学生是否能够形成对“知识”的联想能力。

在“单元-时间线”制的教学中，教师对于“作业”的设计，已经从简单的“练习”上升到了“项目”或“工程”的层面，借助于“项目”或“工程”的设计将学习目标从对“知识点”的学习转向了对“问题解决能力”的培养，而“问题解决能力”的形成又需要以对“知识点”的掌握为基础，并能够促进学习者对知识点的学习。学习者与知识的关系从原来的被动的变成主动的，学习者不再仅仅是依赖于死记硬背或重复性练习的方式学习知识。教师借助于其在解决真实问题的过程中面临的各种认知困惑，引导学习者寻找解决困惑的良策，并通过学习活动设计激发学习者对知识点及其关系进行探究的兴趣，促进其进行深度学习。

最后，从学习的条件方面的变化来看，学习的发生离不开学习的条件，学习的条件涉及诸多方面，既有教师层面的，也有学生的起始能力层面的、学习的环境与空间层面的，还有知识可能应用的情境与知识的脉络等层面的。有意义学习的发生，就是要让学生能够置身于特定的学习空间中，通过与外部世界的接触，感知知识的形成过程。

在“知识点-课时”制的学习中，学习的主要场所是学校，以学校的教室为主要外部支持。新的技术出现以后，新技术在学校中发挥的主要作用是辅助教师的教学，教师的任务是将知识分解后，通过组织一些活动，如讨论、交流、反复练习等，让学生掌握（记住）这些知识，进而应用这些知识（解答一些练习测试题）。于是，在当下的教育中，对于技术等构成的外部条件，教师有权决定是否使用，还会美其名曰“要看教学的需要”，并不断强化一种理念，即技术只是用于“辅助”教学的。“辅助”一词的本义到底是什么？是可有可无还是无它不可？正是因为对于“辅助”一词的理解的多重性，教育工作者很少能够深入思考不断出现的新技术是否有可能改变教学本身。

其实从以“学习者”为主体的立场来讲，相对于他们的学习而言，学习者身外之物皆是“辅助”者，包括教师本身。教师设计教学活动就是为了更好地“辅助”学习者学习而不是“替代”学习者学习。但是，我们知道，好的教师还在于可以对学习者进行引导，让学习者能够改变思考问题的方式，从而建立起一条更加适合自己的学习路径，在此过程中教师作为“辅助者”发挥的是学习的“主导”作用。就如同研究者借助显微镜可以观察到许多肉眼看不到的东西一样，显微镜对于他们来说也是一种“辅助”工具，如果没有这种工具的辅助，我们永远也不可能看见那些东西。

“单元-时间线”制的教学设计对于外部的各种条件的理解，不再是从“辅助”这个词的词义来进行考察，而是从“支持”这个词的词义来理解。所谓支持作用，就是外部条件对学习的发生产生的帮助和促进作用，关注支持的方法与路径等多个方面。学习是有条件的，包括学习者自身的已有知识储备、新知识产生的基础等。作为学习的支持者，教师会从学生的自身条件出发，并能够设计出促进认识发生的新条件。人的认识过程是一个知识形成的过程，知识形成过程是知识的负载物（特定客体）作用于人以后，人与其产生相互作用后发生若干认知冲突与解决冲突的过程。

学校教育的任务是为学生寻找或设计出这种负载物，并引导学生聚焦于某些关键的主题，借助于问题的引导，建立对主题的认识。我们知道，对于某些特定的负载物而言，其中包含了无穷的主题。譬如，对于超市这一实体来说，我们可以在超市中发现许多不同的主题：超市中的商品分类、商品的价格与数量、客户与营业员的关系、货架的设计与材料、空间的布局等。每一个主题都可能会涉及多个不同学科的知识。借助于超市这一负载物，教师就可以引导学生聚焦于其中的某些特定主题，从而建立与某个或某些学科的关系，引导学生在具体的超市中理解和运用知识。

举“超市”这个例子，不排除大多数读者在看到这个例子时，在思考自己与超市的关系时，更多想到的可能是“顾客”这一角色，因为大多数人去超市都是以“顾客”的身份出现的。事实上，超市里的角色有很多，作为超市的管理者或超市的营业员，他们都有各自的角色定位：超市的设计者需要考虑商品的类型与布局，以及如何放置商品；超市的装修者需要考虑各种商品支架的稳定性与安全性、材料与价格的关系等。

任何一个实体都能成为知识的负载物，这是因为每一客体都包含了无限的内涵，在人与外部客体交往的过程中，当人们产生了了解这一客体的需求，并掌握了了解这一客体的具体方法以后，就会主动产生学习的诉求，并能够形成对客体的完整认知。

技术在教学或学习中的作用，就在于可以延展学习者的认知路径，可以在学习者与知识的负载物之间建立某种中介，从而使学习者可以更加深入、细致地进入负载物之中，发现其中存在的种种可能性，在学习者和认知的客体之间搭建了桥梁，方便学习者通达客体内部，进而形成对于外部客体的系统认知。

在过去的学习中，我们往往会认为在非课堂教学中，学生缺乏自觉性或者没有进行自主学习的能力，换言之，在课堂教学中，能借助教师的干预来帮助学生建立学习的自觉性，提升自主学习的能力，但是，从缺少自觉性到建立自觉性，从无自主学习能力到形成自主学习能力，这种变化将会在何时发生？如何才能够发生？

“单元-时间线”制的教学活动设计就是从人的自身特点出发，通过设计出与真实世界中的具体客体相关的学习主题，引导学生在与这种主题的直接交往之中，以及在遭遇了交往的困境或陷入某种困惑的过程中，逐步形成思维能力，能够发现问题，通过教师的帮助或其他方法的支持尝试解决问题。当在解决问题的过程中面临困难时，如果学生懂得从何处获取支持，如何去关注某些知识点，如何建立知识之间的关联，那么学生可能会慢慢产生源自内心的求知欲，并真正掌握知识。

单元化的学习就是要借助某种“主题”将学习的内容串联起来，为学习的发生创造条件，从学生认知的基本规律出发，将学习的内容置于相应的条件下，并借助这些条件的支持作用，以更加合适的活动形式，让学习过程留痕、认知过程留痕，满足学生不断成长的需要。

4.3 学习目标的层级表征

受到科学主义思潮的影响，现代人在对待许多事物的时候都喜欢强调证据，在没有找到确定的证据的时候，往往认为都是不科学的，科学主义的本质特征是可以通过收集数据，并通过对数据的转化，通过“量化”的方式对认识的对象做出判断。科学主义的影响主要在于非科学主义思潮下的经验主义曾经一度占据上风，但是凭借经验做出的许多判断往往难以为人们提供充足的理由。

在早期的教育实践中，对于师传生受这种习惯，大家都熟悉了，尽管教师在选择传授方式时有一定的经验主义色彩，但借助于随堂测试或阶段性测试，教师可以从学生的成绩数据中找到判断教学效果的依据。换句话说，在判断学生的学习效果的时候，分数往往是最直截了当的，因而以分数作为衡量学习效果的证据就成了当下最流行的方法。借助于“学-练-测”的序列，给人一种“短平快”的感觉，有学习过程、有作业过程、有分数验证，满足了人们的“速成心理”。

人出生以后，大概经历了七八个月的时间，开始能够坐稳、爬行，到九或十个月左右，就开始出牙，到一岁左右，有的孩子能够扶着物体蹒跚而行，有的孩子开始牙牙学语，这是人的成长规律。但是，我们会发现，在这期间，孩子开始发出一些声音的时候，父母就会不断地引导孩子叫“爸爸”“妈妈”，如果发现孩子发声比别人晚了，就开始焦虑。社会上的许多早教机构甚至将目光瞄向了六个月的孩子，如果碰到特别着急的家长，急于培养出一个“才华出众”的孩子，那么这些孩子出生六个月就可能会成为“学生”。

孩子经历了一定的学校教育或特长培训以后，可能会成为家长在朋友圈交流的主题：时而是对孩子的某些能力的炫耀，时而是对孩子的各种不如意的吐槽，时而是对孩子参加的各种特长班的展示，时而又是对孩子在学习过程中的某些拖拉现象表现出的各种不耐烦。

至少，我们不能说以分数衡量学生的学习效果的方法是完全错误的，但是仅仅凭借当下的分数就对学生的学习效果做出判断，一定是不完整的。对于一个学期的课程，有的孩子会在学期临近结束的时候才能够完全掌握所有内容，而在学期之初的某几次测试中，很可能会因为没有完全理解所学内容而导致测试成绩不理想，如果只是一味地测试和练习，有的孩子会由于一直不能理解所学内容，在测试中难以获得成就感，并因为遭遇无数次的学习挫折而对学习失去信心。

学习是有层次的，认知也是有层次的，“单元-时间线”制的学习设计的目的就是设计出体现层次的学习，促使学习者能够遵循一定的认知规律，不断强化个人的认知基础，以达到真正理解学习的目的。

从单元化的视角来理解学习，需要建立单元化的学习目标，而单元化的学习目标又会体现出不同的层级。那么，对于不同层级的学习目标，会以什么样的方式进行表征，如何适应不同的表征方式设计单元目标的层次？在促进学习达成有层次的学习目标的过程中，贯穿始终的中介是什么呢？

4.3.1 设计思维与学习维度的关系

在学习过程中，对于学习者来说，当外部的事物作用于人自身以后，人会与外部事物进行交互，并通过交互过程建立认知。许多研究认为，设计思维是影响学习者成长的重要要素，其既是学习者学习的结果，也是影响学习者学习的方法，是促进学习者形成特定的“知能”与“心智”的基本构成要素，也是区分学习者学习能力的关键指标。

我们将设计思维看作一种双螺旋结构①，这种双螺旋结构包括设计和思维两条链，是“设计–思维”双链构成的能够促进学习的继承与发展的基本结构，可以促进有效学习的发生。将设计思维看作设计有层次的学习目标的“中介”，可以借助于设计思维来实现从“知识点”到“学习单元”之间的有序关联，从而使学习者在接受知识的同时，还能够不断生成与创造新的知识。我们不妨参考生物学中的“DNA”这一具有双螺旋结构的生物大分子来理解设计思维的内涵。

【拓展】理解DNA与RNA

在生物细胞中，DNA是一种呈现双螺旋结构的生物大分子，其中携带了合成RNA和蛋白质必需的遗传信息。这些遗传信息会通过DNA的复制得以保留，从而保证了细胞的遗传信息在不同世代的转变中不会丢失。

DNA通过转录可以合成RNA，RNA是遗传信息的载体，而大多数RNA会翻译成多肽，并最终转化为蛋白质，同时还能够将遗传信息表达在蛋白质中，是遗传信息向表型转化的桥梁。人体的许多活动性物质都是以“肽”②的形式存在的，“肽”可以调节体内的各个系统与细胞的生理功能，将人体吸收的营养物质运送到各个组织和器官，“肽”能够控制DNA的转录并影响蛋白质的形成。蛋白质是生命的物质基础，而氨基酸又是蛋白质的基本单位。氨基酸既可以合成蛋白质，也可以转化成激素、抗体等含氮物质，还能够转化为碳水化合物与脂肪，并能够氧化成二氧化碳、水等，产生能量。

在RNA翻译成蛋白质的过程中，有一类起到了“信使”的作用，即以保证能够将遗传信息传递出去，这种RNA被称为信使RNA（mRNA），它可以实现合成蛋白质的宏大目标，但是，这一类RNA自身并不具有合成蛋白质的能力，真正的合成蛋白质的工厂是“核糖体”。借助于转运RNA（tRNA），可以将氨基酸搬运到“核糖体”上，在搬运的过程中，充当“信使”的mRNA进行的“翻译”③，可以保证遗传信息的准确传递，使得核糖体RNA（rRNA）转化为蛋白质。在mRNA实现“翻译”的过程中，存在着一些抑制

① 林琳，沈书生. 设计思维的概念内涵与培养策略[J]. 现代远程教育研究，2016（6）：18-25.

② 根据肽中含有的氨基酸分子的数目，可以分为二肽、三肽直到九肽，由10～100个氨基酸分子经过脱水缩合形成的化合物，称为多肽。脱水缩合是指两个或多个有机分子相互作用后，以共价键结合成一个大分子，同时失去了水。

③ 科学家通过对大肠杆菌的研究发现，rRNA量占细胞总RNA量的75%～85%，而tRNA占15%，mRNA仅占3%～5%。科学家的进一步研究发现，在遗传转录过程中，mRNA中仅有25%序列发挥了正向作用，其余的均呈现非编码的状态，这些状态影响了出生缺陷、大脑发育、营养吸收、细胞变异以及健康长寿等。

其“翻译”的RNA，这是一种反义RNA（asRNA），这种反义RNA是能抑制容易产生疾病的相关基因表达的RNA。

DNA在遗传中发挥着机体的延续与生命的继承作用，而学习则是知识的形成与创新过程，与生物体的成长过程具有较大的相似性。我们参考DNA的双螺旋结构来理解设计思维，亦可以借此来进一步理解设计思维对于学生成长的影响和价值。

我们可以将设计思维看作类似于DNA的双螺旋结构，设计思维中包含了学生学习的“继承信息”，如知识、方法或价值等，这里既有学习者在学习过程中积累的与特定的学习负载物相关联的基础知识与技能，也有可以脱离具体的负载物的共性知识与技能，这是学习者在学习过程中逐步形成的认知能力，既涉及方法层面，也涉及过程层面，是关于知识生成的逻辑与思维，也是知识应用中的设计与实现，是“设计-思维”的双向互补与促进。

设计思维作为一种可以继承的信息，体现了学习者的个性化和与众不同，这些“不同”在与具体的载体进行结合时才能够体现出来。学习载体类似于“RNA”，它是学习内容、学习目标、学习方式等的负载物，可以看作学习者用于形成新的认知过程中的“学习支持条件”。设计思维通过类似于“转录”的过程，使得学习者已经形成的个性化基础可以在与外部各种事物相互作用的过程中，逐步使其中的部分外部事物转化为学习的支持条件，经过这些条件的作用，学习者就可以不断形成新的认知，并将形成的个性化的认知结果通过不同的形式呈现出来，以展现学习个体与其他个体的差异。

生物体中的RNA经过不断翻译，最终会成为维持生物体生命的基础物质，即蛋白质，作为“遗传信息”的传递载体，RNA把DNA的“遗传信息”送给了蛋白质，可以说RNA在此过程中发挥了将“遗传信息”传递出去的支持作用。在学习过程中，学习者的设计思维也是在持续的交互作用下不断生成的，学习者要将这种设计思维作为学习中形成的“继承信息”不断作用于外部事物，并通过这一过程提升个体的设计思维水平。学习中可以促进设计思维水平提升的各种支持条件，就类似于生物体中的RNA，有着多个不同的支持维度，并在学习结果的形成过程中发挥了不同的作用。

RNA转化为蛋白质的过程，就类似于学习过程中形成了学习结果（学习结果可以被看作学习者适应社会的基本要素，如同蛋白质之于人的生命的价值）。学习结果的直接表现形式就是知识，对于知识与知识之间的关联，我们将其称为“脉”。学习者的学习结果的形成，既是对其设计思维的继承与发展，也是对设计思维的具体应用，使设计思维的认识论、方法论与价值论属性得到了共同彰显。从“脉”的维度，我们可以建立知识的链接，形成知识的体系。“脉”就像是知识的加工工厂（类似于生物体中的核糖体 rRNA），会将所学直接转化成学习的结果，包括知能与心智两个层面的学习结果。

在学习的过程中，设计思维作用于特定的负载物，这些负载物中包含了可以改变人的认知的东西，这些东西只有与人发生了相互作用以后才可能产生影响。同样，人只有接触这些东西后才可能会激活其设计思维的价值论属性，并促进设计思维的自组织与发展。这种能够促进学习者形成认知的负载物是人们认知的对象，也是知识依附的对象，我们将其称为“境”。从“境”的维度入手设计教学，设计思维就不仅仅是一种抽象的方法论，它可以依赖于具体的“境”这一作用对象，帮助学习者逐步形成认知，使得知识产生价值。“境”就如同传递知识的信使一般（类似于生物体中的 mRNA），它们只有在激活了学习者的认知意愿，并引导学习者产生学习行为以后，才能够产生价值。可以说，外在于学习者的“境”为学习的发生创造了各种可能性，但这些“境”自身并不能直接产生知识。

是什么让学习者对外部的客体（知识的负载物）产生了关注，进而具有了认知的可能性？在教学过程中，教师会借助于一些中介物帮助学习者和认知对象之间建立联系。这些中介物通过放大或缩小、演绎或转换等不同形式将客体中蕴含的知识以不同的方式呈现在学习者的眼前，于是学习者在此过程中就会借助不同感官的功能，以建立与外部负载物的联系。我们将这一中介物称为“物”，包括一系列的新技术及由其构成的各类空间，借助于“物”的维度，学习者可以运用设计思维的方法论属性建构和丰富自己的学习结果。“物”在学习过程中发挥了转运功能（类似于生物体中的 tRNA），可以让“境”以特有的方式激活学习者的认知动机，进而通过学习者与“境”的交互促进知识体系的不断生成，并转化为学习者的学习结果。

学习活动中设计的各种“事”，就是要借助于学习者固有的设计思维，促进不同的“学习支持条件”发挥作用，实现对设计思维的继承与发展，进而使得学习者形成各种“学习结果”。

4.3.2 设计思维与目标层次化表征

在描述单元化学习目标的层次之前，我们引入了“设计思维”这一概念，并简要分析了设计思维与学习的不同维度的关系，可以发现，对于设计思维，我们可以从以下几个方面来理解其基本内涵。

1）设计思维包括“设计”与“思维”两条链，是两条链形成的无法分割的双螺旋结构。

2）设计思维本身既是学习赖以存在的基础，又是学习结果的综合体现，处在无限的生成与发展中，体现了继承性与创新性。

3）设计思维既是一种认识论也是一种方法论，还是一种价值论，可以帮助我们理解认识发生的过程，并能够指导认识过程的发生。

4）设计思维强调了“学-习-思”的一体化，既注重对已有知识的吸纳，也重视新知识的生成，还重视知识与人、知识与外部世界的关系。

5）设计思维是鲜活的，是在学习者的广泛参与下发挥作用的，它会启迪学习者主动与各种学习的支持条件发生作用，引导学习者借助于学习的条件建立学习的意愿、动机，并在与外部世界的互动中提升个人的认知能力和水平。

6）设计思维可以引导学习者创造不同的学习支持条件，这些支持条件既存在正向的支持作用，也可能会存在反向的支持作用，通过反向的支持作用，可以引导学习者进行反思，并强化正向支持，从而避免学习者在认知过程中陷入迷航。

7）设计思维会因外部情形的不同而表现出不同的活跃强度，在此过程中，学习的支持条件会发挥不同的作用，合适的支持条件有可能会改变学习的效率。

8）设计思维具有较强的逻辑性与实践性，既注重对学生进行思维能力的训练，也注重思维的实践转化，并会借助变化的制品形式来呈现学习的结果。

上述关于设计思维的各种内涵的解析，都与单元化的学习目标相一致，以“单元-时间线”制的方式设计单元化学习，正是为了促使学习者从内部的学习驱动力出发，并借助各种外部学习条件的诱发与刺激，从而为学习者的有效学习提供支撑。

关于学习目标，不同的研究者有不同的表述方式，但大多数研究者都是从“知识点-课时”制的立场来进行表述的。在目标的分类形式中，有的是从内容的角度来理解的，如知识与技能目标；有的是从认知的不同维度来理解的，譬如，从知识与技能、过程与方法、情感态度与价值观方面来描述目标；也有的是从认知的程度来描述的，像布鲁姆的学习目标分类学说中的分类方式，就是从认知领域、情感领域和动作技能领域对目标的层次进行了描述，譬如，认知领域的目标被分成了知识、领会、应用、分析、综合、评价[①]六个层次。

我们主张以“单元-时间线”制来描述学习目标，并不排斥已有的目标分类方式，但又不限于此，而是要从更加综合的视野实现从知识点目标向综合目标转化，从相对孤立的目标向有关联的目标迈进，从死记硬背的学习走向问题解决的学习。前面阐述了涉及“学习主题”“设计思维”“学习支持条件”“学习制品”“学习结果”等一系列概念，单元化的学习目标的设计就是要从对这些概念的综合利用出发，发挥不同方面的共同作用，以此来理解学习目标的达成层次，并形成与之相匹配的目标表征方式。

1. 以“学习主题”形成学习任务，建立形式目标

所谓形式目标，我们可以将其理解成是由知识点构成的目标，是可以进行细化并能够直接检测的目标。这一做法能够让教师从旧的教学方式中寻找到出发点与突破口，建立“知识点-课时”制与“单元-时间线”制之间的有序衔接，实现教学的自然跨越。教师既不必彻底抛弃原有的教学方式，又不囿于原有的教学方式，能够以旧的教学方式为起点，发现其存在的缺陷，以提升自己的教学层次和水平。

以前面我们举的小学五年级语文上册中的“教材单元”为例，该单元包括《黄山奇松》《黄果树瀑布》《莫高窟》三篇文章，且可以将这些文章都归纳为“景物描写”。但是，我们知道，并不是只有五年级上学期的语文学习中才涉及“景物描写”这一题材，也不是都采用课文呈现方式来描述“景物”相关的题材。例如，有的会通过古诗词、现代儿童诗歌等形式描写景物；有的会通过游记或名人名篇的方式来描写景物；也有的会通过对赏景中发生的事或心理感受来描写景物；还有的会通过直接观察景物，并强调景物的细节来描写景物。

对于不同年级的学生来说，他们受教育的方式不一样，接触的学科情况也不相同，因此在安排教材内容的时候，编者会充分考虑到学生在不同阶段可能具备的知识基础，并据此设计学习内容及相应的知识点，包括可能涉及的词语、句式、修辞手法等。

在上述语文教材单元中，如果要用一个词语来概括该单元涉及的课文内容，我们可能会想到以下几组词语：观景、写景、赏景；景区、景点、景致；景中之

---

① 20世纪末，以美国安德森为代表的一批研究者提出对布鲁姆的教学目标进行修订，将六个方面改成了知识、领会、应用、分析、评价、创造，并得到了不同国家和地区的学者的响应。但如果深入分析布鲁姆的教学目标分类学说的本质，笔者认为，布鲁姆的教学目标分类学说中将“评价”放在最高层次是有道理的，这里说的评价应该是学习者自己的评价，因而包含了“自知”的评价，自知不足并建立新的学习诉求，这应当是学习的意义之所在，也是目标达成的意义之所在。

事、景中之色、景中之美、景中之思；景的白描、景的深描；名胜古迹、自然风光、名山大川；等等。当课文中涉及的这些内容呈现在学生面前的时候，学生会有不同的学习体验，有的学生脑海中会形成关于这些“景”的样态，有的学生会关注文章中用于描述“景”的优美词语，有的学生可能会联想到自己曾经去过的课文中描述的“景”，有的学生可能会联想到身边熟悉的“景”，有的学生则仅仅将其看作一篇普通的课文而已。

可以说，在具体的学习中，对于“同一题材”而言，学生的认知体验是不一样的，教师则需要从这些不一样中寻找到一些相似性，并将这些相似性作为学习的目标，包括对课文内容的理解、对课文中重要词语的理解、对景物的描述方式（如用词、顺序、修辞）的理解、对景物中的具体“选景”方法的理解、对选择的具体“景象”的特别刻画和描写，等等。

在做出上述判断的过程中，教师需要弄清楚对于五年级上学期的学生来说，他们在词汇的把握方面已经达到了小学中年级阶段的要求，进入五年级的时候，从理论上而言，小学生能够认识2500个左右的汉字，并且能够写出1600个左右的汉字。在五年级上学期，学生在阅读方面的学习目标是要能够理解文章中的细节描写，能够体会不同表达方式的不同效果，能够理解不同的词语与作者要表达的情感的关系；在写作训练方面的学习目标是能够学会观察、描写并积累素材，能够借助于语言文字表达个人的情感。

基于上述认识，我们可以将教材中的该单元的学习主题确定为“发现景色之美”，不仅要将看到的景色描述出来，还要抓住景色的特征，对景色的细节进行刻画，这是学习该主题的最主要目标。为了实现上述学习目标，我们可以确立该单元的形式目标，具体如下。

1）能够熟练阅读《黄山奇松》《黄果树瀑布》《莫高窟》三篇文章。

2）能够理解文章中的主要词语的基本含义，并能够运用这些词语造句。

3）能够理解三篇文章在描述景色时采用了哪些写作手法。

4）能够理解三篇文章在描述景色时采用了什么顺序。

5）能够理解三篇文章中作者在刻画某一处具体的景（如迎客松、银雨撒金街、彩塑）时是如何选择词汇的。

6）在景色的描写过程中，作者是如何表达个人情感的。

对于形式目标的描述，需要注重目标描述语言的具体化，力求让学习者通过目标的描述明白学习的真实目的，弄清楚学习中需要解决的关键问题，以及期望学习者在学完此单元之后可能形成的学习结果是什么，该学习结果与前期的学习和后续的学习存在哪些关联。

在实践中，有的时候我们会发现，一些教师对学习目标的描述过于抽象或宽泛，使得学习目标缺少抓手。譬如，下面的例子。

【目标描述反例】过于抽象或空洞的目标

这里列三个一线教师教案中的学习目标部分的描述，读者不妨尝试阅读下述目标，请问：能够明白这些目标是指向什么主题的学习吗？

第一例：确立了六个方面的学习目标。

1）初步掌握原电池的概念和形成条件，理解原电池的原理。

2）训练学生的实验操作技能。

3）通过教师创设问题情境、学生进行实验探究，帮助学生自主建构原电池的概念，理解和掌握原电池的原理。

4）通过化学史实引导学生掌握以问题为中心发现问题、解决问题的学习方法。

5）通过对原电池工作原理及条件的探究，培养学生浓厚的学习兴趣，养成严谨求实的科学态度。

6）利用实验进行探究，树立绿色化学理念，培养科学发展观，增强学生为人类的文明进步学习化学的责任感和使命感。

第二例：这是一位教师描述的某学习主题的“过程与方法维度”的学习目标——“利用简单实验器材，制订计划、进行简单的实验设计。通过观察现象、提出问题、提出猜想、形成假设、动手实验、得出结论，初步体验科学探究的过程和方法”。

第三例：这是一位教师描述的某学习主题的“情感、态度与价值观维度”的学习目标——“在质疑、调查、探究、实践、既动手又动脑的过程中，激发学生学习科学的积极性”。

在上述三个例子中，我们不清楚有多少读者可以在阅读的过程中就能判断这些学习目标对应的“教学”或“学习”主题。第一个例子是一名教师为“化学能转化为电能”这一教学单元设计的学习目标，第二和第三个例子是一名教师为科学课中“力的存在”这一教学单元设计的学习目标。我们可以发现，如果教师设计的学习目标缺少对形式目标的描述，那么其对学生学习的指导作用会被削弱。

2. 以设计思维确定学生差异，明确个体目标

所谓个体目标，我们可以将其理解为考虑到学习个体的特征而转化的目标，是形式目标的个性转化，是针对学生的学习差异形成的目标，是可以让每一个学习者的学习起点得到充分尊重的学习目标。

对于设计思维，我们已经做了一些归纳，设计思维作为双螺旋结构而存在，既可以用于指导学习，也会因为学习而得到强化。我们将其与DNA相比，就是因为设计思维在人的成长过程中可以被看作学习个体的独有特质，是学习者区别于其他个体或群体的特有属性，是学习者在自己的学习过程中逐渐形成的，并能够不断指导学习者自我成长的内在素质；是学习个体借助于持续的学习活动形成的，并能够伴随学习者问题解决的过程得到不断强化与再生长的内在素质。

第一，从认识论的维度来说，设计思维具有可生长性。社会中的每一个个体都具有生活的基本习性，懂得寻找基本的工具并借助工具来满足个人的基本需求。譬如，学会寻找食材、加工食材并形成食品，这一过程已经体现出了个体的天然的设计思维潜质。学习个体需要认识一定的对象，这些对象中有的是已经为他人所认识的，当有人（教师）能够对前人的认识进行总结并传递给这些学习个体时，学习的行为就发生了。

在认识的过程中，学习者借助教师的作用，试图在自己的大脑建构这些知识，而大脑中已经存在的“认知图式”与新的认识对象之间可能会存在“排异性”，于是教师会不断变换教学方式，学生也会不断变换理解方式，从而保证这些内容能够对“认知图式”进行渗透，借助“同化”或“顺应”的方式①，使得认识对象能够融入学习者已经建立的认知体系之中，并可能会对这一体系做出修正，此时学习才有可能真正发生。

在教师向学生传递认识对象的过程中，学生具有的设计思维特质决定了其在此过程中会做出何种反应，该特质的“逻辑属性”会引导学生不断在自己的已有认知图式中进行匹配，而其“应用属性”则会引导学生判断新的认识对象可能会帮助自己解决哪些方面的问题。当这两个方面都具有较强的“适应性”时，学生的设计思维就会显示出较强的活跃度，并促进有效学习行为的发生。其会不断影响人的认知图式，促进人的认识发生，进而促进设计思维的成长。

第二，从价值论的维度来说，设计思维具有可复制性。设计思维的可复制性表现为设计思维这一特质并非只具有唯一的匹配性，而是具有迁移的特性，学生在面对不同类型、不同领域的学习内容时，设计思维的特质都能够引导学习者形成积极的学习力量。

设计思维是学生在与外部世界的交往过程中形成的，它来自某些特定的认识对象，最终又以独立于认识对象的形式存在，并能够作用于新的认识对象。对于

① 关于认知图式的概念，以及同化和顺应等概念，皮亚杰在他的研究中有许多具体的阐述，可以参考，这里就不再一一进行分析了。

不同的学习者来说，他们的设计思维特质会存在差异，借助于教师的行为引导，可以使不同的“特质”呈现出不同的活跃度，通过外部的支持作用的激活，能够让学习个体的设计思维外化于行，并通过其在不同学习过程中的“投入度”反映出来。

我们观察一下处于学龄前阶段的孩子，就不难发现孩子天生具有活动性，他们会不断地去触摸身边的物体，还会不断地重复自己的许多行为，并且这些行为还会越来越熟练。这一阶段的孩子往往会表现出我们所说的“天性”，这种天性就是孩子在成长中继承下来的某些“习性”，可以看作他们天生具有的特质。学校之于学生的作用，就在于能够让学生接触到更多的外部事物，并通过这些外部事物来激活学生的探知欲望。教师提供给学生的外部支持，最终是为了让学生不断理解外部支持之于自己的成长的作用，当学生的原初特质得到了进一步的丰富和强化之后，他们就能够主动关注外部事物，能够发现外部事物的不同，进而形成求知的诉求。

因此，设计思维的可复制性并不仅仅是一种简单的重复，而是在不断生成的基础上形成更多的“触角”，以便学习者能够接触更加丰富的领域，并能够将处于“自合成与自丰富”状态的设计思维特质延伸到学习者所处世界的不同方面，通过“逻辑的自洽”与“应用的验证”不断强化设计思维特质，体现设计思维之于人的学习的综合价值。

第三，从方法论的维度来说，设计思维具有可转化性。前面我们将设计思维看作一种可以不断生成的特质，它以自身的“天性”为基础，并通过“逻辑的”与“应用的”两个方面的相互验证，不断进行合成与丰富，使得设计思维成了学习个体特有的属性，是学习个体区别于其他个体的标志。学习个体拥有了这种特质以后，就会在行为过程中表现出不同，这种不同会体现在具体的学习过程中，并会影响学习个体的学习行为方式，最终会以不同的学习效能呈现出来。

如何理解“逻辑的”与“应用的”两者之间的相依关系？我们以成语故事“守株待兔”为例。这一成语故事是古贤为了说服他人而设计的，此处引用“守株待兔”这个故事，其实也是为了说明教师进行教学设计时需要“变通”。

【成语故事】守株待兔

宋人有耕者。田中有株，兔走触株，折颈而死。因释其耒而守株，冀复得兔。兔不可复得，而身为宋国笑。今欲以先王之政，治当世之民，皆守株之类也。[①]

---

① 出自《韩非子·五蠹》。

我们阅读这一成语故事可以发现，在“守株待兔”这件事中，也存在“逻辑的”与“应用的”两个观察角度，宋人发现“兔走触株”这一事实，于是建立了一种思维逻辑，即“株可逮兔”，于是这里可能就会产生许多逻辑。

1）因为有株在，所以才会导致“兔走触株”并“折颈而死”。

2）如果有株在，那么就可能会导致“兔走触株”并“折颈而死”。

3）只要有株在，就一定会导致“兔走触株”并“折颈而死”。

譬如，如果马路中间的窨井盖没有了，路上的行人可能会从这里掉下去，但是不是行人一定会掉下去？我们可以得出的结论是：行人从马路上这个坏了的地方掉下去的概率可能会大于兔子“触株而死”的概率。

设计思维具有转化性，就是要强调教师要引导学生在实践领域不断运用其形成的“特质”解决问题，在解决问题的过程中理解自己建立的思维逻辑并使其不断完善，使得设计思维呈现出逻辑应用性与应用逻辑性的双重特点，实现学习结果的多维度化，以及学习效果的可视与可测。

我们提出以设计思维来分析学生的个性化差异，并强调结合这一差异来描述“个性目标”。以前面确定的“发现景色之美”这一主题为例，结合《黄山奇松》《黄果树瀑布》《莫高窟》三篇文章的学习，我们大致可以从以下几个方面来确立该单元的个体目标。

1）能够与有不同旅游经历的同学进行交流和会话，加深对于课文中描述的景的认识。教师可以通过组织适当的活动对学生的基本情况进行判断：哪些学生曾经去过黄山并见过黄山奇松、去过黄果树瀑布或莫高窟，哪些学生偶尔或经常旅游，哪些学生主要是在周边游玩。

2）能够根据个人的词语掌握情况，学会认识和理解新词语。教师需要判断班级学生的词语掌握情况，对于教材中涉及的词语，可以区分两个不同层次的学习要求：一是词语的不同；二是对同一词语的使用要求不同。

3）能够熟练阅读、朗读一篇文章，并能够理解文章中的字、词、句、章的含义，理解修辞手法和写景顺序，能够熟练地向其他同学介绍本课文。教师需要对学生的兴趣进行划分，哪些学生重点阅读《黄山奇松》，哪些学生重点阅读《黄果树瀑布》，哪些学生重点阅读《莫高窟》。

4）能够选择文章中作者刻画某一处具体的景（如迎客松、银雨撒金街、彩塑），分角色、有感情地朗读文章。

5）能够掌握其他两篇文章的主要词汇与文章大意，大致概括出三篇文章在写景方法上的主要异同。

6）在理解词义或文章大意的过程中，能够结合自己的认知习惯、身边可获得的资源形式等，通过向教师或其他同学求助，做到弄明白、想清楚、会应用。

7）能够结合家乡或身边熟悉的景，尝试思考如何参照某一篇课文中的写景方法，为身边熟悉的景写一段话。

设计思维是个体的基本特质，也是个体确定学习行为与活动的基本方式，更是个体达成目标的内容与方法，同时还是个体学习的价值所在。通过设计思维，学习者可以从自身的基础和特定需求出发，在教师的引导下逐步达成课程的预期目标。课程目标对于所有人都是一致的，而人与人存在不同，因此要实现个人学习目标，需要以课程的总目标为基础，在此基础上达成个体的具体学习目标。

3. 以"支持条件"设计学习路径，生成阶段目标

所谓阶段目标，是指学习个体在完成单元学习总目标的过程中分阶段达成的目标，它们是相互依赖、相互关联且逐层深入的，是促进个体目标得以落实的具体措施及行动依据。

学习是一个以时间为变量的函数，在同一个时间段中可能会同时涉及多种不同的学习行为，因此我们在前面的分析中使用了"时间线"这一概念来描述学习中的时间序列。没有使用"时间"这一词语，主要是考虑到在学习过程中学习者对时间的使用和分配是存在差异的，加上同一个时间段会存在多任务并存的情况，所以借助于"时间线"可以同时表示两层关系：一是在同一时间周期同时存在多项任务；二是不同任务对于时间的要求不相同。在时间序列中的任务具有"并存性"与"错时性"。

在教学或学习的实践过程中，我们有一个简单的常识，即教学与学习往往都是采用了单任务推进型方式，譬如，教师每天上午可能有语文、数学、英语和音乐等不同科目的教学任务，且采用了一定的课时顺序来组织这些科目。对于某一个特定的科目，教师往往也是采用了讲解、讨论、练习、展示等不同的形式，并将这些形式以适当的顺序组织起来。在此过程中，往往都会要求学生按照该环节的具体步骤开展活动，比如，做练习，主要是要求学生在完成了前期的学习以后，能够运用习得的知识来解题，这时对于学生来说，如果其能够顺利地完成解题，基本上可以被认为是完成了任务。

但是，我们会发现，其实在此过程中不同的学生是有差异的，有的学生是直接在运用知识点解题，有的学生则是在解题的过程中同时完成了以下几个方面的学习活动：一是在大脑中思考为什么会用这道练习题来巩固对这一知识点的学习？二是在解题的过程中，这一知识点的应用对于我们理解这一知识点有什么帮助呢？三是在解题的过程中，我可能会在什么地方出现问题呢？四是做好了这道题，能够帮助我们巩固习得的知识点吗？五是能否将这一知识点用在其他方面？六是这一新的知识点与自己原来习得的知识之间是什么关系？

将这些活动一一细化，我们可能会认为怎么这么烦琐？学习有这么烦琐吗？事实上，对于会学习的学生而言，这种活动并不是按照顺序进行的，而是在一瞬间同时完成的，甚至他们大脑中思考的问题还远远不止这些，只有当其在内心对这些问题产生积极呼应之后，有效的学习才会发生。如同在驾驶汽车的过程中，突然间有行人横穿马路，如果驾驶的是手动挡汽车，我们会以“说时迟，那时快”的方式完成一连串动作：踩刹车、踩离合、换挡、打方向，以努力确保各方面的安全。在面对突然发生的事件的时候，一刹那间，我们的大脑中可能已经同时形成了关于“这是什么情况”“怎么会这样”“我该怎么办”“我要不要求助”等想法，但事件的突发性已经容不得我们做出任何周密的思考，就已经快速做出了一系列决定。

学习正是要培养学习者在单位时间内同时完成多项任务，即在对知识的理解、解题、目标的逐步达成、问题的思考、成果的积累等之间形成对应与映射关系，使得学习者能够将“学-习-思”结合起来。学习者已经具备的“设计思维”特质会使他们以“并存”的方式对这一系列复杂的任务进行处理，并促进其设计思维的再生成。

我们知道，许多学习者在学习中会表现出倾向性，譬如，有的学习者会出现偏科倾向，也有的学习者会有某些特长，如果我们对学习者的生活背景进行一番考察之后就不难发现一些现象，即学习者在学习中表现出来的某些倾向性往往与其成长早期所处的外部环境有关，譬如，父母的教化与熏陶，周围榜样的示范作用，等等。

对于学习者而言，他们所处的外部环境中的其他个体对于其行为表现的认同度往往会对其行为产生较大的影响，譬如，当学习者在做出某种举动后，得到的肯定多于否定，他们就会努力维持这种举动。但是，当他们被否定以后，则可能会表现出不同：对于内心特别期待的那一类举动，他们有可能会通过不断努力，使得该行为获得认同；对于其内心本来就充满了畏惧甚至排斥的举动，他们则有可能会尽可能地回避之，直至敬而远之。

外部的环境等因素可能会成为学习的支持条件，但学习的“支持条件”并非总是外在于人本身的，学习者的自我控制力、自我责任意识、自我担当等都是学习的内容和对象。借助于学习活动的设计和支持，以及外部环境因素的变化，从学习者的内在变化出发，对学习者进行引导，使其可能处于“静默状态”的设计思维变得“活跃”起来，如此学习者才有可能产生积极的学习意愿，并能够在遭遇各种外部负载物的时候，主动去靠近它们，并让这些负载物转化为学习的“支持条件”，从而使学习始终处于发生的状态中。

对于学习者而言，进入学校以后，他们在学校遭遇的外部世界是相似的，不同学习者的表现却会千差万别，在生活世界中亦然。对于他们经历的各种“事实”，有的学习者会视而不见，有的学习者会刨根问底，有的学习者会形成联想，并由此而产生许多新的思考。慢慢地，我们会发现，本来都是生活在学校之中的起点相似的学生，经过了一段时间学习以后，他们之间就会表现出很大的不同。

【现象与思考】如何理解“拍脑袋”？

在现实世界中，很多人都习惯于下结论，我们也往往喜欢对他人的许多结论做出判断。譬如，当A提出某一个观点的时候，如果没有看到A列出一个个支持结论的理由，有一些人往往会认为A是在用“拍脑袋”的方式下结论，甚至还会对A表现出不屑。在这里，可能存在以下几种可能性。

我们中的B，追求完美型的——看什么事物都希望是严谨并天衣无缝的，喜欢用逻辑清晰的方式来衡量外部的事物，他们不一定不认同这些结论，但他们不喜欢这种得出结论的方式。

我们中的C，善于思索型的——当看到了一些外部结论时，会对照自己的认知逻辑进行判断，如果发现结论与自己的认知存在不同，就会对这些结论表现出不满。

我们中的D，善于批判型的——这类人往往自己建构了一套评价框架，对于万事万物都会用这个批判的框架去进行指责，只要不符合其中的任何一条指标，都会视对方的结论为错误的。

我们中的E，善于思辨型的——这类人的特点是会用辩证的观点来看待外部事物，他们也会对外部的不同观点进行批驳甚至反对，但这类人往往会分析对方得出这一结论的原因，能够从正反两方面理解对方的结论，对于他人的观点能够进行有选择性的接受。

我们中的F，通达包容型的——这类人对于不同流派的观点，都会以一种更加宽容的方式去对待，对于外部的各种结论，只采纳对自己有用的或者自己认同的结论，而对于与自己的认识不一致的结论往往采取审慎的态度，或者保留个人的意见。

对于上述现象中的A，在得出结论时，其实他的推理方式与其个人的成长经历有关。如果其本身就已经是一个历尽世间沧桑之人，对于现象和问题有了许多深邃的观察与思考，那么其所得出的结论就可能是准确的，也是有依据的，只是他们没有系统地将这些依据完全陈列出来而已。只有与A具有同样“阅历”的人，才能够真正理解A及其得出的结论。

对于他人的理解，往往源于我们的认知水平与能力。我们很难要求一个小学三年级的孩子具有六年级的孩子应该有的认知水平，但是我们不排除一个三年级的孩子在思维水平上可能已经达到了六年级的孩子的层次。同样，即使是同一个年级、同一个班级的学生，我们也不能保证他们有相同的认识和思考水平。对于每一个学生来说，他们都可能存在认知方面的差异。

因此，我们提出要建立学习的“阶段目标”，就是要为不同认知和思维层次的学习者提供差异化的学习机会，以不同的学习条件来支持学习者以特有的学习路径完成认识过程。我们依然以前面确定的“发现景色之美”这一主题为例，结合《黄山奇松》《黄果树瀑布》《莫高窟》三篇文章的学习，我们大致可以从以下几个方面来确立这一单元的阶段目标。

第一阶段，重点围绕三篇文章涉及的字、词、句，引导学生理解不同的字、词、句的读法、写法、意思等。

第二阶段，通读文章，理解每篇文章的主要意思，并能够理解不同的修辞手法与写作手法，能够理解不同的手法对于文章中“景”的描写的主要作用。

第三阶段，能够通过对文章中的关键词汇、句法、修辞法等方面的实例，通过简单的证据来说明三篇文章在写景方面的主要异同。

第四阶段，能够尝试将三篇文章中描述景物的方法进行简单的转换，通过不同的交流方式或呈现方式理解将这些方法用于描述其他景物的时候，应该如何进行适当的变换。

第五阶段，对于在改写或口头描述时遇到的问题或困难，应该如何解决？譬如，在描述黄山的松时，如果需要模仿关于莫高窟的数据的写法，从哪里可以获得这些数据？

第六阶段，学习了三篇写景的文章，我们如何借用文章中的写景手法将身边的某一处“景”介绍给他人？

形成阶段目标，主要是为了给学习者确定一定的认知顺序和层次，但学习者在学习的过程中不能仅以一种平行的方式接受若干的知识点的简单输入，而是要做到将知识点联结起来。通过阶段目标的设计，学习者可以从自身的学习状态出发，判断自己的已有能力基础，从而确定自己在某一阶段需要投入的学习时间成本，从而构建个人的成长路径。

4. 以学习制品体现学习轨迹，达成可视目标

所谓可视目标，是指在学习过程中以一种可供测量的方式来呈现，以便于展现学习目标的达成度的目标层次，是用于体现学习者对阶段目标的掌握状况的目标，可以为教师对外部支持条件做出调整提供依据。

适当的练习是强化学习效果的基本方式。学习过程中会存在大量孤立的知识点，学校教育的目的是努力将这些知识点进行适当的聚合，从而形成了不同的学科。有些学科如语文和英语等，往往需要学生记忆大量的字、词，并能够运用这些字、词来理解文章的主要意思；有些学科如数学、物理和化学等，可能需要学生理解一些公式，并能够应用这些公式解决问题；有些学科如音乐、体育和美术等，往往需要学生通过不断模仿和重复性练习，提升自己的专业技能。在这一过程中，借助于适当的练习，可以帮助学习者强化记忆和理解，提高学习效率。

过度的练习是部分学生学习兴趣减退的原因。在学习过程中，当进行一定程度的训练以后，学习者习得的某些能力就得到了巩固。这方面的研究成果比比皆是，过去有一些研究认为如果学生能将新学习的内容在“7±2”个应用场景中进行应用并能够保证正确，那么其对这一内容基本上就掌握了。但是，从实践来看，只要还有时间，学生在进行练习的时候完成的练习的量往往会远远大于这一数值，谁也无法确定以什么样的训练量作为衡量学生水平的依据。我们会发现，学龄阶段的孩子在业余时间会完成各种练习，而不在乎是否已经掌握了这些内容。这些现象导致的典型危害在于，部分乖孩子会因为太乖没有了主见，部分孩子由于不愿意接受反复的无趣的学习而渐渐对学习失去了兴趣。

依靠纯粹的纸笔练习形式的训练，只能解决部分学习问题。对于学习中的练习形式，人们基本上也习惯了纯粹的纸笔方式，尽管有许多学校也尝试着让学生进行一些非纸笔的练习，或者让学生借助纸笔完成一些综合性的训练，但在现实中，这类作业可能由于设计的原因，加之完成作业需要的各种材料、工艺等条件的制约，再加上部分家长会认为这些作业可能会耽误学生的学习，于是往往会全家人一起做，最终的学习作品体现的是一个家庭的水平，而非学生的水平，这类作业的效果往往难如人意。学校、家庭相互之间心照不宣，加之对一些综合作业设计的认知不同，综合作业设计就很难得到落实。如果作业设计稍微抽象一些，还有可能会使学生和家长感到困惑。对于学习来说，如果仅仅依赖书本和纸笔练习，那么学生的视野也就只能限定于书本之中，遇到一些书本中未出现过的新问题时会表现出手足无措，也就不足为怪了。

合理地设计学习制品可以拓宽学生的视野，便于巩固学习成效。学习制品并不是完全不依赖于纸笔的训练形式，而是不能够仅仅靠纸笔就能够完成的训练形式。学习制品是设计思维的产物，是学习者在学习过程中通过大量的实践形成的，对于学习者来说，它们的表征形式往往是有差异的，但其结果都是促进了学生对已有知识的认识。如果以统一的、单一的方式呈现学习的过程或结果，那么学习者自身的差异性容易使他们表现出不同的兴趣，并会影响其学习效能。

倡导形成单元学习，并以单元学习制品的形式对单元中的学习目标进行统整，既注重学习中的练习属性，也注重创造属性，将学习者在学习过程中建立的学习“逻辑”与学习“应用”融为一体，这样就可以借助制品形式，充分尊重学习者自身的差异，引导学习者从自己感兴趣的方面出发，围绕相应的学习主题，依据自己的认知顺序、知识起点等，重点强化自己的弱项，达到学习要求。与纯粹的纸笔练习相比，学习制品同样具有可测性，同时它还体现出了一定的创造性，学生借助“制品”，一方面可以将自己对相关知识的理解转化为应用的形态，另一方面通过应用过程中可能遭遇的各种困难，不断对所学内容进行再次探索，在“解决问题”与“遭遇新问题”的不断迭代中理解和学习内容，并通过相应的学习制品将自己的理解生动地呈现出来，同时还使学习制品体现出了“可视化”的特点。

学习制品的表现形态是多样化的，譬如，在语文学习过程中，学生能够将相关的知识应用于某一个真实的特定场景中，可以运用说明文的方式来描述某一种熟悉的产品，可以运用应用文的方式来模拟写一则招聘广告，可以借助于对某一个“景物”的多轮描写，懂得如何更好地刻画景物，可以结合不同的情感需求或其他需要，对同一个“景物”做出不同角度的描述，等等。教师可以借助于其他方式，包括与其他学科的整合还原景物，或者对多个相似的景物进行描写，引导其他学生做出区分。教师还可以通过小报的形式，引导学生建立关于单元的综合学习成果设计，能够借助于文字、图形、图像等不同的表达方式提高学习成果的水平。

基于学习制品的学习成果设计，可以激活学生的思维，引导其发挥想象力学习相关知识、达成目标。借助于某单元主题的学习，可以将学生带入一个全新的学习世界。在此过程中，不排除可能会出现一种情况，即教师会发现在这样的学习过程中，尽管产生了更好的学习效果，但因为需要的学习时间、投入精力发生了转移，学生会在某些单元的学习中投入更多的精力而导致在学习其他单元时显得力不从心。因此，一种有效的方式是可以同时开启多个单元的学习，在学习的过程中形成学习力，并借助于学习力形成学习的迁移能力。借助于不同的学习小组形成学习制品，还可以促进不同学习小组做到略有侧重，同时也能够实现制品之间的共享，启发学习小组之间加强联系和沟通，从而实现学习效能的增值。

在“发现景色之美”这一主题中，学习者在学习《黄山奇松》《黄果树瀑布》《莫高窟》三篇文章的时候，如何来设计学习制品呢？设计学习制品的角度有很多，在这里我们以“请到我的家乡来——景物篇”为题目，以个人或小组的学习制品的形式举例说明如何确立本单元的可视目标。

【示例】请到我的家乡来——景物篇

在最近的学习单元中，我们学习了《黄山奇松》《黄果树瀑布》《莫高窟》三篇文章，这些文章都是写景的，我的家乡也有美景呢！

一、我习得的新词汇

《黄山奇松》：陡崖、屹立、盆景、宾客、情有独钟、姿态优美、饱经风霜、充满生机、潇洒、挺秀、遒劲、郁郁苍苍、青翠。

《黄果树瀑布》：杰作、沉醉、拂过、缝隙、奏鸣、漂浮、胸膛、悬挂、掩映、人喧马嘶、气势非凡、山回谷应。

《莫高窟》：蜂窝、描摹、飘拂、慈眉善目、断崖绝壁、威风凛凛、惟妙惟肖、啧啧赞叹、精妙绝伦、翩翩起舞、宏伟瑰丽、漫天遨游、腐败无能。

（还可以将自己不太懂的词列出来，并查这些词的意思是什么，给某些生字加上拼音等。对于部分词语，为了加深理解，还可以找一找它们的同义词或反义词）

二、我摘抄的好句子

被誉为“天下第一奇山”的黄山，以奇松、怪石、云海、温泉“四绝”闻名于世，而人们对黄山奇松，更是情有独钟。

迎客松姿态优美，枝干遒劲，虽然饱经风霜，却仍然郁郁苍苍，充满生机。它有一丛青翠的枝干斜伸出去，如同好客的主人伸出手臂，热情地欢迎宾客的到来。

陪客松正对玉屏楼，如同一个绿色的巨人站在那儿，在陪同游人观赏美丽的黄山风光。

送客松姿态独特，枝干蟠曲，游人把它比作“天然盆景”。它向山下伸出长长的“手臂”，好像在跟游客依依不舍地告别。

黄山松千姿百态。它们或屹立，或斜出，或弯曲；或仰，或俯，或卧；有的状如黑虎，有的形似孔雀。

透过树的缝隙，便看到一道瀑布悬挂在岩壁上，上面折为三叠，好像一匹宽幅白练正从织布机上泻下来。

瀑布激起的水花，如雨雾般腾空而上，随风飘飞，漫天浮游，高达数百米，落在瀑布右侧的黄果树小镇上，形成了远近闻名的“银雨撒金街”的奇景。

坐在水边一块岩石上，离那道瀑布近得很，中间只隔着一口小小的绿潭，仿佛一伸手便可以撩过来洗洗脸。

黄果树瀑布虽不如庐山瀑布那样长，但远比它宽，所以显得气势非凡，雄伟壮观。瀑布从岩壁上直泻下来，如雷声轰鸣，山回谷应。坐在下面，仿佛置身于一个圆形的乐池里。四周乐声奏鸣，人就像漂浮在一片声浪之中，每个细胞都灌满了活力。

聆听着訇然作响的瀑布声，只觉得胸膛在扩展，就像张开的山谷，让瀑布飞流直下，挟来大自然无限的生机。

敦煌莫高窟是祖国西北的一颗明珠。她坐落在甘肃省三危山和鸣沙山的怀抱中，四周布满沙丘，492个洞窟像蜂窝似的排列在断崖绝壁上。

莫高窟保存着两千多尊彩塑。这些彩塑个性鲜明，神态各异。有慈眉善目的菩萨，有威风凛凛的天王，还有强壮勇猛的力士。

莫高窟不仅有精妙绝伦的彩塑，还有四万五千多平方米宏伟瑰丽的壁画。

其中最引人注目的，是那成百上千的飞天。壁画上的飞天，有的臂挎花篮，采摘鲜花；有的怀抱琵琶，轻拨银弦；有的倒悬身子，自天而降；有的彩带飘拂，漫天遨游；有的舒展双臂，翩翩起舞。

三、三篇文章都说了什么

（这里可以概括不同的文章都介绍了什么）

四、我懂得了新的修辞手法

（从三篇文章中摘录运用了修辞手法的语句）

（模仿这些修辞手法写一段与家乡的景物相关的话）

五、我发现了三篇文章在写景方面的主要不同

（借助于小组交流和个人概括，可以形成不同的阶段的认识，也可以有不同的表达形式，可以是段落式，也可以是表格式）

六、在学习的过程中，我产生了好奇

《黄山奇松》一文中，作者说黄山有“四绝”，即奇松、怪石、云海、温泉，其他三绝是什么样子的呢？

《黄果树瀑布》中，作者是在什么季节去的，如果是冬天去，“银雨撒金街”的景象是什么样子的呢？

《莫高窟》一文中的景点，为什么叫“莫高窟”呢?

七、我进行的课外阅读

（主要阅读了哪些内容）

八、我模仿《黄果树瀑布》改写的《黄山奇松》片断

（学习者改写的片断，甚至可以包括小组内不同学生的不同改写结果）

九、我的家乡中有一个景区叫×××

1）景区里有一个“景点”叫×××，请先看看我的介绍。

2）以下有四张照片，你能够判断我描述的是哪个景区吗?

3）这是我的同学对我的描写进行的改写。

前面我们以“发现景色之美”这一主题做了一个简单的学习制品的示范，就本例子而言，其形式依然与过去的教学中的练习形式存在较大的相似性，但最大的不同点在于，在每一个部分尽量给学生提供了自由选择的机会，对于学生而言，只有引导他们对自己的学习行为进行准确的判断，他们才有可能建立起学习的责任，包括主动摘录语句、模仿修辞手法等。当学生在学习了相关内容以后，引导他们结合家乡的景，通过观察与反复选择词汇进行描述，学会将简单的句子变成相对复杂的句子，并能够对句子进行修饰，运用恰当的动词、形容词等来描述自己熟悉的事物。当他们能够自觉地将这些习得的内容与方法运用到自己的生活中，逐步学会从口头表达到书写训练，从独立的句子到最终能够将这些句子组织成一段优美的文字的时候，学生建立的具有递增性、连贯性的学习制品就会显现出鲜活的生命。

对于学习制品内容的呈现，可以有不同的表征方式，借助于这些方式既可以衡量学生对知识的掌握情况，也可以引导学生建立良好的思维习惯，还能够启迪学生懂得选择和运用最理想的方式去呈现内容。其中，有一些板块也可以借助于小组的其他活动形式来展开，使学生全身心投入到学习中。

5. 以“学习结果”体现学习效能，形成综合目标

所谓综合目标，是指在完成了单元中相关主题的学习以后，学习者的知能结构的变化及心智结构的变化，这些变化会通过学习者的设计思维体系的综合改变体现出来。

对于前面的不同层次的学习目标，教师在设计教学活动时，可以结合学生的认知水平选择从某一个合适的层次开始，有的学生可能仅仅能适应形式层次的目标，而不习惯其他层次的目标。但是，不管从什么层次开始，并非强调学习过程中一定要从低层次到高层次进行，而是要强调从学生所处的学习层次开始，将低

层次的一些基本知识与基本技能的要求充分体现在学习的过程中，并以此为基础引导学生达到更高层次的认知水平。

学习目标的达成情况终将体现在学生的学习结果中。对于学习结果的不同理解，也会导致人们对学习目标产生不同理解。诚如前文我们所讨论的，由于许多教学活动中教师仅将学习结果看作对知识与技能的掌握程度，因此在教学中就仅仅强调“知识与技能”。这样一来，由于缺少了负载物，“知识与技能”就有可能会成为悬浮物，没有了可以附着的“特定实体”，学生形成的学习结果就难以与真实世界联系起来。

我们将以“知识与技能”为主要形式的学习结果称为“知能”，知能是学习者通过一定的学习形成的，是人类社会对外部世界形成的各种认识的总和。对于不同的学习者而言，由于其认知方式具有差异，会导致他们在认识已知世界的过程中表现出差异，有的学生认识过程会很顺畅，而有的学生则可能会面临许多困难。这往往源自学生在学习中对于各种“学习支持条件”的利用程度不同。

“学以致用”强调的是要能够将所学应用于生产或生活实际，但是当前的学校教育与实际生产生活的距离正在逐渐拉大。学生的“用”也大多是运用所学知识去解决某些与例题相似的习题，即从“书本”到“书本”，在书本的封闭体系中实现了学习的循环。

在教育的发展史中，也曾经出现过过分强调应用的现象，包括放弃对已有知识的学习，或者过分强调“实用主义”的思想，主张让学生完全通过生产或生活实践来学习，并根据具体实践中产生的真实需要学习相关知识。在这种背景下，尽管学生形成的知能对于他们解决问题是有帮助的，但由于真实的生产或生活实践过程对知能的需求相对缺乏，就可能会导致学生建立的某些“学习需要”过于单一或片面，这样就会导致学习的结果表现出不完整性。

学校之所以会存在，就在于它可以将人类积累的知识财富以体系化、结构化的方式传递给学生，从而帮助学生建立更加完备的知能体系。如果离开了具体的生产和生活实践，知能体系的建立就会成为无源之水，就有可能会枯竭。因此，强调进行教学设计，就是说教师要设计出符合学习者的认知规律，有利于促进知能产生效能的教育教学活动。

基于上述认识，我们提出还存在另一种学习结果，即“心智”。如果说“知能”是关于世界的已有认识的集合，那么“心智”则是学习者将形成的“知能”应用于自己的生活以后形成的解决外部问题的各种能力的集合，是学习者建立的体现个人能力特征的学习结果，它体现了学习者对“知能”的理解，同时也充分体现了学习者“应用”知能的水平，还包括学习者在应用已有知能之后形成的独立创见。

学习的最终目标就是要让学习者理解前人对于世界的认识，并能够以此为起点，通过不断应用建立对于外部世界的新认识。建立以单元为基本单位的学习，就是为了减少在学习过程中出现的“知能割裂”现象，借助于单元的统整，引导学习者在学习过程中强化单元的整体意识，建立关于对学习目标的一体化思维，使学习内容能够相互促进。

继续回到前面所说的“发现景色之美”这一主题，对于《黄山奇松》《黄果树瀑布》《莫高窟》三篇文章的学习，在过去的教学中，教师往往采用“单篇推进”的方式，依据教材的顺序来开展教学，建立了以单元为单位的学习目标以后，教师在教学中就可以同时兼顾“课文与单元”，强调目标的综合化。譬如，在该单元的学习过程中，我们可以确立以下综合目标。

1）熟读《黄山奇松》《黄果树瀑布》《莫高窟》三篇文章，理解三篇文章是如何描述不同的景物的。

2）比较三篇文章在写景的过程中分别运用了哪些不同的写作手法，理解如何将这些手法运用于另一篇文章，以及文章应该以什么样的方式呈现。

3）能够借鉴三篇文章中的某些写作方式，并通过适当的变换，对我们身边的一个景点进行描述。

这一学习单元是小学五年级的，因此在阅读理解水平与写作训练要求中，教师需要充分考虑到学生的阶段性特征，注重阅读的量与速度、写作的语句要求与长度等，避免过于复杂，同时强调“知能”与“心智”的双向发展，打开学生的思维，让学生能够在“书本”与“世界”之间建立联结，既不放弃书本，也不放弃生活世界，为知能寻找负载物，让学习变得更加生动。

在上述分析中，我们提出以“单元”为单位设计教学与学习活动，将单元学习的目标分成五个层级，即形式目标、个体目标、阶段目标、可视目标与综合目标。在具体的单元学习过程中，教师还需要结合单元的主题特点进行合理的变换，包括变换活动形式、变换制品形态、变换学习时间分配等，引导学生创造更加丰富、生动的学习形式，提升学习效果。

第5章 价值导向的项目映射与拓展

对于生活中的许多具体事务，我们都可以将其称为“任务”，有的任务可能一个人就可以完成，而有的任务则需要由多个人共同完成，仅仅依靠一个人的力量就可以完成的任务是简单任务，而需要多个人才能完成的任务则是复杂任务。复杂任务往往又包含了许多不同任务，是由一个个任务组成的任务集合，我们将这些任务的集合称为“项目”。在理工科的话语体系中，有的时候项目也被称为“工程”。

在学习中倡导“单元化”，就是主张要在真实的任务中理解学习的目标，因此常常会借助于“项目”作为学习的支持条件，通过“项目”这一具体的学习负载物建立学习之“境”，引导学生通过“项目化学习”的方式，结合项目中的具体任务，来促进单元化学习的开展。

所谓项目化学习，可以看作单元化学习的具体实现方式，是指以特定的项目为依托，确立一定的学习主题，通过对项目中若干任务的分解，引导学生在完成不同任务的过程中逐步达成学习单元中不同层级的学习目标，最终达成单元学习的综合目标。

5.1 项目支持的学习价值

要理解项目化学习，我们有必要先简单分析一下什么是项目，然后再分析如何围绕单元目标设计合适的项目，以引导学习者合理地开展学习活动。

5.1.1 以项目创设学习之境

在教学实践中，许多教师都比较熟悉一个概念，即“创设情境”，说的是在教学中通过设计一定的情境，以帮助学生理解所需学习的“知识与技能”。譬如，在数学课程中，为了帮助学生理解“乘法”，教师有时会创设一个情境：如果我们去超市购物，我们知道了一些商品的价格，同一种商品一次可能要买许多件，那么如何才能够算出我们需要花多少钱呢?

1. 指向“境”的项目理解

上述是在实践中比较常见的创设“情境”的例子，这一类例子有一些共同的特点，即联系了真实的生活需要，却不需要亲自进行实践体验。这一类“境”可以看作用于说明问题的举例说明，是一种描述层面的“境”，而非我们所说的实践层面的“境”。

“项目”的设计创设的是一种实践层面的“境”，指向了学习内容的应用价值，并通过具体的项目实践来实现这种价值。基于“项目”而形成的“境”，是指借助于特定的学习负载物，为需要学习的各种知识或技能提供可以体现其应用价值的场所或境域，这种项目既有可能是在现实世界中就能够发生或实现的，也有可能需要借助于现代技术构建的虚拟世界来实现，当然也可能会与真实的世界有关，但凭借纯粹的人工力量还无法达到。

设计学习的“项目”，指向了教学设计中“境”的维度，就是要帮助学习者融入由项目构建的“境”中，发挥“境”的信使作用，刺激身临其境的学习者主动接触客观事物，与客观事物产生互动，并能够通过客观事物给予的“刺激”形成问题意识与问题解决意识，启迪其产生认知的内在驱动力。教师则可以借助适当的方式，通过某些强化作用，帮助学生形成对“境”的关注感与主动思索欲望，引导学生建立学习内容与项目的关系，并能够尝试在项目中发现与学习目标有关的问题，借助解决问题的需要主动学习，运用学习中形成的判断去解决这些问题，理解项目之于学习的存在价值。

要理解“项目”的价值，就有必要理解项目创设的“境”与普通意义上的“境”的不同。早期的许多教学创设的“境”往往是用于学习导入，试图借助这种“境”的导入，让学生知道所学的内容可以用于哪些地方，就此意义而言，早期的“境”的创设同样是为了指向学习的价值。但是，我们进一步观察就会发现，早期教学创设的“境”更多还仅仅是从假设层面进行的，帮助学生将需要学习的课程知识或技能建立在了一种可以应用的假设基础之上，甚至有的时候为了帮助学生理解和应用知识而创设了许多在现实世界不可能存在的“境”，虽然有了“境”的形式，但这些“境”还仅仅存在于师生的口头表述之中。

建立了“境”的想象总比完全离开了“境”要好得多，但是如果仅仅让教学活动处于一种远离真实世界的“脱境化”状态，学生在理解教师的许多教学语言时，由于对其中描述的“境”的无知，很可能会形成完全不同甚至相反的话语体系，有的时候还有可能会让这种“境”转化为一种新的认知负担。对于学生而言，没有生活体验的学习只能形成记忆体验，而这种纯粹的记忆体验往往还需要依赖学生已经建立起来的学习习惯才能存在，如果缺少了好的学习习惯，学生的记忆体验就会蜕变成记忆负担。

基于“项目”的学习设计正是为了让学生建立“入境式”学习，让学生通过参与真实世界的具体任务，并借助这一过程帮助其建立“产生冲突–解决冲突”的个体认知体验，实现从“解题”向“完成任务”的过渡。值得说明的是，倡导在项目化学习的过程中帮助学生理解学习单元的目标，并不是说对单元学习中的基础知识与基本技能的学习就要完全依赖项目化的方式来完成。譬如，对于唐诗宋词的学习，往往还是需要借助教师的讲解来帮助学生理解其含义，但是如果教师将学习的目标仅仅设置为背诵，不排除仅仅依靠单向教学的方法就可以让学生死记硬背几百首诗词。

对于已知的知识或技能而言，譬如，物理学中阐述的许多物理现象，如果教师单纯以传授的方式教给学生，许多学生也能够背得滚瓜烂熟，但我们会发现，如果教师借助于某些特定的技术支持为学生呈现出一组真实的物理现象，对学生内心的冲击力往往会更强。脑科学的许多研究已经表明，人类大脑的不同部位有着不同的作用，增强了学生对所要记忆的对象之间形成的关联，并促进了学习记忆的发生。

在学习中，我们会发现某些学生往往会在某些领域表现出与众不同，譬如，有一些学生能够背诵许多唐诗宋词，有的学生除了能够背诵以外，还能够模仿唐诗宋词的手法创作出一些诗词。有的学生进入某些真实世界的具体景区时，会不知不觉吟诵出与景点相关的“诗词”，也有的学生在具体的场景中会视若无物。

2. 体现境的项目设计

学习的发生离不开“境”，我们将“境”理解为学习中的“信使”，即借助于“境”为学生传递需要掌握的学习内容和目标。书本中描述的内容是相对抽象的，但需要学习的内容并不是孤立的，如果仅仅依赖教师，教师可能只是扮演了“邮递员”的角色，“信使”不同于“邮递员”，其不仅是送信人，还会催促收信人阅读指令。就像在国与国的交往中的“使者”一样，其使命并非仅仅完成相关指令的送达任务，还需要让对方理解指令之于自身的价值，理解指令可能会导致的各种利益的变化。

通过“项目”来创设学习之“境”，可以有几种不同形式的项目：有的项目是单任务形式的，有的是多任务形式的，有的是相同的，有的是相异的（表5.1）。项目的主题可以有多种不同的表述方式，既可以是对原有的“教材单元”的转化，也可以是对教材内容重组后的再设计。对于项目的内容与“制品”形式，既可能是某种产品的设计，也可能是一个环境改造方案的设计，还可能是一个广告或宣传方案的创意等，既可能面向学校内的具体问题，也可能面向社会的某些问题。

表5.1　班级学习项目的设计

项目	单任务	多任务
相同	相同的单任务项目	相同的多任务项目
相异	相异的单任务项目	相异的多任务项目

设计项目的目的是助力学生学习，而不是借助项目学习中形成的某些制品帮助学校获得更多的展示性成果。因此，在项目的设计过程中，教师需要引导学生全程参与到各个环节，包括确定项目的主题、形成项目的名称、确定项目的具体任务与学习目标之间的关系、建立项目分工与项目的具体程序、落实项目的各项具体任务、形成项目成果等。

对于不同学习阶段的学习者来说，在设计项目的过程中，教师需要充分考虑到其生理、心理特点，能够从学习者现有的知能基础出发，使得项目与学习者的成长阶段相适应，同时也要考虑到项目对于达成学习目标的支持作用，而不应当仅仅以完成某一项目为目标，为了项目而设计项目。

任务是指具有明确目的的具体活动，如指法训练任务、抄写或誊写任务等。项目则是指通过不同的活动形式，完成体现了特定目的的相应制品，以解决某些具体的问题，如开发一个具有复印与打印功能的设备，设计一份复印设备策划创意书等。通常情况下，一个项目往往会包括若干个任务，项目可以被看成一系列任务的集合，是由一系列任务按照多种不同的顺序连接而成的，是一个在特定时间线中完成的“多任务并行的序列串”。简单地说，项目中可能会同时存在多项任务，有的任务又以其他任务的完成为条件，只有通过多任务的系统设计，才有可能高质量地完成某一项目。

第一，以班级为单位，设计相同任务的项目。有的学习单元活动要求学生完成相同的任务，所谓“相同任务”，即无论是个人还是小组完成的都是同一主题的任务。对于学习者来说，他们的任务是相同的，但任务的完成方法则是不同的，学生个人或小组完成任务以后能够理解学习的内容与哪些项目相关联，以及如何将所学内容转化成具体的项目。

相对于多任务的项目，单任务的项目比较简单，譬如，在幼儿园阶段，教师为了训练学生的动手操作与模仿能力，可能会安排学生完成一些搭积木的活动，这时既可以由个人单独进行，也可以分小组进行。每一项独立的任务都是以积木作为基本的材料，并以搭建成某种特定的制品为目的，但在每一项独立的任务中搭建的制品本身可以不同，譬如，有的是搭建一座房子，有的是搭建一辆汽车，有的是搭建一辆坦克，等等。在这一类任务中，“房子”“汽车”“坦克”都是真实世界中的存在物，它们是一种实实在在的“境”，是与学生生活相关联的“境”，但又略显抽象，它们比现实中的“房子”“汽车”“坦克”更加具有美感和艺术感，且降低了对建筑学等方面的要求。

单任务的项目可以用于一般的以课时为单位的教学中，对于单元化学习，由于学习的内容和目标不同，往往适合设计多任务的、体现一定难度的项目。教师可以鼓励学生在完成项目的过程中适当借助于小组的力量，以提高项目的品质。如果学生凭借个人的力量，仅仅依赖于教材中提供的相关资料就能够完成项目，那么这样的项目很可能仅相当于一般的练习，而没有体现出项目的特点。譬如，在上一章所确定的“发现景色之美”这一主题中，对于《黄山奇松》《黄果树瀑布》《莫高窟》三篇文章的学习，围绕“景”这一核心主题展开，“景”就是最生动的“境”。在项目学习中，以理解“景”的写法为目标，突出了不同类型的景的描述方式，并将项目的制品确定为“家乡一景”的介绍。在完成具体项目的过程中，不同的学生可能会指向不同的“景”，但都瞄准了具体的“景”这一主题，因而其可以被看作体现了相同任务的项目。

在项目学习的过程中，教师需要给予学生适度的引导，以确保项目对应的学习目标的一致性。譬如，不排除在介绍“家乡一景”的过程中，学生会将描写的重心放到介绍家乡的人物、风土人情等方面，如果仅仅是将其作为景物中的某些元素进行适当的描写也许是合理的，如果过分强调人物刻画，而忽视了对学习主题的关注，教师则需要及时调整，以避免在学习过程中由于过于拓展而忽略了对相关学习目标的尊重。

第二，以小组为单位，设计相异任务的项目。有的学习单元活动会要求不同的学生完成不同的任务，即“相异任务”。所谓“相异任务”，是指不同的学习个体或小组在达成学习目标的过程中确立了不同的任务载体或主题，譬如，在“发现景色之美”这一主题中，教师可以将其设计成相同任务的项目，也可以将其设计成相异任务的项目。譬如，在要求学生描述“家乡一景”时，可以明确要求不同的小组有不同的刻画对象。教师可以要求不同小组的学生分别围绕“家乡的山”“家乡的桥”“家乡的松”“家乡的水”“家乡的岩洞”“家乡的白果树”等具体的景，并结合学习过的写景方法，进行有针对性的说明。

与一般性的习作练习相比，体现了项目学习的“家乡一景”主题更加注重在描述景色的过程中对刻画的“对象”进行临场观察，而非坐在课堂中回忆。这种形式的任务在以课时为单位的教学中往往很难完成，主要原因在于一般每篇课文的学时大概为2课时左右，而一个单元的学习则往往会延续8个课时左右，学习周期会相对变长，这样就为重新分配学习时间提供了可能。

设计“相异任务”，不同小组学生的工作存在一定的差异。这样一来，对于其他学习小组来说，某一学习小组的学习成果往往又成了可共享的学习资源，而将学生的学习成果纳入学习资源中，更有利于增强学生的责任意识，可以引导学生从更加完整的资源建设视角来设计学习项目，并让学生在完成项目的过程中积累经验，理解项目之于学习的价值，形成一定的思维能力与管理能力，提升学生发现问题与解决实际问题的能力。

对于项目的设计，需要强化项目之于学生的学习引导作用。因此，教师需要特别关注项目中的“境”的形成对于学生可能产生的帮助作用。譬如，在家乡的山、水、桥、松、岩洞、白果树等面前，学生已经有了无限的观察机会，但是为什么在这一单元的学习过程中学生会对其产生不同的认识？这是因为学习的课文中关于景的刻画正在启发学生学会观察身边的世界，学会从以往视而不见的身边的景物中发现其特有的形与神、统一与变化、布局与文化等。借助项目学习的过程，学生在触摸景物的过程中，从过去的仅仅是单纯的“抚摸”到通过“抚摸”景物以感受景物中蕴涵的“刚与柔”和“疏与密”，体会质感与沧桑感。

面对自然界的景物，个人情绪往往会使人形成不同的情感体验。同样的一座桥，我们可能会由它联想到母亲，将其想象成“如同母亲的那双温暖的手，每天搀扶着我，将我安全送达河的对岸”；我们也可能会联想到生活的艰辛与不易，将其描述成“在常年的风吹日晒下，刻满了岁月的年轮”；我们还可能会用其来描述自己取得成功后的喜悦，此时的桥“将我的心与远处的山连接起来，让我奔跑在那充满希望的远方”；我们也可以用其来描述失败后的沮丧，这时的桥则“张开了双臂，诱惑我一步一步地走向了深渊”。

正是因为融入了情感体验，自然界的各种“景”才会充满活力。关于黄山的迎客松、陪客松与送客松，都是人赋予了它们特定的内涵，因此自然界创造了美，而人则发现了美，并赋予自然更多的美。譬如，黄果树瀑布中有一段描写：“瀑布激起的水花，如雨雾般腾空而上，随风飘飞，漫天浮游，高达数百米，落在瀑布右侧的黄果树小镇上，形成了远近闻名的‘银雨撒金街’的奇景。”对于这一段文字，笔者尝试做了三种不同的改写。

> 瀑布在飞泻的过程中，扬起了一层水雾，在清晨的微风中，轻轻地向远方飞去，路过山侧的黄果树小镇时，水雾仿佛仙子一般从天而降，飘在了小镇的大街小巷，这就是著名的“银雨撒金街”奇景吧！
>
> 从天而降的瀑布显得有些粗暴，飞泻的过程中激发的水花毫不留情地砸向了邻近的黄果树小镇，小镇上的大街小巷变得空荡荡的，散发出一股发霉的味道。
>
> 在黄果树小镇的一个巷子里有一个茶座，我们一行人找了一张桌子坐了下来，只觉得漫天都笼罩在一片水雾中，很快我们的头发上就沾上了一层细绒绒的水珠，茶座的主人笑眯眯地告诉我们，这是瀑布的“银雨”在喜迎远方的贵客呢！

第二段文字对于黄果树瀑布是有些“不敬”了，但这里仅仅是为了用这段文字来说明一个问题，即在描述景物的过程中，人的情绪状态可能会影响对景物的感受。处于烦躁的状态下，外在的所有美景都有可能会让人感到凄婉与哀鸣；而处于阳光的心态下，外部所有景物都有可能让人感到心旷神怡。

因此，设计出一定的“项目”就是要让人沉浸于某种“境”中，能够借助“境”来引导观察者对景物进行细致的观察，学会发现景物的独到之处，并抒发自己的感情。在观察景物的过程中，每一个人都可能会抓住某些方面而忽视其他方面，甚至会对景物的许多特点视而不见。因此，我们强调要进行小组学习，通过小组成员的共同参与，借助多双不同的眼睛去观察同一个“对象”，这样同一个对象就可能会呈现出不同的姿态。①

对于他人的观点，或者认同，或者质疑，或者反对，都是一种思考，而学习本身就是一个不断思考的过程。当他人有了不同观点后，积极的学习者就会不断分析这些观点产生的原因，并会启迪自己形成新观点，或者重新观察，或者重新筛选词汇进行表达，或者强化自己的原有观点，这种不同的思考可能会促进学习者重新反思自己的观察过程，提升自己认识事物的能力，优化自己认识事物的方法，进而促进学习者的设计思维特质的持续生成。

5.1.2 同项目中的多境设计

“境”是用于促进学习者的认知行为发生的外部支持条件，学习者能够身临其境之后，“境”之于学习者的主要价值在于能够启迪学习者产生某种求知的欲望与冲动，包括分析“境”的形成原因，“境”中的各种可能现象及其产生的条件，“境”中可能存在的某些问题及对解决问题的建议，让新的知识与技能从“境”中产生，并能够为“境”服务。如果教师仅仅是为了创设某种学习情境，并将情境本身纳入学习内容，要求学生以死记硬背的形式来记忆这些情境，用于回答“所学的新的知能可以应用于什么样的情境中”这类问题时，这种情境的创设就失去了项目化学习的本义。

对于学校教育而言，每一个学习阶段都会同时存在多个不同的学科，每一个学科都有不同的学习单元。如果教师都以单元化的方式来设计学习，就有可能会在学生的同一个学习周期内同时出现许多项目形式。对于成人来说，我们会有一些深刻的体会，在实践中同时完成多个项目，绝大多数人都会显得力不从心。如果让学生在同一阶段同时完成多个项目，那么除非项目本身过于简单，或者都可以通过个人或小组在很短的时间内就能够完成，否则就具有极大的不合理性。

这样就出现了一个问题：“既然可以将项目看作单元化学习的重要载体，而在同一个学习周期中，学生往往又不适合同时完成多个学习项目，难道在同一个学习周期，只应该在某一门课程中采用项目化学习，或者每学期的不同课程中只有个别单元适合采用项目化学习吗？”

---

① 英国戏剧家莎士比亚创作了作品《哈姆雷特》，他曾经说过：“一千个读者就有一千个哈姆雷特。”大概也是类似的意思吧。

如果项目化学习仅仅适合于某些学习单元，或者可以被看作若干学习方法中的一种，那么对于广大学科教师来说，就可以有选择性地看待项目化学习，并确定自己是否需要理解这种方式，这样教师自身就有了是否在实践中采纳项目化学习的选择权。

如果项目化学习适合于每一个学科，甚至适合于每一个学科中的不同学习单元，而且可以提升学习的品质，那么对于广大教师来说，就没有了自由选择权，而是应当主动接触并理解项目化学习的设计与实施方式，并能够积极探索项目化学习的实施方式，这是由优化教学的客观要求决定的。

本章中，我们倾向于第二种理解，即项目化学习有助于提升学习品质，这主要是因为在具体的项目中，学生一直处于某些变化的“境”中，借助于变化的“境”，可以使学生时刻处于“问题解决—新认知冲突—新学习需求”的学习环之中，借助对制品的表达，既能够显示个人对知能的掌握状态，也能够展现出对知能的应用状态，在充满了有利于激活学生的求知冲动的过程中完成了学习，实现了“结构-关系-价值”的一体化。

1. 同一课程中的不同项目层级

依赖“项目”，可以提升学习的价值，通过价值的转化增强学生学习的稳定性与持续性，这就涉及对项目的再认识问题。譬如，对于汽车制造企业来说，其需要的汽车部件涉及发动机、电器设备、底盘和车身等部分，其中底盘部分又包括传动系统、行驶系统、转向系统和制动系统等，传动系统涉及离合器、变速器、万向传动系统、减速器等，涉及的领域特别广，不同的汽车企业往往需要通过不同的供货渠道获得不同零件并进行总装，才能生产出具有自主品牌的汽车。我们在这里就可以发现，如果将形成自主品牌的汽车看作一个大的项目，那么对于专门生产发动机的企业来说，它们的生产同样也可以被看作一个项目。

学习项目中可能会嵌套不同层级的项目，对某单元学习涉及的项目与后续单元涉及的项目进行系统化设计，使某一学科中建立的项目在某学期结束可以综合成一个大的合成项目，这样就更能彰显项目的价值。就像作家创作一部作品一样，一部完整的作品会涉及时间变换、地点变化、人物关系、事件等方面，不同作品中的角色往往会表现出不同的特征，对于作品中的环境变化，也需要借助于作家的刻画描写，才可能使读者产生真实的体验。

在某一具体学科的学习中，对于高年级的学生，教师可以尝试引导学生从整个学期的学习目标出发，在单元学习的具体设计过程中，能够充分考虑到不同单元之间的关系，借助“写景”“写人”“写事”“诗词赏析”等不同单元主题的学习服务于一个更大的项目创意，最终使学生的学习制品之间逐步建立起内在的联系。让学生带着明确的目的学，同时又能够紧扣具体科目的学习目标，这样形成的学习制品会更加富有内涵，也会引导学生在项目的引领下，学会围绕不同的场景变化与角色变化等理解不同单元中的基本知识与基本技能，并促进知能向特定学习制品转化。

项目化学习的品质会通过学习制品的品质体现出来。学习制品要能够体现学习目标，并能够将学生在学习过程中关于认知的困惑和对问题的思考充分体现出来，充分展示学生的思维线索，而不是为了体现制品的完整性与精致性，忽略了制品之于学生成长的作用。

2. 不同课程中的项目主题整合

在学习过程中，如果要在不同的课程中同时应用项目化学习的方法，那么学生可能需要在同一个学习周期同时应对多个项目，对于学生来说，这是很难形成高品质的学习制品的。在开展项目化学习的初期，考虑到学生的项目体验，以及教师在开展项目化学习方面的经验相对不足，可以尝试通过设计相对简单的项目，引导不同学科的学生结合课程的特定学习目标，并通过完成项目中的不同任务，促进其对学习的理解，以支持学习的发生。

在不同的课程中设计不同的项目，学生同时完成多个项目，就有可能会出现一个新的问题，即学生在同一个学习周期不得不疲于应付。本来进行项目化学习的目的是帮助学生完成项目制品，促进其认知的变化，如果将项目化学习的目的变为应对不同的任务，为了完成不同的制品而消耗学生的精力，反而会使项目学习失去应有的价值，并可能会导致项目学习流于形式。

因此，在项目的设计过程中，教师就需要充分考虑到对项目的价值挖掘的问题，即通过某些项目的设计，在同一个项目中同时展现出多种不同的“境”，并引导学生从多样化的“境”中自然而然地转向不同学科，借助于不同的“境”达成不同学科的学习目标，进而努力将同一学科内、不同学科间的不同目标汇聚在同一个综合性的项目之中。譬如，在前面的讨论中，我们主要以语文学科为例，通过对《黄山奇松》《黄果树瀑布》《莫高窟》三篇文章的分析，确定了单元学习的主题为“发现景色之美”，同时还以“家乡一景”为例，对如何在实践中围绕课程目标安排适当的“小项目”进行了简要分析。

在学习项目的设计过程中，围绕教材单元展开设计，并进行适当拓展，这类项目不仅易于操作，也直接指向了单元学习目标本身，便于师生理解学习的核心意义，因而操作起来会比较方便。现在，我们同时需要考虑的是，在此过程中，教师能否从“家乡一景”这一主题中发现一些新的“境”，并将这些“境”运用到更多的课程教学之中，扩大项目的学科覆盖范围与增强同项目中的“多境性”。

自然界中的景物也好，人造物也罢，往往都包含了丰富的图案与形状，并具有空间、体积与数量关系。自然界中各种植物的生长会体现出季节性的特征，应该如何将这些真实的场景应用于不同的学科领域之中，启迪学生对学科进行一定的思考呢？

以小学数学为例，在小学高年级阶段的数学课程标准中，倡导要让学生从具体的情境中抽象出数，能够用方程表示简单的数量关系，能够探索图形的形状、大小与位置关系，能够了解确定物体位置的一些基本方法，能够通过收集、整理和分析数据的过程，掌握一些数据处理的简单技能，能够体验“随机事件”“事件发生的可能性”等与概率相关的概念。同时，课程标准中还提出要让学生形成数感和空间观念，发展学生的数学分析的观念，结合具体的活动，通过观察、实验、猜想、验证等不同的方式，提升学生的“合情推理”能力。在学习数学的过程中，教师要鼓励学生从日常生活中发现并提出简单的数学问题，寻找解决数学问题的有效方法，鼓励其在合作交流中学会解决数学问题，等等。①

对于数学的学习，课程标准中也倡导要采用多样化的学习方法。对于不同的教学板块，课程标准还强调要通过“综合与实践”的方式来整合学习内容，强调学生的自主参与性，并引导学生围绕问题进行学习。

数学学习的目标不在于简单地学会一些运算方式或记住一些公式，而是要引导学生从真实生活世界出发，能够从世界的具体事物中发现数学现象、建立数学模型、解决数学问题。因此，如果能够让学生从真实的世界出发理解生活中的各种物体的数学关系，理解数学之于生活中的自然制品和人工制品的作用，并能够运用数学的语言来进行思考，就有可能从生活的现实需要出发，运用数学创造性地改变我们生活的世界。譬如，在“家乡的桥”中，桥本身就蕴含了大量的数学知识，包括构成桥的各种结构的几何形状、体积、大小、位置关系、承受的力量的大小等。如果桥是对称结构的且桥墩的距离是有规律的，如何根据桥的长度推算出桥墩的数量，或根据桥墩的数量推算出桥的长度？如何从“桥”这一特定的实体中发现其中包含的“数与代数”“图形与几何”“统计与概率”等知识或技能，如何对“综合与实践”进行更多探索，这些都可以成为激发学生思考的重点话题。

---

① 相关内容参考了我国教育部2011年发布的《义务教育数学课程标准（2011 年版）》。

再如，在小学的品德与社会课程中，有多个不同的学习板块，其中有一个板块是理解“我们的社区生活”，提到教师要引导学生理解本地区的景区平面图，学会认识图例、方向和比例尺等，了解本地区的民风与民俗，了解本地区的交通情况，掌握交通常识，能够遵守公共秩序等。对于相关内容的教学，教师同样可以围绕“家乡一景”这一大的主题展开，可以将社区中的景拓展到家庭、学校和国家，并能够将课程涉及的不同板块串联起来。

不难发现，真实世界中的各种存在往往都会同时涉及许多学科领域的知能，而对于各种特定的人工制品来说，其往往也会同时涉及多个学科的知能，运用数学之美可以创造出各种模型，运用科学的工艺可以让各种模型转化为生活所需的各种制品形式，既可能是生活的必需品，也可能是生活的装饰品，还可能是生活的调味品。美的东西往往可以借助语言和文字的力量表现出来，使其成为散文、诗歌或者其他艺术形式，并有可能会转化为优美的旋律，成为我们生活的一部分。对于生活中的一些作品，我们可能会感慨于创作者的智慧，感动于创作者的持之以恒。透过作品，我们还可能会发现其中的感人爱情故事，甚至其中隐藏的各种秘密等，所有这些都可能会经历“从点到面”的发展过程，从而不断汇聚到一个内容越来越丰富的制品中。

对于广大教师来说，打通课程的边界，尝试以项目来串联课程，目前面临的困难还是比较大的。这主要是因为广大教师已经熟识了过去的各种教学方法，如果要让教师从一个新的视角来设计教学，以语文学科为例，首先其得对每一篇课文都做到精、熟，能够真正理解课文在单元之中所处的位置，能够理解不同课文的组合对于学生而言可以达成什么样的学习目标。教师应该知道如何获得足够的基本知识与基本技能，并以此为基础引导学生将形成的知能运用到自己的学习过程中，以学习为基础促进学生的成长，形成学习的迭代，从而使学生的设计思维持续发展。

为了实现上述目标，对于广大教师来说，需要经历从新手教师向专家型教师的过渡。在新手阶段，需要筑牢教学的基本功，充分理解课程标准，并能够理解课程标准与教材单元的映射关系，能够洞察教材设计者的设计意图，把握教材中的具体目标与综合目标之间的关系。只有做到了对课程的理解与掌握，教师才有可能真正地将课程中的各种具体知能与学生的生活世界建立起关联，也只有达到了建立关联的层次以后，教师才有可能真正理解项目之于学生成长的价值，并实现从新手教师向专家型教师的跨越。

项目化学习的设计的核心在于确立“境”，能够让学生在身边的“真实之境”或面向未来的“意向之境”对学习目标进行深度理解。如果教师在组织教学活动的过程中对这方面尚无法进行准确的理解，那么其设计的项目化学习就有可能会出现偏颇，并有可能会导致他们自身对项目化学习的价值做出误判。

5.2 学习目标的项目映射

在实践中，如果教师要设计用于支持单元学习的项目，首要的前提条件是必须弄清楚单元的学习目标。前一章提出单元学习的目标是有层级的，从直接指向学科知能的形式目标，到转化为具体的学习者的个体目标，到不同阶段目标，再到学生在学习中通过适当的制品展示的可视目标，直到让每一个学习者达成综合目标。借助于不同的学习方式，目的都是期待学生能够逐步完成各学科的单元目标，最终达成课程的总体目标。

5.2.1 从内容拓展到项目设计

对于成人中的专家型学习者来说，可能会有一种深刻的体验，即许多专家的成长都是建立在大量的项目研究基础之上的。他们以自己的已有能力为基础设计出一系列合适的项目，借助项目的研究过程，通过查阅大量的文献和资料不断丰富和完善个体的知能，并运用已有的知能进行逻辑思辨与推理，借助适当的实验环节不断建立个人的认知体系，并在此基础上重新反思该领域的已有成果，通过质疑、反思、补充、重构等方式，不断对外部事物形成新的认识，最终形成自己具有独创性的见解。

我们以专家型学习者为例，主要是考虑到这一类学习者往往会将学习纳入自己的整个成长体系中，他们比普通的学习者更懂得学习之于个人成长的意义，他们不仅会主动去发现问题，更懂得如何解决问题；他们不仅懂得需要积累丰富的知能作为基础，还懂得如何以已有的知能为基础形成新的知能；他们不仅懂得学习会改变自己的认知，更懂得如何从自己的认知变化的过程中体会到学习的价值，懂得如何通过学习积累经验，提升个人的自主学习能力，最终将其以特有的学习力展示出来。

对于学校的学生来说，学习是其主要任务。因此，他们的学习经历更加类似于专家型学习者的经历，至少可以被看作准专家型学习者，其中很大一部分学习者完成了基础教育阶段的学习任务后，能够顺利地升学，通过一路的披荆斩棘，使得自己以更高的学历层次而成长为专家型学习者。

项目化学习的设计旨在将外在的相对独立的学习内容转化为相关联的内容，引导学习者建立学习内容之间的联系，并通过对学习内容的适度拓展提升对知能应用的广度与深度。譬如，在语文教学中，尤其是在文言文部分的教学中，教师有时会从《左传》《史记》等中摘录一些内容，以帮助学生掌握一些文言文的知识。

【《左传》故事】郑伯克段于鄢

以下内容来自左丘明的《左传·郑伯克段于鄢》。

初，郑武公娶于申，曰武姜。生庄公[①]及共叔段。庄公寤生，惊姜氏，故名曰“寤生”，遂恶之。爱共叔段，欲立之，亟（屡次）请于武公，公弗许。及庄公即位，为之请制（地名，今属河南省）。公曰：“制，岩邑（险要的城镇）也，虢叔死焉，佗（其他的）邑唯命。”请京，使居之，谓之“京城大叔”。

祭（zhài）仲（郑国的一个大夫）曰：“都，城过百雉，国之害也。先王之制：大都，不过参（同‘三’）国之一；中，五之一；小，九之一。今京不度，非制也，君将不堪。”公曰：“姜氏欲之，焉辟害？”对曰：“姜氏何厌之有？不如早为之所，无使滋蔓。蔓，难图也。蔓草犹不可除，况君之宠弟乎？”公曰：“多行不义，必自毙，子姑待之。”

既而大叔命西鄙、北鄙贰于己。公子吕曰：“国不堪贰，君将若之何？欲与大叔，臣请事之；若弗与，则请除之，无生民心。”公曰：“无庸，将自及。”大叔又收贰以为己邑，至于廪延（河南地名）。子封曰：“可矣。厚（势力雄厚）将得众。”公曰：“不义不暱（同‘昵’，亲近），厚将崩。”

大叔完聚，缮甲兵，具卒乘，将袭郑。夫人（指武姜）将启之。公闻其期，曰：“可矣！”命子封帅车二百乘以伐京。京叛大叔段。段入于鄢。公伐诸鄢。五月辛丑，大叔出奔共（共国）。

遂置姜氏于城颍，而誓之曰：“不及黄泉，无相见也。”既而悔之。

颍考叔为颍谷封人，闻之，有献于公。公赐之食。食舍肉。公问之，对曰：“小人有母，皆尝小人之食矣，未尝君之羹。请以遗（赠送）之。”公曰：“尔有母遗，繄（yī，语气词）我独无！”颍考叔曰：“敢问何谓也？”

---

① 东周时期周代郑国第三位国君，公元前743年—前701年在位。

公语之故，且告之悔。对曰："君何患焉？若阙（挖掘）地及泉，隧而相见，其谁曰不然？"公从之。公入而赋："大隧之中，其乐也融融！"姜出而赋："大隧之外，其乐也泄泄！"遂为母子如初。

君子曰："颍考叔，纯孝也。爱其母，施及庄公。《诗》曰：'孝子不匮（止境，尽），永锡（赐，给予，感化）尔类。'其是之谓乎？"

【《史记》故事】郑庄公黄泉见母

以下内容摘自司马迁的《史记·卷四十二·郑世家第十二》：

武公十年，娶申侯女为夫人，曰武姜。生太子寤生，生之难，及生，夫人弗爱。后生少子叔段，段生易，夫人爱之。二十七年，武公疾。夫人请公，欲立段为太子，公弗听。是岁，武公卒，寤生立，是为庄公。

庄公元年，封弟段于京，号太叔。祭（zhài）仲曰："京大于国，非所以封庶也。"庄公曰："武姜欲之，我弗敢夺也。"段至京，缮治甲兵，与其母武姜谋袭郑。二十二年，段果袭郑，武姜为内应。庄公发兵伐段，段走。伐京，京人畔段，段出走鄢。鄢溃，段出奔共。于是庄公迁其母武姜于城颍，誓言曰："不至黄泉，毋相见也。"居岁余，已悔思母。颍谷之考叔有献于公，公赐食。考叔曰："臣有母，请君食赐臣母。"庄公曰："我甚思母，恶负盟，奈何？"考叔曰："穿地至黄泉，则相见矣。"于是遂从之，见母。

对于初中阶段的学生，课程标准中提出要能够阅读一些浅易的文言文，能够借助注释和工具书理解文言文传达的内容，并推荐学生阅读《左传》《战国策》中的部分文章。对于高中阶段的学生，在"学习任务群 4"中提出以"语言积累、梳理与探究"为主，要通过文言文的阅读，理解古今词义的异同，在"学习任务群 14"中，还有一个"中华传统文化专题研讨"板块，提出要能够阅读一些没有标点符号的文言文，学会阅读古代典籍，等等，对于语文学习的效果与要求，从学业质量的一个层次提出了要求。[①]

在正常的语文教学中，当学生掌握了文言文的基本阅读方法以后，对于上述两段文字基本上都是能够读懂的，相信学生也基本上能够弄清楚这两段文字说的是同一件事。现在的问题是，对于这一历史叙事，学生能够清楚说的是历史上的哪个时期吗？郑国与当时的东周[②]是什么关系呢？

---

① 相关内容参考了教育部发布的义务教育阶段和普通高中的语文课程标准。

② 周幽王被灭后，诸侯拥立原先被废的太子宜臼为王，并迁都当今的河南洛阳，史称周平王，并将此后的一段时期称为东周（公元前 770—前 256 年）。公元前 770—前 476 年的这段历史时期，史称"春秋时期"。据说是因为鲁国史官在记载当时各国重大事件的时候，是按年、季、月、日进行记录的，一年分春、夏、秋、冬四季记录，这部编年史便被后人称为《春秋》。公元前 475—前 221 年，秦灭六国，史称"战国"。

对于文言文的学习，教师在教学中主要偏重于语文的基本知识和文学常识，关注文字的内容，尽管教师可能也会适当进行拓展，但往往会忽视文言文中的历史知识。在文言文教学中，如果教师能够适当结合史学知识或者与历史课程适当结合，引导学生建立一个关于历史的大致年表，并能够将习得的古文或古诗词的产生顺序都记录到这一年表中，既能够帮助学生在大脑中建立关于历史的大致时间关系图谱，也能够引导学生理解不同历史时期的主要文化形式，可以使学生对中国传统文化有更加清晰的认识。借助这样的方式，教师可以在课程的教学中主动关注其他学科领域涉及的不同课程的学习目标，并能够促进学生在学习内容之间建立关联。

将古文的学习与历史的学习联系在一起，教材中单独叙述的各种“史事”就不再是一个个单独的小故事，而是一组有因果关系和逻辑关系的历史事件。借助对文言文的学习，既可以帮助学生了解中国历史的博大精深，也可以引导学生学会从这些历史故事中理解中华文明是如何形成的。以前面引用的《左传》《史记》中的两个小故事为例，教师可以借助上述内容，引导学生进一步思考以下问题。

1）这两段文字描述的内容记载的是同一个历史事件，试比较这两段在描写手法上有什么不同？

2）这一段历史事件发生在我国历史上的哪一个时期，这一时期有什么样的特点？

3）在这则故事中，记录了共叔段与母亲武姜里应外合，企图发动叛乱推翻哥哥郑庄公寤生之事，寤生与共叔段都是武姜的儿子，为什么武姜会支持小儿子叛乱？

4）如何看待郑庄公除去共叔段与送母亲去“城颍”这件事？

对于这些内容的拓展，就语文教学本身来看，或许会给人一种“超纲”之感，但是如果就古文的学习意义而言，则不仅没有超纲，还把学生带进了文章所讲故事的“历史背景”之中，这种以史为“境”的设计恰恰可以帮助学生理解历史事件产生的前因后果，同时也可以帮助学生理解中国古代的政治体制、礼俗与文化等。此外，教师还可以借助上述故事提供的素材，引导学生学会进一步创作，形成一些短篇的剧目，借助舞台剧的形式，既可以还原历史事件，也可以启迪学生思考，能够激发学生的创作灵感。

这样一来，就可以从文言文的阅读拓展到文言文的内容比较，再拓展到对文章所述事件的历史背景的分析，进而使学生学会还原历史事件，并通过适当的表达来理解这些历史故事和历史事件。这种从教材生长出来的拓展阅读，再到若干的学习生成，通过多种不同的“制品”形式来展示学习效果，学生的学习中就自然而然地融入了项目化的思想。

进行项目化学习，强调教师在学习过程中引导学生从理解简单的知识点到理解不同知识点之间的关系，建立知识点之间的联系，并能使学生通过创造出事前无法准确预判结果形式的“制品”体验到学习的价值，产生“刨根问底”的冲动，这将成为学生自主学习的真正动力。

5.2.2 项目融入度与目标对应

结合前面的分析，我们可以发现，项目化学习强调要以创造性的制品作为展示学习效果的形式，为用而学，学而有用。在许多学科的具体教学实践中，有的时候我们可能会发现，并不是所有的学习内容都能够很好地找到与应用相匹配的点，或者有的时候因为过于强调应用，会在学习过程中占用过多的学习时间，导致学习效率很低。

项目化学习是以提升学习品质为目的的，制品形式仅仅是用于帮助学生呈现其对学习的理解，并促进学生建立认知逻辑的外在形式。如果教师在教学中过多地将精力用于设计制品的形式，甚至用在了制品的“格式”等方面，就有可能会导致学习效能的下降。因此，在具体的实践过程中，教师可以根据教学的不同需要，并结合学生在理解学习内容的过程中可能存在的学习困难，设计出体现不同融入度的项目，使得项目可以真正服务于学习本身。

1. 游离式项目

游离式项目是一种融入度相对较低的项目。在学习过程中，教师侧重于围绕教学中需要学生掌握的知识点，始终以促进对知识点的理解与应用为基础，引导学生结合一些简单的项目达成学习目标。

对于学生来说，游离式项目仅仅是创设了帮助其理解知识点的“境”，项目中的各项任务往往也更加侧重于体现对知识点的巩固与强化，侧重于引导学生通过反复练习与联想，并适当借助外在的支持，帮助其理解学科内容的核心要义。在这一类主要以单任务为主的项目中，学生的所有活动都是为了帮助他们理解已经得出的研究结论。

一些学校在进行项目化设计的过程中，喜欢采用一些综合实践的方式，譬如，通过组织一些旅游活动，鼓励学生以照片、文章、诗词等不同的形式来描述游览的过程或目的地，在活动过程中学生群情激昂，活动结束以后学生也会奉献出大量的作品。但是，由于在具体的实践过程中没有结合具体的课程，与课程标准的对应程度不高，其往往会被看作专门的社会实践活动。由于这一过程没有能够建立活动与课程的联系，缺少了课程标准的直接引领，尽管可能会深受学生的喜爱，却难以对学生主动学习的意愿产生促进作用。

2. 沉浸式项目

沉浸式项目是一种融入度相对较高的项目。在学习过程中，教师通过与学生共同设计确立了一定的项目主题，以解决在项目实践中可能面临的各种困难，在完成项目过程中对学习内容进行理解，逐步达成学习目标。

沉浸式项目强调让学生以较高的融入度参与到项目之中，学生在完成项目的过程中会不断遇到新的问题，并能够持续解决这些问题，帮助学生创设一种指向问题的“境”。在这种充满了问题的“境”中，学生以解决问题为目的，侧重于分析问题产生的原因，并寻找解决问题之道。因此，他们应懂得解决问题需要具备什么样的知能基础，这些知能基础存在何处，如何才能建立对这些知能的认识。

在学习过程中，教师会凭借自己在解决问题方面具有的专业能力，使学生依赖教师，既期待教师能够告知其知能是什么，还期待教师告诉其如何运用知能解决问题。但是，教师会让学生懂得，如果要弄清楚知能是什么，就需要经历一个体验过程，这一体验过程就是“项目”过程。唯有在大风大浪之中才能够感受到大海带给我们的震撼，唯有在自由的翱翔中才能够体会到天地之宽广。

在沉浸式项目中，项目似乎是一条明线，学习中涉及的相关知识点则转化成了暗线。这“一明一暗”两条线索都是以两翼的方式服务于“学习力的构建”这一条主线。在学习过程中，借助于“项目”这一负载物，学习者构建的学习力使其不再受制于有限的“项目”圈定的学习边界，能够将在某些具体的项目实践过程中建立的认识等转化为学习者的设计思维特质，并使学习者在面对新的项目之“境”时，能够调动自身具有的项目实践知能，以持续的学习态度和意愿深化自我的认识，促进个体的自我成长。

在沉浸式项目中，“问题”是项目的生命，是体现学生的学习兴趣与学习质量的关键要素。当学生产生了一定的项目意识以后，自然会为完成项目而开始各种学习行为。对于低于个体能力需要的项目，如果除了投入时间成本以外，不需要做出任何其他努力，对于学习个体来说，这一类项目往往是没有价值的。同样，如果项目的难度远高于学习个体的能力水平，无论花费了多少时间或精力，学习个体凭借自身的已有能力都难以获得突破，这一类项目对于他们而言同样是没有价值的。设计项目化学习，就是要能够从学生的差异出发，考虑到不同学生的能力起点，并能够服务于学习目标的需要，给学生安排不同的任务。

学校的学习活动设计强调对学生差异的关注，但是不能够给不同学生设计不同的学习总体目标，而是要给不同学生设计不同的阶段目标，让学生沿着不同的学习路径逐步接近目标，最终实现学习的总体目标。如果以统一的项目形式，并通过分小组的方式完成目标，很可能会出现一种情况，即项目的大多数任务最终都是由知能基础相对较强的学生完成的，这样一来，项目对于这一类学生的学习并不一定能够起到促进作用，对于知能起点相对较低的学生而言，也没有起到应有的促进作用。

项目的设计强调将学习者纳入项目实施的过程中，就是要充分激发学习者的自知意识，建立起学习的主体责任。不同的学习者起点不同，不同类型的项目介入，以及项目中不同任务的设计，就是要引导学习者学会进行自我判断，对自己的知能基础有一定的认识，促进学习者在项目中形成适度的“认知冲突”，并能够以冲突为起点为解决冲突、寻找突破点，然后产生新冲突，通过冲突的迭代过程逐渐接近项目预设的目标，从而实现个体“学习结果”的持续重构。

5.3 项目学习的难点突破

项目化学习的价值早已得到了广大一线教育工作者的认同，但是在实践中教师并不能充分运用项目化学习组织教学活动，有的时候教师甚至还会表现出对项目化学习的抗拒。对于这些现象，在前面的许多阐述中其实也进行过一些简单的分析和讨论。

项目化学习对于学习的价值，我们已经进行了许多探讨，也通过部分举例的方式对项目化学习的不同形式与具体做法进行了有限的讨论，但是要把这些形式和方法应用于实践，在很大程度上还取决于一线教师对项目的领悟程度与驾驭能力。

项目能否发挥作用，对于学习的支持程度如何，首先，取决于教师对项目的认同程度和项目设计质量；其次，取决于教师在项目执行过程中对一些关键要素的把握，只有用活项目，项目才可能会助力学生的成长。

5.3.1　如何判断哪些是好的项目

以学习为目标的项目与真实世界中的具体项目存在一些共性，即都是面向现实世界中的真实问题，都以特定的项目成果作为检验项目质量的标准，借助项目对问题做出准确判断，并能够形成对问题的逻辑判断。

但是，学习项目又不同于真实世界中的具体项目，真实世界中具体项目的最终目的是形成适用的制品，而学习项目仅仅是用于强化和检验学习效能，最终目标是帮助学生构建学习力。这种学习力可以被理解为学生在对待已知的知能、面向未知世界、遭遇突发状况时能够从容应对，可以通过运用已有知能去解决各种复杂问题的各种意愿与行为等表现出来。

设计学习项目需要充分考虑到项目的可行性与可靠性，能够借助项目优化学习过程，建立项目与学习的相依关系，提升学习的品质。在具体的项目设计过程中，需要把握以下几个方面。

一是要能够紧扣课程标准与学习目标。学习项目是以项目作为载体的，项目的存在价值在于帮助学生建立符合其认知特点的学习行为和过程，项目的成果是衡量学生的认知程度的重要依据。因此，虽然学习中的项目可能包含了单个或多个任务，但任务完成过程往往比项目的成果更加重要。在设计项目的过程中，要强调项目的任务分解，并能够借助时间序列确立项目的进展，巧妙地将知能与项目融为一体。如果知能与项目成了两个相对独立的体系，相互之间没有了关系，甚至在完成项目的过程中完全不需要运用所学的知能，过分关注项目的外在表现形式，而忽视了项目之于学习的意义，那么这样的项目不仅不能够起到促进学习的作用，还有可能会阻碍学习的发生。

二是要能够以高质量的问题进行引领。项目之所以出现，就是因为在现实中存在某些问题，这些问题需要借助项目来解决。问题的形式很多，有的问题是直接指向学科知识的，有的问题是指向跨学科知识的，还有的问题是指向生活世界的，无论是哪一类问题，如果想要对其做出有效的回应，都需要借助一定的知能的积累。譬如，当回答历史上若干历史事件的关系这一问题的时候，我们首先得大致了解这些事件，从事件的产生背景寻找因果关系。在初中数学的学习中，学生只有借助实例掌握了“一元一次方程”以后，才可能去解决更加复杂的多元的求解问题。

高质量的问题是那种可以启迪学生思考的问题，在阅读一段文字以后，如果问题的答案可以通过这段文字直接找出来，这种问题就不能算是高质量的问题，譬如，《黄山奇松》一文的第一自然段如下："被誉为'天下第一奇山'的黄山，以奇松、怪石、云海、温泉'四绝'闻名于世，而人们对黄山奇松，更是情有独钟。山顶上，陡崖边，处处都有它们潇洒、挺秀的身影。" 让学生阅读这段以后，教师可以提出不同的问题："黄山的四绝是什么？""除了奇松以外，黄山的其他三绝都有哪些典型特征呢？"对于这两个问题，学生做出回答时需要花费的精力是不同的，对于学生能力的要求也是不同的。然而，对于第二个问题，就需要学生跳出教材，查阅一些资料，才能得出结论。

三是要注重知能与心智双向互生共长。在项目执行过程中，学习者会借助项目中的不同任务，逐步完成项目的不同部分，最终实现项目的整体目标。我们强调要将项目作为学生理解学习内容的载体，就是因为如果没有了项目这一载体，学习内容会显现出孤立性。如果离开了项目的支撑，学生理解学习内容将主要依赖自己的记忆力和知识之间的有限关联，这样形成的对学习内容的认识往往会具有片面性。

学习的结果可以被看作由"学习力"和"知能与心智"构成的，以"学习力"为体，以"知能与心智"为两翼。学习结果的这种一体两翼会充分借助学习中的输入与输出构成的双向学习行为，使得学生的学习行为从原有的单向的信息输入转化为双向信息的"输入"与"输出"。这样既可以获得关于世界的认识，形成"知能"，也能够借助具体的项目实践过程来展示其认识，形成"心智"，这种"输入"与"输出"的双向作用正是人类传播信息最基本的方式。

学习力可以增强学生对外部世界的适应性与顺应性，能够引导学生建立策应性，使其懂得如何通过不断反省，与他人共同交往以形成互惠，从而展现出应对外部各种变化的综合素质。这种综合素质又会改变学生的"设计思维特质"，从而使学生呈现出丰富的个性。

四是要能够充分体现学生的高阶思维。在学习过程中，学生的任何一种行为都是与思维有关的，包括学生在学习新的知识与技能过程中采用的具体技巧和方法等都包含了个体的思维品质。通俗地说，一切需要用心的行为都可以被看作与思维相关。譬如，当教师要求学生聚精会神时，就需要有一个值得其专注的对象，如果此对象不足以吸引其注意，学生就有可能会因为分心而出现其他行为。

能够让学习者专注于某一个特定的对象，就是因为这一对象可以激发学习者的内在活动，这种内在活动就是思维。思维是学习者表现出来的对新的知识的接纳、对不同知识关系的理解、对知识价值的判断、对知识应用领域的想象力等。

思维与问题是一对孪生姐妹，既可以被看作认知的方法，也可以被看作认知的结果，最终它们会与知能和心智[①]融为一体，并转化为学习力，以促进学习者设计思维特质的持续变化。

譬如，对于一个单字或词语的读音与含义的认识，对于所有人来说，其思维的结果大致是相同的，即当我们看到这些单字或词语的时候，马上就能够联想到它们的读音与含义等。这种联想过程类似于一个“刺激—反应”的过程，在此过程中，学习者看到了同一个对象，就会做出关于这一对象的统一反应。譬如，在低年级阶段的课堂教学中，我们常常会发现一种现象：当教师抛出一个问题的时候，全班学生会很整齐地做出集体性的回应，几乎没有任何时间差。这种几乎不需要花费什么时间就能够快速调动大脑中的其他存储信息，并能够快速做出反应的过程，我们不能说它没有启发学生的思维，但这种思维通常是低阶的。

高阶的思维则需要学生从学习的材料出发，调动大脑中的各类知识体系，综合已有的各种基础能力，并能够对自己的现状做出判断，懂得如何从外部获得不同的支持，以与新的认识对象建立关系。以常说的知识与技能为例，对于有的知识与技能，可能不需要具备任何专业基础就能够掌握，对于一些操作性很强的技能，我们可能说不清其中的任何机理，但也照样可以掌握得很好。譬如，在过去的农村，一个邻家的男生小学没有毕业，后来在当地做了电工，对于常见的电路故障等，他都能够处理得很自如。他开手扶拖拉机的技术也特别高，后来不开了，问他原因，他说因为后来要求必须有驾照才能够开，他考不过驾照的理论考试部分。对于这类学习者而言，他们能够熟练地掌握一些基本的操作技能，但是如果需要他们说明这些设备的工作原理，估计他们基本上都回答不出来。

如果我们接受了学校教育，并且也懂得了一些基本的原理，包括电学的基础知识、机械运动的原理等，但我们没有动手实践，那么这些原理对于我们的意义也仅仅在于我们曾经学习过而已，与仅仅懂得操作机器的人是没有什么太大的差别的。[②]高阶思维是两者的结合，是对于习得的内容及其关系的贯通性理解，是对于所学的预测性判断，能够将所学的内容用于解决我们当前尚未可见，但未来可能会出现的问题之中。因此，我们倡导的项目化学习是要让学习变得生动起

---

① 这里有必要做出一些说明，对于学习者在学习中需要接纳的内容，过去我们将其称为基本知识与技能，在本书的描述中，当我们以学习者为描述主体，强调输入之后学习者的学习结果时，就使用了“知能”一词，而对于学习者能够将已经形成的认识应用于解决外部问题时产生的结果，则使用了“心智”一词。所以，在后面具体描述时，我们将采取这种区分方式，阅读的时候，读者要能够理解词语使用的变化。

② 如果一定要说有什么差异，可能就是对于我们记住的某些纯粹的原理性知识，经过一段时间以后，我们会忘记它们，而懂得了那些技能的人，给他们一台拖拉机，他们还能够驾驶。

来，而且能够传动下去，为推动社会的变革和适应社会的变化奠定基础。

五是要便于学生充分发挥个体的优势。个体的差异是天然存在的，如同每一个个体都有不同的指纹或面孔一般，指纹和面孔的唯一性使得人类发明了以指纹或面孔为依据的密码解锁技术。如果回避了学生个体的差异性，其实所有的教学都不需要改革，学校只要提供唯一的、相同的“学习内容”及采取相同的内容呈现形式就可以了。正是因为人具有差异性，教师才需要借助“项目”帮助学习者在遵循共性的基础上，允许其从自身的现有基础出发，选择一条更加符合自己情况的路径，建立与个人的认知需求和学习目标需求相一致的学习成长轨迹，体现学习的价值。

个体的优势互补使得人类具有了社会性，人具有社会属性与自然属性的双重特点，需要遵守一定的社会规则秩序，但并不是说人不可以具有个性。社会公共秩序是社会性对人提出的必然性要求，自然性的释放必须以社会性为基础。譬如，有一些学校为了提高环保意识，要求学生不要包书皮，但要求学生学会让书本变得整洁；有一些学校为了培养学生养成统一的规范意识，主张学生统一包书皮，以养成守规则的习惯。尽管这两种做法存在文化冲突，但目的是明确的，一些学校选择了某一种方式，我们并不能简单对其做出粗暴与否的判断。在学校的教学过程中，由于班级的学生人数多，学校需要建立一定的秩序，但是我们并不能因此认为学校的每一个学生必须依据这些社会性规范而体现出同一性，譬如，对于学习进度的安排，有的学生可能五分钟就能够理解所学内容，但有的学生十分钟可能也不懂，过去的简单处理方式就是统一步调，学生没有选择权。

主张彰显学生的个性，就是要能够借助不同技术的支持，系统把握学生的学习行为，分析学生的行为轨迹，判断学生的学习状态，从而为学生提供与自己的实际学习要求相一致的支持，让学生为自己学习，根据自己存在的缺陷进行有针对性的学习。要实现这一学习目标，项目就是一个很好的载体，学生在项目中追求统一的学习目标，但可以选择不同的进度和路径，可以对相关内容重新做出与自己的能力相一致的调整。

5.3.2 如何让项目助力学生成长

设计出一个好的项目，需要师生的共同参与，而项目的具体执行则需要在教师的指导下由学生通过独立的方式或小组合作的方式来进行。好的项目会助力学生的成长，如果项目设计得不当，不但难以发挥项目应有的价值，还有可能会产生反作用。

难点之一是项目中的任务设计如何体现连贯性。如果任务仅仅由完成项目的学生单独设计，或者由教师统一确定，都有可能会使项目流于形式，因此当明确了需要学习的内容和目标以后，师生需要围绕目标进行剖析，确保能够以清晰的目标指导学生的学习。譬如，学习了“发现景色之美”这一单元的内容以后，需要学生理解到什么程度，其如何体现在学生最终形成的关于“家乡一景”的小项目中，为了达成这一学习目标，教师需要分清楚几个任务：理解写景的文章都是怎么写的（包括观察的点、使用的词汇、使用的句型、使用的修辞手法等），如何以恰当的方式展示家乡的景（确定景点，确定介绍什么，确定用什么方式介绍），如何获取素材（确定观察点，如何观察与记录），如何模仿写景（选择词汇，确定句法），如何呈现项目制品（文字凝练、图片选择、图表设计、布局），等等。事先讨论得越细致，后期在完成每一项任务的时候就会越容易。

难点之二是项目任务与学习目标如何高度匹配。在完成项目的过程中，教师必须明白一个道理，即项目服务于学习目标，而不是学习目标服务于项目。因此，对于项目的任务设计，需要从学习目标的达成度等方面来衡量。譬如，教师在语文课中让学生完成的一个项目会不会和科学课设计的项目完全一样，在完成项目过程中，学生是否不需要运用学科的知识就能够完成，如果果真如此，那么这个项目的设计就是不成功的。只有合理地将需要学生掌握的基本知识与技能融入项目的完成过程中，才能够体现出项目对于学习的价值。

难点之三是项目执行过程中如何体现出学生的主体性。项目的完成是以学生为主体的，学生在完成项目的过程中应当明白自己需要弄清楚哪些概念，需要领会哪些知识点，如何借助这些知识点帮助自己形成关于概念的关系，只有这样才能达成学习目标。譬如，对于初中物理，学生要掌握“力矩”，就需要弄清楚力和力臂的概念，而要理解力臂，就要理解力的作用线、转动轴、垂直距离等概念，力臂是力的作用线到转动轴的垂直距离，力矩是力和力臂的乘积。掌握了力矩的概念，在现实中能有什么应用呢？譬如，汽车上的一个参数叫作“扭矩”，它其实就是力矩的概念在汽车上的应用，发动机的扭矩就是指发动机从曲轴端输出的力矩。家用轿车的扭矩越大，加速性越好，越野车的扭矩越大，爬坡能力越强。在学习过程中，并不是所有学生对所有内容都会产生兴趣，但将学生带入了其生活世界以后，他们就可以有选择性地关注外部的事物，拓展对概念的认识。

难点之四是如何提高不同利益相关者的协同性。在项目执行的过程中，学校、家庭与社区建立的相对稳定的区域性学习共同体联盟是一个相对松散的利益共同体，教师、学生和家长则构成了紧密的利益相关者，完成高品质的学习任务，就需要这些利益相关者共同发挥作用。在所有利益相关者中，师生是以教学和学习作为主要职责的群体，因此学习任务需要依赖这两个群体来完成，而不应当过分依赖家长群体。如果在项目的设计过程中给予了家长过多的责任权限，许多学习任务都需要在家长的亲自参与下才能完成，就会造成极大的学习困难。毕竟家长群体具有自身的不同职业责任，他们能够偶尔参与到对学生学习的监督过程中，却不应当成为项目执行的当事人，否则项目的完成就有可能会遇到困难。

项目学习就是倡导将单元化学习落实到具体的行动中，倡导以单元的视角来看待学习内容，减少学习内容的孤立性，重视学习的成长性与相互依赖性，提高学习对人的成长的价值。

第6章 体系贯通的内容逻辑与关联

学习内容是学习过程中学习者认识的对象，是学习者需要直接面对的并能够从中形成自己的特有学习结果的具体知识与技能，以及这些具体知识与技能之间的某些关系等。从广义上而言，学习的具体方法和活动形式等都会成为学习内容的基本组成部分。

在学校教育中，每一个特定的学科都有自己专门的学习内容，每一堂课、每一个单元都会涉及大量的学习内容，不同课程中的学习内容不同，但对于学习者而言，其学习的目的却是相同的，即提升解决真实问题的能力。

学习中涉及的内容较多，往往是对这部分内容还没有完全掌握，新内容又出现了，学习者的学习始终处于对不同内容的切换之中。那么，不同学科或同一学科中不同单元的学习内容之间有没有关系，如何建立内容之间的关系？如何通过合理的内容逻辑安排，包括内容的编列方式、呈现顺序等方面的综合设计，帮助学生理解所学内容的关系，形成相互连贯的学习之“脉”？这是教学设计者和学习者都不应当回避的命题。

6.1 目标导引的内容体系

为了保证在培养学生方面有统一的培养目标和依据，国家会不断建立、修订和完善课程标准，并以此作为学生学习的指南。课程标准是关于学科设置、课程目标、核心内容、教材编写、教法建议等方面的指导性文件，而执行课程标准并完成对学生的培养，则需要由一线教师直接进行。因此，对于广大一线教师而言，就需要认真理解和消化课程标准，并能够根据本地区选择的教材来组织教学。

对于教师而言，教学素材有几个重要来源：一是课程标准；二是教材；三是教学参考书；四是地区同行提供的相关资料；五是学校内部的教研部门提供的教学指导建议；六是教师本人收集或制作的其他相关教学材料等。教师根据自己对教学目标的理解，并结合教研部门的相关规范，对相关的材料进行组织和加工以后，将其以某种特定的方式呈现给学习者，这是比较常见的教学实践方法。

对于各种丰富的教学素材，依据一定的线索对其进行选择和组织，这种线索就是内容之间的逻辑关系。对于有逻辑的学习内容，一方面需要关注内容的相关性与不可或缺性；另一方面还需要充分考虑到内容的生长性与拓展性，既要考虑到学科内部内容的关系，也需要考虑到学科之间内容的关系。

6.1.1 建立内容的逻辑之脉

我们将学习内容之间的关系称为“脉”，这里的“脉”有几层含义：一是指学习内容具有前后连贯性，任何学习内容都不是独立存在的，如果能够理解学习内容之间的相互依赖关系，就更能体现内容的整体性；二是指学习内容之间具有联通性，有些内容可能不是以时间的先后顺序来组织安排的，这些内容却反映了某些学习对象的不同方面，体现了学习内容的结构性；三是指学习内容之间具有相似性，有些不同领域研究的对象千差万别，但是其中会存在一些相似的特征，譬如，观察问题的角度、对于问题的理解方式、寻找突破口的主要路径等，这体现了学习内容具有彼此参照性。

“脉”的本义是人体的经脉、血脉等，既可以是相对于个体本身来说的，譬如，用于描述人体的血液循环或经络运行的路线，也可以用来描述人的代际关系，即强调不同代际的血缘存续关系，用以描述不同个体之间具有的血脉亲情。将其运用于教学中，就是用以描述能够促进学习者学习的各种与内容相关的要素及其关系，强调教学内容的内在逻辑性。

1. 学习内容的前后连贯性

在进行教学设计的过程中，我们倡导进行“脉”的设计，就是强调要能够在内容之间寻找一条线索，发现学习内容的相互依赖关系，可以帮助学习者理解不同内容之间的内生关系，能够通过对某些内容的强化为进行另一部分内容的学习创造条件。

对于这种存在于学习内容之间，可以借助对部分内容的理解促进学习者理解更加复杂内容的线索，我们可以将其看作关于学习的内容谱系。学习的内容谱系存在于学习者之外，学习者经历了完整的学习过程以后，内容谱系会在人的大脑中进行投影并建立内容的映像，由此人脑中就会形成关于学习内容的知能谱系。知能谱系是内容谱系的映射，而内容谱系则是知能谱系的外在表现形式。

不同学科涉及的大量复杂内容之间都存在前后连贯性，学校中的年级设置及不同年级对学习内容的不同安排，就是在考虑到了内容的相互关系后做出的特定安排。人们对学习的理解不同，对学习内容的安排也会不一样。

【拓展】我国古代私塾主要学些什么①

我国古代的教学活动主要靠私塾来完成，私塾自身也有差别，有一些是满足普通的孩子读书的，也有一些是名门望族自己家里专门聘请先生开设的，一般包括两种不同的形式，即蒙馆和经馆。

私塾的学习内容主要遵循了从简单到复杂、由浅入深的设置方式。蒙馆的教育对象主要是儿童，古代确立了一些基础教本，如《三字经》《百家姓》《日用杂字》《千字文》等，学制长一点的还学《女儿经》《教儿经》《童蒙须知》《孝经》《幼学琼林》《千家诗》等，主要是引导学生学会识字，懂得言行举止，有的私塾还会教孩子学诗作对。经馆的教育对象则以成年人为主，大多是以应对科举考试为目的的，教学内容包括四书五经（四书：《大学》《中庸》《论语》《孟子》，五经：《诗经》《尚书》《礼记》《周易》《春秋》）

① 这部分内容是笔者通过阅读与私塾相关的文献资料综合形成。

等，有的还会增加古文，如《东莱博议》《古文观止》，注重习字，加强八股文训练等，以参加不同等级的考试。有的会加学《世事应酬》，主要学习如何写契约、媒柬和挽联等，可以满足实际之需。

教学的一个典型特征就是追求实用化，譬如，我国古代私塾重在培养人的读写能力，以识字为基础，并能够从生活的具体需求出发，注重对人的言行举止的培养，重视生活中的实用主义。到了成年时期，对于有条件继续进行学习的人，则主要会让他们通过通读四书五经和古文掌握文章的写法，以为参加科举考试奠基。

当今社会倡导义务教育，每一个学习者都有了学习的机会，因此学习成了每一个人的必然选择。为了便于学习者达成一些基础性目标，就产生了不同的学科领域与具体的课程设置。这种课程设置关注的是学生学习的整体结构，不同的内容之间则存在典型的知能递进关系，对一部分内容的学习是学习另一部分内容的条件。

在语言类课程的学习中，中文学习选择从认识汉字与拼音开始，两条线索一起推进，英文学习选择从认识26个字母开始，并认识一些简单的单词，语言类课程的学习具有较大的相似性。中文同时具有“拼音+方块汉字”两个基本要素，所以人们在学习认识汉字的时候，从认识简单的汉字开始，然后再认识汉字的结构，如偏旁部首、基本笔画①等，这些都可以看作认识文字并能够利用文字的基础。但是，在正式认识和书写文字以前，即在儿童尚未开始动笔以前，则主要是对其进行语言的基本训练，包括引导其学会听说，背诵一些朗朗上口的古诗文、优美的文字段落等。实践中的大量观察表明，许多孩子在没有认识汉字以前就能够跟着成人背诵许多较长的文章，会唱很多儿童歌曲②，但这种情况往往是因人而异的。

认识论的研究发现，人在与外部事物打交道的过程中，外部的刺激物会作用于人的感觉通道，并对人产生影响，其中“活动”可以被看作人的认识的起点。“活动”是一个特别复杂的术语，譬如，参加一项身体训练任务、进行小组交流、做练习或读书、思考等，我们都可以称为活动。简单地说，活动就是由一组连续的动作构成的一个整体，既可能是机体外化的动作行为，也可能是机体内在

---

① 关于笔画，过去认为有8种基本笔画，即点（丶）、横（一）、竖（丨）、撇（丿）、捺（㇏）、提（㇀）、折（㇆）、钩（亅），这些笔画都可以体现在汉字“永”上。我国颁布的《现代汉语通用字表》中，将基本笔画归为5类：横类、竖类、撇类、点类、折类。

② 这里强调要学习儿童歌曲，有两层含义：一是好的儿童歌曲会运用儿童喜欢的语言文字来表达；二是好的儿童歌曲会考虑根据儿童的发声规律来设计，避免对儿童的嗓音造成伤害。

的心理行为，有的活动可以借助于某些外部设备直接记录其行为产生变化的轨迹，也有的活动凭借一般的设备根本无法记录其轨迹[①]，但这些活动却实实在在地发生了。

对于认识水平处于早期的儿童来讲，在接触外部事物的过程中，有一部分事物能够吸引他们的注意力，这些事物会对他们产生刺激作用，进而引起机体发生一系列反应，从而产生关于外部事物的认识。如果刺激是儿童感兴趣的内容，则他们就会表现出积极的反应，并能够将这些内容转变为自己的知能。如果儿童对这些外部事物提不起兴趣，那么刺激的效用就会下降。

许多心理学与学习科学的研究表明，合适的外部强化物是学生对外部刺激物产生兴趣的原因，这些强化物本身不一定是学习对象，却是儿童力图接近或远离的对象。因此，有效的教学活动中常常同时存在两组作用对象，即内容刺激物与外部强化物。有经验的教师和没有经验的教师的主要差异并不是对学习内容的理解存在不同，而是有些教师在组织和安排学习内容刺激物的时候，缺少与之相一致的外部强化物。

外部强化物与内容刺激物是并行存在的。在实践中，对于外部强化物的理解是存在差异的，譬如，有一类外部强化物是一种高强度强化物，如游戏、食品、实物甚至金钱等，学习者会为了获得这种强化物而努力维持一定的学习活动，以建立对外部内容刺激物的认知。

优秀的教师采用的往往是具有弱强度的强化物，如建立合理的内容逻辑性、对内容自身可能存在的价值的放大、适当的有吸引力的语言风格等，让学生在学习的过程中能够自然地沉浸其中，从而对学习内容形成主观动机，并对学习内容进行深度理解。在这里，教师通过建立与学习者的认知相一致的语言与文化等，试图形成共同的经验范围。

2. 学习内容之间的联通性

内容之间的关系有的是通过学习的时间先后顺序直接体现的，也有的却需要通过一定的学习周期和较长的时间间隔间接地来体现。能够从已有的认识中寻找到与新的内容相联系的“节点”，就容易在学习者的认知路径上建立起闭合的关系，避免学习陷入孤立。

任何新的学习目标往往都依赖人的现有基础。譬如，在小学的语文教学中，学生已经学习了大量的词语，在语言的学习中，教师会强调在不同的语境下，某

---

① 脑科学研究提出，人的脑电图会显示出四种不同频率范围的波，其中 α 波的范围是 8～13Hz，体现的是学习与思考的最佳脑波状态。

些词语的含义是不相同的。我们以“作用”一词为例可以发现，作为名词来讲，“作用”的含义可能是价值、影响、贡献、功劳等，作为动词来讲，“作用”的含义可能是推动、牵引、对什么起到了效果等，这都与特定的语境有关。当我们理解了一个词的多个含义以后，到了初中的物理学科中，当学生接触到“力”这一概念时，才有可能对所谓的“力是物体对物体的作用”这种解释建立认识。如果学生第一次接触“作用”这一词语，就是用于定义“什么是力”的，必然会增加学生理解学科专业概念的难度。

美国教学设计专家加涅、梅里尔等都特别关注学习者认知的一般过程，强调学习中的“累积层次”，强调学习者只有通过经历某些序列的学习，才有可能建立系统的认知。加涅提出了学习的八个层次，即信号学习、刺激-反应学习、动作链索学习、言语联想学习、辨别学习、概念学习、规则学习、高级规则学习（高级规则学习也称为问题解决学习）。在这些层次中，前一个层次是后一个层次的基础。梅里尔则运用事实、概念、程序、原理描述了内容的层次关系。

不同的研究提供了不同的观察视角。在教学过程中，教师应该思考如何从学生的认知规律出发，合理地安排内容顺序，并建立学科之间的关联，能够让学生站在自己的认知起点形成新的认知。我们知道，每一个学科都有自己的学科边界，但是这并不是说学科教师只能运用学科内的概念或术语来解释学科中的问题，不是要刻意去放大学科的边界，而是要能够在关联中引导学生建立学科意识，形成学习冲动。

以物理学科为例，物理学科聚焦于人类对自然界中的物质及其运动变化规律的认识，既指向了特定的物理科学的发现，也指向了科学素养的建立；既注重对物理原理的掌握，也关注科学的探究过程；既关注运动与力、声光、电磁等基本概念及其规律，也关注由此而引发的与物理学科相关的概念及原理，从理论到实践，再从实践到理论，引导学生掌握基本的物理学概念，建立对物理现象的科学认识，形成基础的数据采集与分析意识。

再看看初中的化学学科，它同样关注物质，但侧重于研究物质的组成、结构与性质，要求学生能够从一些生活中常用的物质出发，理解构成物质的原子、分子关系；能够借助实验的方法了解物质运动的具体原因，通过分析物质的组成，掌握物质的制取、提纯、溶液配备等；能够理解简单的酸碱性质，掌握过滤和蒸馏的基本方法，懂得在实验室中对物质进行加热处理的方式与注意事项，理解化学与环境的关系，等等。

这样一来，我们就不难理解为什么在初中阶段的学习中需要先学习物理，再学习化学。同样，我们也知道，对初中物理的学习需要依赖一定的数学学科知识作为基础，否则即使学生懂得了一般的物理概念，也不能够运用数学的方法进行计算，在化学实验中如果要抽取一定量的气体，就需要学生懂得相应的数量关系，否则就可能会导致大量的物质消耗与浪费。

再以高中的思想政治课程为例，其中的第四个模块“哲学与文化”提出要让学生能够说明“思维和存在的关系问题”，同时还要求学生能够阐释“世界的统一性在于它的物质性”等内容。这里出现的“物质”概念，与初中物理和化学课程中的“物质”概念既具有相通性又有差异。教师在教学中只有启发学生弄清楚这些概念之间的联系，才能引导学生真正理解这些概念及相关的原理，并应用这些概念和原理分析各种社会问题。

学科之间的相对独立与绝对联系是促进学生形成综合素养的基础，过分强调独立性就容易导致学生在学习中出现偏科（有些学生偏科可能仅仅是通过分数体现出来的，但也不能表明学生在后续的成长中会真正喜爱这一学科），甚至会出现教师为了鼓励学生学习某一门学科夸大该学科的作用而矮化其他学科的现象。过分强调综合性，又可能会导致学习者缺少学科边界意识，难以建立个人的专业兴趣，不利于自主拓展学习。

不同学科承担着不同的教学任务，所有教学任务都是围绕培养学生的核心素养展开的，并涉及不同的内容。就学习者而言，其具备的知能体系的完备性就体现为不同学科之间的协同性，并能够使不同领域之间建立相互依赖与促进的关系，这样才能使形成的知能显示出“体系性”的特征。如果学习内容之间完全处于相对孤立的状态，不仅会导致各学科教师的教学内容出现重叠，也会导致一些内容的欠缺，不同的学科教师误以为其他学科教师会完成某些基础性内容的教学，从而使部分学习内容在不同的学科教学中都被忽略。更为关键的是，当学科的边界过于明晰以后，由于学科之间缺少自由联通，很可能会出现知识的“阻淤”现象。

3. 学习内容之间的相似性

从具体科学的研究中抽象出来，并能够用于指导具体科学的认识与方法的集合，我们可以将其看作人类认识的基础。譬如，在学习的过程中，我们会不断追问自己几个问题：我们所学的东西是什么？它是如何产生的？它有什么作用？这些问题源自人们在认识世界的过程中的不断归纳和概括，它几乎适用于所有的学习内容。类似的具有共同特征的东西作用于某些具体的学科的时候，也会表现出不同的特点，因而形成的不是完全同一性，而是一种“相似性”。

所谓“相似性”，是指在一个独立的系统中或不同的系统之间具有的某些性状类似的性质。譬如，对于一个铁块，将其打碎成许多小铁块以后，每一个小铁块与原来的大铁块具有一致的属性；如果不同物体上有等腰直角三角形的结构，那么这些结构都是相似的。在研究领域中经常使用的“迭代”就是一种典型的相似性，即会出现对某一活动的大量重复，直到满足了某一条件为止，如定义 n=0，然后进行 n=3n+1 的运算，直到 n>100 的时候终止，这里做的所有运算都是一样的，即以前一个值为基础，进行了“3 倍”处理并加上“1”以后得到新的值，然后再以此值为基础进行相同的运算。

在实践中，许多事物的发生过程、加工方法往往具有很大的相似性，并进而可以创造出一些共同的有价值的产品，譬如，在食物的加工过程中，人们会使用“火”来加热，于是利用“发热”这一原理设计了许多产品，如早期的电炉，现在的电磁炉、微波炉等。

人们通过对自然界的观察会发现，自然界中也有许多相似性，譬如，地球表面的物体会因为地球的引力而做出落体运动；在植物的生长过程中，有一些植物在生长的早期需要适量的水，如水稻、荸荠等；在生活中，利用发酵过的面团可以制作馒头、包子等。对于自然界中的各种现象，只要人们能够理解其中包含的各种原理，就可以生产出与其相关的更多产品。

学习中也存在许多相似性，包括在思考问题的方法、对数据的认识、数据的采集与分析方法等方面都有许多相似的特征，于是产生了类似于“研究方法”“教学法”等相关的课程。对于一个新的概念，我们要弄清楚其基本含义，就需要进行概念的溯源，分析概念最初出现的原因，概念的基本变迁过程及不同阶段概念内涵的变化，概念适用的领域，概念在发展过程中与其他不同领域发生联系导致的概念内涵的丰富性，等等。

《孟子 · 尽心下》有一段文字：“山径之蹊间，介然用之而成路；为间不用，则茅塞之矣。”这是孟子劝导他的学生高子的话，大致的意思是：在山野里的那些小道，如果经常有人走，就会成为一条道路，但如果长时间没有人走了，则会长满一些茅草。孟子讲这一段话，似乎是想启迪学生高子明白某一方面的道理，否则自己的心里就会像装满了茅草一样。①

教师应利用事物之间的相似性，帮助学习者理解学习内容之间的相似性，借助一些简单的类比和隐喻，都可以很好地达到这一目的。我们依然以孟子的语言

① 孟子在这句话后面还跟了几个字，“今茅塞子之心矣”。由于《孟子》中只记录了一些片断的语言，没有办法理解孟子是针对什么事情做出这样的一个比喻的。但是，我们可以发现前一段文字是“贤者以其昭昭，使人昭昭；今以其昏昏，使人昭昭”，后段文字是“高子曰：‘禹之声，尚文王之声。’孟子曰：‘何以言之？’曰：‘以追蠡。’曰：‘是奚足哉？城门之轨，两马之力与？’”

为例，“贤者以其昭昭，使人昭昭；今以其昏昏，使人昭昭”，即过去的圣人往往会在自己明了事物的原委以后才会引导学生认识事物的原委，而今天的许多人有的时候自己对外部事物的认识都是模糊的，却要求别人能够理解事物的原委。在推理过程中也会出现许多不合乎逻辑的方面，当孟子的学生高子得出了“大禹”比“周文王”更加崇尚音乐的结论时，孟子让其说出原因，他认为大禹当时使用的乐器已经很破旧了，说明他使用得多，一定是因为听的人多了他才会用得多。于是，孟子又借用了一个隐喻来说明问题：我们看到城门口的车轮印子很深，也看到了有两匹马正行走在这些车轮的印子上，我们能说是因为这两匹马的力量导致出现了车轮的印子吗？

这些类比和隐喻的应用可以帮助学习者通过一些简单的、通俗的学习内容联想到复杂的学习内容，并帮助学习者理解其中蕴含的道理。对于学习者来说，这可以为其提供一些学习方面的参考或借鉴，帮助其对复杂的学习对象进行更加完整的认识。

6.1.2 基于目标的内容关联

对于学习内容之间的联系，我们将其看作学习之“脉”，借助“脉”可以促进学习者建立学习内容的关联，包括某些知识点之间、知识单元之间、学科不同内容之间的关联。

学习内容十分繁杂，相互之间的关联也比较复杂，教师要想在具体的教学过程中建立不同内容的关联，往往有许多不同的具体形式，但都会依赖特定的学习目标，需要在学习目标的引导下进行。结合前一章中关于“项目”的论述，教师需要思考如何借助项目，并从单元学习的不同目标层次出发，设计出体现单元学习目标的学习之“脉”。

对于单元的学习目标，我们提出需要从具体的形式目标出发，逐步形成适应学习者差异的个体目标，并服务于学生的成长过程，建立与其认知能力相适应的阶段目标，再通过学习者的具体学习活动，以具体的制品形式实现可视目标，进而逐步实现单元学习的综合目标。这种体现层级的目标可以为学习者提供学习的指引，便于学习者明明白白地完成学习。在具体的学习活动中，“脉”会通过与目标和内容的结合表现出不同的特点。

1.“目标-内容”分解中的层级之脉

学习目标是学习的指南，但其需要借助学习内容来实现，体现为某一个特定学习单元的具体学习内容之间既可能存在一定的并列关系，也可能存在一定的先后关系，还可能存在一定的递进关系。单元学习过程中出现的若干内容的组合，就是为了促进学习者解决问题能力的提升。

层级之脉就是一种能够体现个体知能改变与提升的内容逻辑，能够引导学习者借助对不同内容的接触，逐步形成稳定的能力层次的变化，譬如，从认识汉字、词语到能够理解词语，再到能够选择合适的词语对人物或景物进行刻画，等等，这体现的不仅仅是知识的罗列，也不是知识的简单累加，而是认知层次的提升，是学习者借助不同内容的习得逐步逼近学习目标的过程。这一条“脉”能够引导学习者始终以目标为导向，不会因为目标的缺失而出现迷航。

2.“内容-活动”转化中的时间之脉

对于任何内容的学习，往往都需要借助一定的学习活动来进行，每一个学习活动都会以前一个活动的结果为基础，如果前一阶段的活动安排不到位，或者是活动过于紧凑、时间分配不合理，就有可能会导致后续活动难以开展。

时间之脉是一种能够体现学习中的时间占有与分配的内容逻辑，强调学习者在接触不同学习内容的过程中对于时间处理的精巧程度与关联状态。譬如，对于学习过程中存在的个体独立行为与群体协同行为等，如果时间分配不当，可能会使后续的学习活动受到制约。我们经常说要允许学生自由支配学习时间，但这种自由支配也是需要受到总体学习进度的约束的。时间支配仅仅是在特定的时间长度内对时间做出的有限调整，而不是可以自由决定学制，更不能违背课程标准的基本要求。

因此，我们将时间之脉看作学习内容之间的联系，就是强调教师要依据学习的目标来合理安排学习内容，并能够将内容转化为可以操作的具体活动。如同电视台在确定了大致的栏目以后，就需要对栏目进行时间分配，对于每一个栏目，又要考虑在具体的不同时段分别做什么。但是，学习又不同于电视台的栏目之间的关系，因为电视台中的不同栏目以及同一栏目不同时间内设计的活动是不同的，这些活动可以是独立的，是若干个互不相关的事件的组合，而学习中的若干活动之间则是相关事件的组合，可以借助前一个活动引导学习者主动进入下一个活动，从而构成完整的闭环。

3.“活动-认知”映射中的建构之脉

学习中任何活动的安排都与学习的目标有关，而学习者的目标达成过程就是认知过程。譬如，以游戏化学习为例，对于游戏活动，往往有两个层面的理解：一是将游戏看作调节学习的一种外在活动，是在学生完成了一定的学习任务后的心理放松；二是将游戏看作促进理解学习内容的内在活动，可以从游戏中建立对学习内容的理解。这两种不同的理解方式的本质是一致的，即都借助“游戏”打开了学生的思维通道，引导学生建立认知欲望与行为。

学习活动是学习者与外部刺激物（认识客体）交互的过程，在此过程中，外部客体中与学习目标相一致的内容或明或暗地呈现在学习者的面前，如果学习者的大脑是闭合的，外部的所有刺激物都会被阻挡在外面，“活动”就是要让学习者对这些外部刺激物产生感觉，并能够开启接纳的通道，借助在活动过程中形成的联结逐步形成对外部事物的认识。

这种借助特定的刺激物创设的学习之“境”，只有基于学习者的已有基础才有可能会和学习者建立关联，并使学习者的已有认知结构呈现出开放状态，通过与外部刺激物的不断交互，促进学习者不断将产生的新的认识纳入已有的知能体系之中，实现自我的不断建构。

建构之脉就是体现认知变化的形成与成长的内容逻辑，是学习个体在与外部刺激物打交道的过程中通过不断的“吐纳”，对各种输入内容进行判断、筛选、比照，在持续的认知冲突过程中不断进行自我突破，从而完善个人的认知体系，促进知能与心智的再建构。

内容也是外在于人的学习刺激物，学校教育中提供的学习内容与外部的其他客体的不同之处在于，这些学习内容经过了加工和提炼，是前人对外部事物的认识，并以“教条”的形式存在，且同样存在于人的认知体系之外。只有借助特定的“境”，内含了学习内容但又不仅仅是“教条”形式的内容才有可能让“教条”变得鲜活起来，并使其具有一定的吸引力。

对于一部分学习者来说，他们可能已经具备了从“抽象的教条”中还原事物的能力，但更多的学习者由于所处的外部世界不同，他们在面对新的学习内容时，这些内容就仅仅是一些“教条”，也许其凭借记忆能力可以将这些内容纳入自己的记忆库，但是如果这种存在于“库”中的内容没有特定的应用场景，就如同我们采购了某种商品却永远没有拆封一样，其作用就无法体现出来。

“脉”的设计是为了帮助学习者在自我认知体系中建构学习结果之“脉”，使其大脑之中的知能与心智之间产生广泛的联系，这样既可以促进学习者形成新的认知，也可以使得认知变得易于掌控，便于学习者在进入一种全新的“境”的时候，能够触“境”生情，能够激活个体的各种知能或心智之“脉”，促进学习者的成长。

6.2 课程内容的逻辑自洽

进行教学设计就是要努力在学习内容之间建立起有序的关联，让学习者在与内容进行交互的过程中形成由此及彼、由表及里的关系，使学习者可以在对内容的消化与吸收过程中形成持续地习得新的内容的意愿。好的学习设计就如同一本扣人心弦的小说或一部成功的电视剧，在看到内容以后，读者或者观众总想着看看后面到底发生了什么，总是希望能够尽可能早地看完全部内容，而设计一般的作品则往往很难勾起人们继续阅读或观看的欲望，人们甚至可能会选择放弃。

教材是基础教育领域的教师进行教学的主要依据，教材的内容源自课程标准，是对课程标准的阐释，而教师则是帮助学生理解教材的支持者，根据学生在学习过程中可能遭遇的学习困难，对学习内容进行重新表达、拓展补充、解释说明等，能帮助学生在学习目标、教材、学习内容与学习结果之间建立联系，达到融会贯通。

因此，教师在设计教学的过程中，不是对教材内容的复述或生搬硬套，而是对教材的合理使用，以帮助学生达成学习目标。

6.2.1 基于教材的内容逻辑

教材本身是有逻辑的，但教材仅仅是教学材料的集合，教师借助教材可以帮助学习者理解并达成学习目标，但教材自身并不具有组织与实施学习活动的作用。因此，相对于学习者而言，教材中呈现的相关材料与外部的其他世界具有一些类似的属性，即都外化于人而存在。不同的是，教材中的材料将人对于外部世界的认识以抽象的文字和符号等形式进行了聚焦，为学习者提供了可以集中关注的对象，但是这些对象之间的联系及其内在关系是以隐性的方式存在的，并且需要依靠人们的思维活动才能发现这种关系。

在教学实践中，有一类学生之所以会被贴上“学困生”的标签，大多是因为这些学生在理解这些关系的时候会比别人略微慢一些，当教师提供的方法不能适应学生的理解方式的时候，更容易强化对学生的“标签化”印象。这些问题产生的最根本的原因是学生没有发现其中的逻辑，没能理解内容之间的关系。

如果教师和家长仅仅依据学生的学习效果不好，就对学生进行一些“标签化”的描述，甚至错误地认为是因为练习不够，从而给其布置更多的作业，此时对于学生而言，由于他们没有能够理解学习内容及其关系，大量的练习起到的作用必然是负面的，只会增加其挫败感。

我国教材在变化过程中，同样经历了从知识与技能到单元化的转变，注重教材内容的体系化建设。尤其是21世纪以来的多次教材改版，更加重视教材的模块化、单元化、项目化，有的教材直接以“项目+任务”的形式进行设计，有的教材以“主题+单元”的形式进行设计，也有的教材还是以“章节+知识”的形式进行设计。但是，无论以何种思路设计教材，对于学习者而言，目的都只有一个，即促进学习者达成课程标准的基本要求。

基于教材建立内容逻辑，就是根据教材提供的素材，引导学习者既注意这些素材本身，也要理解素材为什么能够成为素材，还要理解自己身边存在的与这些素材相似的对象，在素材的组分与整体之间建立起内在的关系，从而促进学习目标达成。对于这种体现于教材之中的逻辑，可以通过以下几个方面来促进其生成。

1. 建立教材素材的关系连接

在文本化的表述中，由于容量与形式等方面的限制，教材的内容呈现力是有限的，很容易导致学习者从字面上理解教材，并受制于教材的素材，误认为学习就是读懂教材本身。在语言类的教材中，背诵、弄懂往往被看成是学习的一个很重要的目标，对于家长来说，当他们能够听到孩子很流畅地背诵文章的时候，往往就会心满意足。在一些公开的场合，家长还常常会让孩子通过背诵来展示自己的实力。对于低年级阶段的学习者而言，背诵的目的更多的是培养语感，通过背诵帮助学习者感悟优美的文字及其魅力，并能够熟悉一些常用的词汇与少数名篇佳作，体会中国文字与文化的博大精深。

如果在语言类课程的学习中仅仅要求学生能够背诵和记忆，那么教师是不是只要教会学生认字就可以了呢？如果学生拥有了一本完整的字典，是不是不需要教师就能够完成学习任务并达成学习目标了呢？答案是不言自明的。教师之于学生的价值，不仅仅是能够运用教材中涉及的素材，更重要的是能够在素材之间建立联系，使学习者能够在对教材的学习中，逐步具有从识字到理解一字多义，从阅读文章到发现隐含于文章中的各种句法、语法关系的能力，具备通过对教材中有限内容的学习理解无限的同等水平文章的能力，具备适当的文字表达能力。

对于其他类课程，同样如此。譬如，对于数学课程，在义务教育阶段，数学课程的主要目标是帮助学生理解数与代数、几何与图形、概念与统计等三大领域的知识体系，而对于这些内容，当前的教材基本上采用了并行结构，即在每一学期的学习中都会适当涉及这些不同领域的内容。数学中的这些内容本身并非完全独立的，譬如，在认识图形的过程中，同样会涉及数的知识，借助图形，学生也可以理解概率的基本概念。同样，在理解数与代数的过程中，教师也可以借助图形来引导学生熟悉什么是数，并能够帮助学生借助图形来理解如何进行数的运算。物理教材与数学教材相似，基本也是采用并行结构来组织相关的学习素材。

不同课程的教材涉及的素材都是与学习内容相联系的，但是如果不能够将这些素材之间的关系体现出来，教材就仅仅发挥了素材的作用。如果学生在解题的过程中能够从教材提供的素材中直接找到答案，那么他们就可能就会采用记忆的方式来掌握教材，这种情形目前在历史、地理、生物等课程中体现得相对更明显一些。记忆一些基本概念是解决问题的基础，但是如果仅仅依赖于记忆，学生没有发现这些知识之间的关系，那么这些知识在学生大脑中停留的时间就不会太长。

教师应尝试建立素材与素材之间的关系，并通过对素材的整合，帮助学生理解学习历史或地理的一般方法，能够使历史中的重大事件、事件背景等建立联系，能够对地理现象、地理位置与气候特性等的关系形成认知，能够对天气变化的基本原理有大致的认识，那么就可以帮助学生对这些学科领域的知识有更好的理解。

2. 建立教材素材与生活的关联

教材中的许多素材是来源于生活的，譬如，化学教材会直接从农业生产的实际出发来帮助学生理解氮、磷、钾的作用；在讲到金属镁的燃烧时，教材会结合焰火的生产等来描述其性质与应用；对于气体的抽取，教材会结合生活常识，引导学生理解气体抽取过程中可能会出现的一些现象，并对使用试管的方向与安全等方面提出要求。

但是，上述关联更多的是从“境”的角度来理解素材与生活的联系，除此之外，还可以从“脉”的维度来建立素材与生活世界的关联，建立关于教材内容的层次化联结。在高中政治课中，有一个主题是“传统文化的继承与发展”。在过去的教学中，教师往往会通过多样化的方式来帮助学生理解其中的内容，譬如，在一节课中，某教师设计了六个主要环节：第一个环节是汉字听写大赛；第二个环节是举例说明汉字的结构中包含了一定的文化；第三个环节是让学生分享小组搜集的旗袍和清明节的相关资料；第四个环节是介绍文化的六大要素；第五个环节是分小组讨论对待传统文化的态度；第六个环节是布置课外作业，要求学生设计一个地区的地铁文明公约。

在上述教学过程中，我们认为活动形式是丰富的，但从教学中素材的“脉”的角度看，其设计还存在一些缺陷。由于教学中没有一条主线，学生在每一个活动中对素材的认识都是相对独立的，没有内在的关联。如果教师能够在教学中抓住一些重要的文化元素，譬如，区域的庙会、集市、手工艺、祭祀等，就可以使学生形成关于文化的认同。另外，在上述活动中，教师也可以结合“孝”这一主题来优化六大环节之间的关联。对于教师而言，就需要围绕“孝”这一文化设计与“孝”相关的学习活动，并从当下的孝文化的继承与发展等方面引导学生进行讨论。这样一来，学生可以借助“孝”这一具体的文化主题形成关于文化的认识，并能够理解当下我们对于传统文化的态度与责任。

3. 进行教材素材的目标转化

教材中的素材是相对独立的，但都是为了实现学习目标而设置的，素材是具体的，目标往往是抽象的。一般而言，通过对教材中的有限素材的学习，就能建立有限的学习目标，但是对于许多学科而言并非如此，如语言类的学科，学习某一作者的某一篇文章，如果仅仅就该篇文章来理解作者，就该作者来理解该篇文章，即使将文章背得滚瓜烂熟，也仅仅是用足了素材而已。

我们将教材看作学习素材的结合，就是因为素材是促进人们建立认识的基础，透过素材的有限性可以形成关于认识的无限性。譬如，语文教材中选择的阅读作品，需要能体现作者所处时代的特征、文学风格、作品影响与作品之于当下的价值等。学生在学习过程中有一种更宽阔的视野，才能理解教材提供的有限素材的精髓，并促进学习目标的达成。

建立教材素材的多方面的联系，就可以促使学生在大脑中建立一条线索，将学习目标和学习内容紧紧连接在一起，在学习素材的过程中建立对素材的丰富内涵的认识，并能够对如何学习有一定的认识，学会思索，建立思维逻辑，从而构建面向未来的学习力。

6.2.2 教材体系的现实拓展

关于教材，我们将其视作帮助学习者达成学习目标的基本素材，就是因为素材是创作的元素，是学习者丰富个人的知能结构，形成解决现实问题的心智结构，从而提升解决问题能力的基础，其结果在于能够帮助学习者理解素材、利用素材，并懂得创造、做出自我判断、建立新的学习需求，以便学习更多的内容。

教材体系具有自身的结构，但这种结构并非封闭的而是开放的。教材中提供的素材，或者是关于事实的描述，或者是关于原理的说明，或者是关于知识的梳理，或者是关于公式的证明和应用。这些内容大多是一些经典的内容或比较成熟的认识，往往都与具体的现实存在一定的脱节。在教学过程中，如果教师不能够适当引导学生结合当下来理解教材内容，也容易导致学生的认知停留在表面，难以深入到教材内容的本质。

我们以语言类课程的教学为例，通过对教材中某些文章的学习，往往能帮助学生学会分析文章的创作背景、段落大意、中心思想，还会引导学生学会理解文章中的关键语法结构等。对于不同时期的作者来说，他们在进行文学作品创作时往往会有不同的表达习惯，有的作者在进行思想表达的时候，还需要考虑到特定的时代具有的文化特征，借助其他表达形式来体现作品的内涵。譬如，在18世纪的许多德国文学作品中，作者通常会采取复古主义的文学风格，以表达对于当时德国社会的不满与妥协，对于其他国家革命的同情，并期待德国能够产生革命，但又不要像其他国家的革命那样充满血腥。阅读文学作品，如果不能够了解作者所处的时代有哪些特点，通常无法深入理解作品。今天，我们读《诗经》，同样可以从中看到那个时代的文化与民风；在学习古文的过程中，我们可以看到中国古代文化与历史的融合，也可以看到古代人的智慧；在赏析古诗词的过程中，我们可以感受到古代文人墨客对于自然风光、国家河山、和平安宁、朋友亲情等表现出来的情感，可以感受到语言文字中蕴含的深厚的历史与文化底蕴。

对于数学等学科，长期以来教材中的素材主要以测量与运算为主，注重数学的基本概念与逻辑，但是对数学的空间观念形成、数学的实验等方面的关注相对有限。然而，数学又是可以和现实世界产生紧密关联的科目，譬如，现代的许多科学技术都充分运用了数学知识，包括当下的人工智能技术、大数据技术、3D打印技术等，这些技术都充分应用了数学中的基本规则，并通过适当的算法设计与创造形成了自己的应用。对于3D打印技术，其主要应用成果则与数学学科中的图形与测量、空间和数量关系等高度吻合，而这一类新技术则很少会被应用于数学等基础性科目之中。

如果教师能够将新的技术引入学科教学中，学生能够接触到的不仅仅是教材中的文字与符号，还能够借助技术创建的人工制品来理解数学的概念与应用，并能够通过数学学会设计，将数学中关于数与代数、图形与几何、统计与概率的知识充分应用于实践中。教师懂得借助数学来实现创造，可以帮助学生在理解数学的基本内涵的同时，挖掘数学的价值，让学生通过自己的数学制品理解数学的韵味，并形成数学思维。

6.3 超越领域的内容关联

正如前文所述，在强化教材内容拓展的过程中，教师可以通过设计一些项目来帮助学生理解学习内容，有少数教材已经融入了项目化学习的思想，也有一些教材中并没有运用项目的方式组织教材。

教材中的项目通常都是根据学习中指向的学习目标来设计的，譬如，在技术领域的课程中，有的时候为了帮助学生理解其中的主要概念，设计者会使用项目来串联教材，这时候的项目往往比较单一，如在学习文本录入与编辑的相关内容时，会通过让学生设计一个海报、一个宣传页等来引导其学习，并将学习中涉及的文字录入、排版、字体与字号的调整、图片插入与布局等教学内容融入这一过程中。

这种围绕单一学科设计的单一项目，对于设计者来说相对比较容易操作，学生完成起来难度也比较小。

6.3.1 学科之间的有限关联

我们在前面论述项目化学习的时候，提出了要从跨学科的角度来设计项目，通过项目实现学科之间的联结。在项目化学习中，围绕某一个特定的项目，不同的学科借助项目实现自己的目标，在此过程中如何避免出现学科之间的各自为战，发挥项目之于学科的“关联”作用呢？

实现学科之间的联系，从当前来看，还存在诸多的困难，主要原因在于学校往往是以教研室为单位开展教研活动，而对教研室的划分又是以学科作为主要依据，有的学科甚至还会依据年级组进行再分工，由年级组长负责本年级相应学科的教学任务。如果要建立学科之间的关联，就需要有一批教师能够以更宽阔的视野来理解学科与教学的关系，并能够建立学科的全局观。

从多学科的视角来理解学习目标，就是要能够将学习目标从课程框架之内延展到课程框架之外，能够结合课程与课程之间的相互补充与促进关系发现课程内容之间的关系，打破课程之间孤立的局面，建立课程内容体系之“脉”。对于绝大多数教师而言，要想打通各学科，还需要采取“有限范围策略”，即通过与少数课程之间的有限度的关联，提升课程内容的学习价值。

1. 实现相近学科的有限关联

以我国基础教育的课程体系为例，其涉及语言类、数理逻辑类、技术类、艺术类、科学类、历史与社会类、思想品德类等多种不同类型，每一类中又包括许多门具体课程，譬如，语言类的课程体系包括语文、外语等多门不同的课程，初中阶段涉及历史、历史与社会等课程，高中阶段涉及科学、地理、生物、信息技术等课程。对于这些课程，每一门课程都有具体的学习目标和学习要求，但是这些课程也不是完全独立的，学习内容之间存在着一些天然的联系。

借助有限学科的关联建立学习内容之“脉”，即教师要在教授本课程的具体知识点的过程中，引导学生建立超越知识点的“知识结构”，借助结构化的知识表现，使学生形成对相关学科中的知识概念关系的描述，譬如，可以借助一些知识图谱、概念图等形式，通过概念与概念之间的关联，从课程内到课程外，就容易使学生形成更加开放的“知识结构”，结构中的每一个节点一旦被激活并处于持续的活跃状态，就会促进学生不断去丰富与这些节点相关的内容，从而实现了不同学习内容的联通。

2. 实现基础学科的有限关联

学习者需要学习的内容是丰富的，教师常常会将学习自己所任教的学科看作学生学习的首要任务，这种现象在基础学科的学习中体现得特别明显。那么，对于语文和数学两门基础课程，如何寻找这些不同课程中的内容之“脉”呢？譬如，在语文的学习中，学会刻画事物（如人物形象、景物描写）是一个重要学习目标，但是在刻画事物的过程中，教师往往采用的是引导观察的方法，要求学生通过观察身边的人或事学会描写。在这一过程中，由于学生观察的对象不同，描述的形象往往会千差万别，有的学生阅读面广，加之观察细致，可能会进行更加深入的描写，使用的词汇或句式都会充满美感；有的学生则有可能会因为阅读面、观察力、表达力等方面的欠缺，导致文字表述水平欠佳。

如果教师可以结合其他学科，如数学学科，引导学生学会观察基本的图形，从最基本的数学关系出发，先学会白描，再形成想象力，逐步过渡到对事物的描述中来，就可以提升学生的语言表达能力与创作能力。譬如，在表达能力的培养过程中，教师可以设置三个不同的层次：一是对特定对象的直接描写；二是基于特定对象的想象力发挥；三是超越特定对象的形象刻画。对于不同课程的联系，教师可以利用不同课程的特点，强化学生对其他课程内容的理解。

依然以数学学科为例，数学的学习往往也有三个层次：一是能够从特定的现实事物出发，并发现其中的数学事实；二是能够从数学事实中发现、理解与应用数学的基本概念和知识；三是能够跳出具体的事实，培养数学思维。这种源自数学认识中的基本学习逻辑，如果仅仅作用于数学学习自身，数学学习就会变得更加抽象，假如教师能够以数学内容为一条“脉”，在其中置入另一门学科的内容之“脉”，借助某一些学习活动同时建立多条“脉”，就可以使同一个学科的教学活动产生多重效果。

认识的基本原理是相似的，对于不同的学科而言，尽管学习内容大相径庭，但是学习的方法、认知的机理、知能的逻辑等方面基本是相同的。

6.3.2 突破学科的综合实践

设计面向特定学科的学习项目，建立学科内部的内容逻辑，在实践中具有一定的可行性，也便于教师把握。但是不能过于依赖教师个人，因为教师对于项目化的认识程度会影响到其设计的项目的品质，并影响到以项目为依托的内容之“脉”的形成。在实践中，还有一种方法，就是从学校层面来设计一些综合实践项目，从而为确立不同学科之间的关联提供保障。对于以学校为单位设计的项目，学校需要组建跨学科的指导团队，建立项目化学习的总体框架，只有这样才有可能使项目不仅仅是一种学习之“境”，更是一种学习之“脉”，有助于学生建立完整的知能体系。

1. 依赖校本课程的内容关联

校本课程往往是学校从自身的教育文化背景出发，并结合教师能力特征进行规划的课程体系，是学校为满足学生的素质需求，并根据学校所处的区域文化特点设计的课程。近几年来，我国倡导多级课程体系，允许各学校发挥专长为学生提供更多的机会，同时也能够结合课程开发的实践，帮助教师建立教材思想，理解教材的本质，能够满足学生的成长需求，提高学生的综合应用能力。

校本课程的主题相当丰富，既可以结合学校所在区域的本土文化进行设计，也可以围绕一个特定的领域进行设计，还可以聚焦于某些新技术或新方法建立一些特色课程。教师可以以家乡或地区的“茶文化”“山和水”“环境美”“民风”“特产”“器乐”等为主题设计校本课程；也可以以学校在教学方面的某些特色设计一些校本课程，譬如，围绕“诗文阅读”“名著选读”“戏剧”“3D打印”“机器人”“动画”“影像”“创客”“科学家”“思维训练”“音乐世界”“立体画”“科普园”等设计课程，这常常取决于师资队伍的水平。

在工程学中，常常会用到三视图的概念，对于一个空间几何体，从上面、左侧和正面观察物体会表现出不同的形状，工程师可以借助三视图将自己设计出来的某些“物品的创意”交给生产者去加工成具体的制品。如果我们仅仅从一个角度去看这些物体，必然只能看到局部，对于设计师而言，有的时候还需要借助剖面图才能够帮助其完整地呈现出设计的细节。如果校本课程仅仅是由一两名教师设计，那么这些课程的内容可能会相对封闭，涉及的范围也会相对有限，就如同我们看到的三视图的某一个侧面一样，无法体现课程的整体价值。如果有更多的学科教师能够介入校本课程的建设之中，就可以有更多的观察侧面，也可以让课程这一母体生长出更多的枝叶来，从而实现校本课程的多元价值。

2. 设计学校层面的综合项目

从更广的意义上讲，学校设计的综合项目也可以纳入校本课程之中，但是校本课程通常都比较稳定，通过一段时间的建设，课程的体系框架会越来越完备。

综合项目的设计比校本课程设计具有更高的自由度，选择的主题更具有灵活性，既可以结合当前的实际情况选择一些热点领域进行研究，也可以围绕某一个重要活动进行拓展。在具体项目的设计过程中，学校层面确定了具体的项目主题以后，可以要求不同学科教师结合该主题，从其教授课程的具体目标出发，寻找主题与学习目标之间的关联，进而形成体现学科差异的具体目标。

确定了综合项目的主题以后，项目主题就成了整个项目的焦点，在此过程中会同时出现多条学习脉络。第一条是学科内部之“脉”，所有学科既要依赖项目主题提供的“境”来设计体现课程特点的学习目标与任务，也要考虑到具体的项目对于本课程学习的支持作用，引导学生在具体的项目实施过程中形成体现学科特点的内容之“脉”，构建从知能体系到心智体系的内在逻辑；第二条是学科外部之“脉”，即对于每一个学科，教师都应当同时思考该学科对其他学科的依赖及对其他学科产生的支持作用，能够在引导学生完成项目的过程中，使其主动思考体现学科之间关系的联系之“脉”，形成学科之间的自然流动，建立学科之间相依的逻辑；第三条是超越学科的内容之“脉”，借助项目的完成过程，学生从项目出发发现项目存在的问题，懂得如何根据解决问题的需要进行有针对性的学习，并能够借助项目的完成形成一套认知之“脉”，能够建立一种可以面向未来的学习逻辑。

在学习过程中，学生需要面对的对象有很多，学生离开学校以后，还会面对更加复杂的新的对象。强化学习体系的贯通，就是为了借助有限的学习材料，引导学生建立关于有限内容的逻辑，并以此为基础形成超越内容的逻辑，为学生不断适应外部世界与改造世界奠定基础。

第7章 学习过程的智慧生成与表达

学习是指在特定的时间序列中，学习者进行的各种与认知有关的活动的集合。在学习中需要经历“目标–内容”分解、“内容–活动”转化、“活动–认知”映射等不同层次。

从与外部事物进行接触到对外部事物产生关注，当人们在与外部事物的交往过程中出现了某些认知冲突以后，就会通过持续的交互行为逐步解决这些冲突，形成对外部事物的认识，并能够通过这种认识解决更多的复杂问题，从而完善认识这一过程，我们将其称为“学习过程”。

对于一个完整的学习过程，其中可能又包含了许多可以分解的具体过程，我们在每一个具体过程中都会完成特定的任务，并实现某些特定的目标，我们将这些具体的目标与任务看作“事件”。只有指向了明确的学习之“事”的学习活动及其过程才是有效的学习过程。如果教师仅仅是通过时间的安排让学生经历了某一个过程，却没有完成某些具体的“事”，这样的过程其实并没有产生学习行为。

7.1 指向学习的教学事件

美国教学设计专家加涅是比较早的运用教学事件来描述教学活动的学者，他认为教学其实就是“教学事件”。他的这一观念给了我们许多启发，但他在描述中将“教学”和“教学事件”等同，就很容易使教师将教学活动理解成是教师的“事件”，而忽略了真正的学习者应当做的“事件”。我们将“事”和前面两章描述的“境”和“脉”，以及后面两章要分析的“物”和“人”作为学习的五个维度来看待，就是想从学习过程的角度分析如何帮助学习者通过做正确的“事”实现学习目标。

教学事件是由教师设计并组织，以帮助学习者达成学习目标的“事”，对于学习者来说，就是“学习事件”。在很长的一段时间内，学习事件与教学事件被混为一谈，所以在具体的学习过程中学习事件往往被教学事件替代。基础教育阶段的学习主要依赖于教师设计的教学活动来实现，教学事件的执行主体是教师，服务主体是学生，而学习事件的执行主体是学生，尽管两个不同主体的终极目标是一致的，但毕竟是在各自完成自己的事件。如果教师在设计教学事件的时候关注的是教学的“执行”，而忽视了学习的“执行”，就很容易导致学习事件在具体的落实过程中遭遇困难。

学习事件是由学生来执行的事件，同时也是教师设计的事件，是教师服务于学生的学习需要，并充分考虑到学生的学习差异设计的，是指向学习的教学事件。站在学生的立场来理解教学事件，我们会发现现代教学事件从过去的去差异化的统一事件逐步转变为关注差异的可选择事件。教师借助对学习过程中的相关数据的采集与分析，解析不同学生的状况，提供多样化的学习样式，满足其差异化的学习需求。

7.1.1 学习过程的变化与选择

学习事件是通过学习过程来体现的，学习过程又包含了丰富的事件，两者之间有着天然的无法割舍的联系。学习过程通常是从时间序列来描述的，而学习事件则主要是从活动序列来描述的，学习事件正是在时间序列中的若干活动的有序组织。

1. 学习活动的多样性

我们强调要从教学结构向学习结构转变，并不是要抛弃教学结构，而是提倡教师在设计教学事件的过程中，要考虑到学习结构的变化特征，通过供给侧[①]变革，给予学习者有差别的选择机会。表现在具体的教学实践过程中，就是教师要充分考虑到学习的需求侧一方的差异化需要，调整教学中的资源供给与活动安排方面的供给关系，设计能真正体现学习者需求的学习活动。

学习活动是服务于学习目标的，如果教师在具体的活动设计中忽视了学习者的不同需要，运用统一的活动方式来组织和安排教学过程，学习过程就只能表现出单一化的特点。在前面的多个章节中，我们对学习的目标达成层次、支持目标达成的项目化设计、项目中促进学生理解的“境”的设计、支持学生认知生成的“脉”的设计等进行了系统的论述，而要达成这些方面的意图，教师就需要在具体的学习过程中设计可供选择的不同活动，以促进学习者达成学习目标。

学习活动是学生的活动，是学生为了认识外部世界，促进认知的形成做出的行为。作为认识的主体，学生从事的活动首先得符合其认识习惯，其次得与其能力基础相一致，这样才能使活动成为学习者形成认识的基础。在学习者与外部世界交互的过程中，活动发挥了纽带作用，通过活动可以让学生从无序的状态进入有序的状态，从无意识的行为转变到有意识的行为，从作为一个共在的存在者成为一个思考者，从一个普通的生活者成为形成关于外部世界的系统认识的学习者，这是活动之于学习的意义。

作为主体的学习者，他们对外部事物的认识起点是不一样的，对问题的看法往往也大相径庭，个人的家庭背景、生活经历、早期的学习经历、外部生活环境等都有可能会对学习者的活动体验产生影响。譬如，对于沿海地区的学生来说，他们对于台风的体验和认知就比中西部地区的孩子要深刻得多，对于城乡学生来说，他们对于农作物、城市交通的认识必然也会存在差异。父母的职业以及父母在家庭中与孩子相处的状态，也会对孩子产生影响。

活动的设计不仅要考虑如何体现学习目标，更要考虑如何实现学习目标，通过活动中的问题探索、师生互动、学习协作、任务解决、成果优化、观念形成等，真正促进学习者形成主动学习与自我学习的能力。活动的多样性就是要能够针对同样的内容设计不同的活动表达方式，从而为学习者提供选择的机会。

---

① 2015年，我国政府发现企业效率有所下降，通过系统研究，提出了供给侧结构性改革的命题。

2. 学习路径的差异性

就教学而言，高效的教学方式自然是能够让更多的学生有所收获。过去由于教学条件的制约，学生只能聚集在统一的物理空间中接受教师的统一指导，因此教师必须要充分考虑学生的共性，从而提供统一的教学设计，以满足大规模教学的需要。

站在学习的立场来看教学，教学需要关注学习者的差异，为学习者提供不同的机遇。在过去纯粹的物理空间中，要满足学生的不同需求，就需要以牺牲效率为代价，要想保持同样的学习效率，就得让学生有可能在同样的时间周期进行差异化的学习，这就要求教师要在同一学习周期为学生提供可以同时完成不同活动的条件和机会，并对学习空间提出了新的要求。

当前，技术的发展与变化使得现代学习空间正在发生变化，学生的学习已经从纯粹的物理空间延展到了在线学习空间。在新的学习空间中，学生遇见的教师可能是同一个教师，但这名教师的教学方式却可能存在不同，教师要想为不同学生提供不同的学习方式，就需要借助变化了的学习空间，使自己设计的教学活动可以通过延展的空间呈现，学生也可以借助由线上和线下的不同空间构建的混合学习空间完成学习活动，这样一来，学习就成了一种全空间下的行为。

教师设计学习活动，过去是为了提供统一的学习路径，而在新的学习空间中，教师设计学习活动则是为了提供更加符合学生认知需求的学习路径。借助学习空间中的学习平台，教师可以记录与学生学习行为相关的数据，对学生的学习状况做出有针对性的判断，并可以将更多的精力用于设计符合学生认知需要的学习活动，包括设计出变化的“境”、设计不同的学习项目与任务、设计不同的内容呈现方式与交互方式等，这样一来，学生就有了可以选择的机会。

7.1.2 学习行为的改变与重塑

在学习活动中，我们已经习惯了“师传生受”的形式，学生在教师的引导下进行学习，学生也慢慢地适应了这种学习形式，并已经形成了离不开教师指导的学习习惯，甚至还养成了需要教师的监督才能学习的习惯。

1. 学习时间的调控性

如果仅仅从生物体生长和生命继承的意义上说，自然界的植物和动物具有相似性。譬如，植物的生长，在同样的光照、同样的外部环境等条件下，植物会表现出相似的长势，但是我们也会发现，人工施肥的时候，某些区域施肥过度或不足，都有可能会导致植物的生长出现问题。

与其他的生物体相比，人除了具有生物学意义的生长之外，还具有心理学意义的成长。在产生之初，心理学主要是研究人的认知过程中的心理机制，并试图解释这一机制，从而发现人的认知规律。但在实践中心理学渐渐地演化成了一门关于人的认知行为的科学，并试图从人类的认知行为发生以后产生的某种具体现象出发，尝试对其进行准确的描述与判断，甚至做出某种预测，进而形成关于人的认知行为的某种科学层面的解释。

实践中的“科学”有两层含义：一是相似论层面的，即可以通过一些具体的事实发现一些相似的特征或规律，如定义或原理等；二是方法论层面的，即能够建立符合逻辑的推理过程，以形成关于外部世界的认知，形成的是关于过程的模式或范式等。对于每一个具体的学习个体而言，就生物学意义而言，其在遗传、基因变异等方面存在一定的相似规律，我们可以通过这些规律分析人的“当下的某些具体行为”到底源自哪些“过往的行为”。但就心理学意义而言，是否能够很明确地发现我们“当下的认知行为”与哪些“过往的行为”存在明确的关系，或许可以经过长期的实验研究进行观察得出结论，而学校的学习过程不是实验研究过程而是实践过程，是一种有了“经历”就会有相应的“结果”的过程。

正是因为如此，才需要教师为学习提供自由裁量权，允许学生适度地支配时间，让他们在学习的过程中发现其“过往的行为”可能存在的不足，同时也能够利用其“过往的行为”方面的优势，借助适当的补充或排除，在有限的学习生命周期提高个体的学习效能。

学习者的学习周期有多个不同的层次：一是知识层次的周期，即以一个知识点的掌握为基础的周期；二是单元层次的周期，是完成单元学习目标的相应周期；三是任务或项目层次的周期，是以一个任务或项目的终结作为学习的周期；等等。对于每一个特定的认识活动而言，都会有一个特定的学习周期，教师设计一个特定的学习项目或任务，就需要考虑到如何在相应的学习周期内引导学生达成不同层级的学习目标。

2. 学习主体的自觉性

学习主体的自觉性是通过学习者的主动性来体现的。对于处于基础教育阶段的广大学习者来说，无论是个人的天性还是与其年龄阶段相适应的社会属性，都决定了他们具有与外部世界进行互动的内在冲动与欲望。学校教育一方面需要帮助学生适应社会规则，建立新的社会秩序；另一方面也需要充分尊重学生的特有属性来设计和安排学习活动，只有如此才能体现学习的真正价值。

人类常常会用“智慧”和“高级思维”等概念来描述自身，并将人确定为自然界中最高等的动物。因此，人需要经历与其他低等动物不同的学习过程，以使自己具有体现了“高级思维”的“智慧”。在一个人从普通的自然人成长为社会人的过程中，需要通过学校教育来逐步建立社会规则秩序，并适应社会的生存法则。为什么这些规则秩序或生存法则对于学习者来说是重要的？如果不遵守，会出现什么问题？如何才能够让每一个个体学会思考这些问题，并进行主动思考，逐步养成符合这些秩序或法则的素养？这就成为学校在教育过程中需要系统思考的问题。

在不同的年龄阶段，学生会表现出不同的思维特征，同时也会表现出不同的认知特征，加之学生自身的差异性，即使是同一年龄阶段的学生也会存在“心智”的差别。运用有差别化的方式组织教学与学习活动，就需要教师同时兼顾学生群体之间的差异性和个体成长的不同阶段的差异性，促使学生形成学习的主体自觉性。对于学生而言，其行为的主体自觉性主要表现在以下几个方面。

一是要能够站在社会人的视角理解个体自身。学习个体不是一个独立的存在，而是处在一定的群体中的个体。每一个学生在成长阶段都会同时存在着多个“界域”①，在不同的界域中，学习个体扮演的角色是不同的。在有的界域中，我们会处于边缘；在有的界域中，我们则可能会处于核心位置；在有的界域中，我们会受制于他人；在有的界域中，我们会影响他人。正是因为这种不同的存在，才使得我们的人生特别精彩。如果我们始终将自己定位在受制于他人或影响他人的位置，那么就很容易在实践过程中出现个体定位的缺失。

二是能够从社会人的视角理解与他者的关系。在与界域中的不同个体发生交往关系时，我们是以主体的角色而存在的。事实上，对于其他的个体而言，他们同样具有主体特征。学习者的主体自觉性既是对自己的尊重，也是他人对自己的尊重。如果我们仅仅关心自己的主体性，而忽视了他人的主体性，这种主体性就会变成“自我性”，也可能会退化为“个人中心主义”。真正的主体性是建立在对他者尊重的基础之上的，是每一个个体的共同主体性，而不是唯己性。

三是能够从互惠性的立场理解与他人的协同。具有社会属性的人，其行为过程会表现出许多社会性特征，而社会性的最基本特征就是协同性，是群体中的每一个个体对其他个体的依赖与支持。在学习过程中，强调学习者之间的相互协

---

① 我们将人们在生活中建立的不同圈子看作不同的“界域”，这一界域往往会有自己的文化或语言习惯，并会因为某些需要而形成一定的关系。

同，就是说教师要引导学习者主动担当，能够在与他人协同的基础上理解学习的价值。因为学习不仅仅是个人的独立行为，个体的学习行为和进程有时也会影响其他个体的学习。

主体自觉性首先在于主体的自我觉悟与觉醒，然后才可能实现主体的主动性，促进主体主动与外部事物进行交互，形成内在的认知需求，从而制定个人成长规划。

7.2 学习事件的样式适应

在设计教学活动的过程中，我们主张教师的教学设计从教学结构转向学习结构，并不意味着会弱化教师的存在，而是重新定位教师和学生的关系，明晰师生的责任，更好地助力学生的成长。从学习的立场来理解学校的教学任务，就需要以学习的思维来设计教学活动，适应学习样式的变化。

7.2.1 学习样式的转变

学习样式是从学生求知的视角来理解学习，并适应学生的不同风格需求，以满足不同学习个体有差别化地达成学习目标的方法。其包括学习的不同活动、学习的不同路径、学习过程中的不同任务设计等方面，最终以能够帮助学习者更加便利地达成学习目标为目的。

在实践过程中，学习的意图不同，学习样式也会不同。譬如，在一些基本概念的形成过程中，为了理解概念及其关系，需要学生预先大致记忆并理解一些相关概念，这时候就会出现以对知识和技能的识记为主的学习样式；当要帮助学生去面对一些新的现象时，有的时候教师需要引入新概念，这时往往会通过新的问题来促进学生形成概念，促使学生对新概念产生需求，此时就会出现以问题引领促进对知识与技能的理解的学习样式；在日常的制品设计过程中，常常会应用到许多学科知识，将知识与具体的制品设计任务联系起来，就会形成以任务解决为主的学习样式；当教师将学生带进真实的生活世界，从生活中的真实问题出发，并模仿某一些具体工程中的真实项目的形式来组织和安排学习活动时，就会形成以完成特定项目为目标的学习样式。

许多学习者都有过类似的经历，考完试以后，有些内容很快就会忘记，学习的内容只是在人的短时记忆系统出现了短暂的停留，并没有融入人的长时记忆系统中，也没有在真实的生活世界出现过。设计学习样式的方法有很多，无论以什么样的意图来设计学习样式，甚至前面描述的若干不同样式之间也可能会出现交叉，但所有的学习样式都有一些共同的特点，即都是站在学生的立场来思考如何设计和组织学习活动，关注学习过程中学生的关键素养及其内在关系，在关注关键素养养成的同时，也重视关键素养的持久性，以帮助学生更加快捷地达到学习目标。

以学习的立场来设计教学活动，对于教师自身而言，也是一种学习过程。教师的成长也是经历了学校教育这一阶段的，对于学生的心态，应该说教师是深有体会的。对于学生喜欢什么类型的教师，喜欢哪种教学方式，喜欢什么形式的作业，喜欢如何完成作业，喜欢过什么样的生活等一系列问题，每名教师心里都会有一定的判断。但是，对于这些自己在那个年龄段的所作所为，教师是否允许学生做出同样的行为呢？

教师个体经历了角色转换以后，能否保留自身在学生时期具备的某些情感与价值判断，并合理区分和取舍，进而保留和使用最有意义的成分组织教学活动的设计，这是需要深思的一个问题。深思，既有对已有行为过程的研判，也有对即将进行的行为所做的预判，需要从不同的角度进行反思，既要理解为什么学生会表现出某些行为，又要弄明白这些行为对个人的成长到底会产生哪些影响，只有对问题进行反复思考，才能提高教学行动的决策水平。

在学习过程中，学生的所有学习活动都是由学习目标决定的，当教师将学习目标提供给学生以后，学生会依据教师设计的路径组织学习活动，至少可以保证学习过程的有序性。但是，当学习的主动权转移到学生身上以后，目标到底应该如何制订呢？如果教师提供了多样化的学习路径供学生选择，一个需要思考的问题是，学生如何从纷繁复杂的知能体系中选择适合自己的学习内容，并进行相应的学习活动呢？一个容易出现的新问题是，当自主权都回到了学生身上以后，如何才能保证学生能够建立学习意愿，并愿意从杂乱无章的外部世界建立与自己的成长需求相一致的认知逻辑呢？

在现有的教学结构体系中，上述问题几乎不成问题，“自古华山一条道”，要想达到目标，只要沿着这条道路前进自然可以实现，这也是社会普遍认同已有的教学方式的原因。然而，教师要充当引路人，确立教学目标，并通过设计相应的教学活动来实现教学目标。在教学过程中，因为学校和班级授课制的存在，时间与空间关系的相对统一，教师可以帮助学生建立统一的学习规范，学生遵循这些规范就可以实现预定的目标。对于学生而言，教师采取了统一的授课方式，这种形式上的“公平”给人一种普遍的认知：无法达到预定教学目标的学生，也就自然会被看作不合格的学习者。

“大家都是在一起学习的，为什么你不如别人，不是你不认真，就是你的智力水平比别人低”，可以说这种判断无懈可击，但它忽视了一些客观现实。如果让一个学习法语的学生坐到汉语课堂，因为语言方面的不足，我们是不是就应该断定他是一个不合格的学习者？当然，我们可以说既然他只懂法语，为什么要坐到汉语的课堂？既然他坐到了汉语的课堂，就得依据汉语的课堂标准来完成汉语教学中规定的任务，否则他就得承受因为不懂汉语而必须面临的损失。

对于学习者来说，他们要学习某一个领域的知识，就会期待有一种更加便于自己理解的方式。假如想学习数学，那么学习者可能会期待数学老师的课能够充分调动自己学习的积极性。能够教数学的教师有许多，有的使用的是汉语，有的使用的是英语，有的使用的是法语，这是语言的差异；有的采用的是讲授的方法，有的采用的是引导发现的方法，这是教学方法的差异；有的采用的是小组合作的方式，有的采用的是个别辅导的方式，这是教学组织形式的差异。此时，学习者就需要从其语言、方法、组织形式等方面来寻求支持，以使自己在数学学习方面获得发展。

因此，指向学习者的学习活动关注学习结构，但并不是要抛弃教师，相反教师的引路人作用将会更加突出，但是引路的方式存在不同。教师的任务不再仅仅是帮助学生运用统一的学习方式去理解一般的知识与掌握技能，而是要通过建立可供选择的多样式并存的路径，帮助学生理解如何达成学习目标，通过当下的关键素养的培养，使学生具备面向未来的核心素养。

1. 环境：创造空间，激发智慧灵感

教育活动的发生依赖特定的教育环境。教育环境常常被理解成学习赖以发生的条件，包括教室、教室中的各种设备设施、学生生活的外部世界等。根据应用的需要不同，有时一些研究者也将学习内容的应用场景等看作教育环境。学习目标不同，对环境的要求也不同，譬如，对学生音乐能力的培养，需要建立有利于培养其音乐能力的各类乐器教室，有能够帮助他们判断自身音质的支持环境；对于体育课程，需要具备有利于学生进行田径、球类、体操等项目的活动场所等。

学习场所与学习是同时存在的，只要有学习，就必然存在学习场所，而学习场所又会影响学习的形式，并直接影响学习的效果。在社会生产与劳动过程中，劳动场所就是教育环境。在这种环境中，人们会发现新问题，看到自身的不足，并能够从解决问题的需要出发形成各种问题解决策略。在学校教育中，当教育环境是现有的教室的时候，教师就会从教室具有的功能出发，思考如何利用教室来组织教学活动。

教学的具体组织形式会受到教学环境的制约，进而影响教师的教学方式。网络技术快速发展以后，学习环境从普通的教室拓展到了整个网络，并形成了在线学习与面对面学习等多种形式。在线学习的出现，改变了教学中的传播关系，有的内容可能离不开面对面的交流，有的内容却可以通过网络的形式实现远程传播，两种形式同时出现使混合学习成了现代学习的新常态。

在混合学习的大背景下，学习环境的内涵也发生了相应的变化。我们可以将学习环境的概念延展到学习空间的范围来理解。简单地说，学习环境就是可以促进学生产生学习灵感的学习空间。借助这一空间，教师可以设计出与真实世界中各种情境、场景相似的学习场，学生进入这一空间以后，可能会遇到各种现实问题，学科的任务就是通过现实问题引导学生聚焦于某些关键的学习内容，激发学生建立解决问题的诉求，在此基础上借助学科的概念，启发和引导学生进行更深入的思考，并通过对特定学科领域内容的学习，建立学科知能体系，在实践中形成解决外部世界的真实问题的能力。

学校教育是生活世界的一个部分，又不同于生活世界。学校教育之所以会成为社会分工的一个部分，并能够独立存在于社会的整个体系之中，就在于学校教育可以将知识世界与生活世界联系起来。学校教授的知识是前人对世界认识的集合，人们认识世界的目的是适应并改造世界，解决生活中遇到的问题。如果让学生完全沉浸于真实的生活世界学习，似乎回到了原始的师徒制时代，人们认为这种传授方式是低效的，所以创造了学校。如果学校教育仅仅将人类的已有认识当作“真知灼见”进行传播，缺少学生的直接感悟，当学生彻底离开了生活世界而沉浸于书本世界之中时，可能就会导致其建立的知能体系成为纯粹的“理性世界”，表现出与生活世界体系的并行与孤立。这种孤立的体系会导致学生建立的两个独立体系之间失去关联，从而导致学生无法在现实世界中运用其认识中建立的知能体系，学习对于人生的价值就会戛然而止于书本之中，失去对学生成长的支撑作用。

早期教室的封闭性使得教学场所具有很大的局限性，难以与真实的世界建立匹配关系。新型的学习空间出现以后，承载信息的方式发生了改变，学校的教室已经不再是一个独立的封闭场所，而是一个可以与外部世界连通的开放场所，教师有条件利用这一场所设计出与学生的真实生活世界相匹配的学习场，使学生有丰富生活体验的同时，激发学生形成认知冲突，这是促进学习发生的基本条件。创建新型学习空间，要便于创建更加丰富的学习环境，可以通过适度的抽象和提取，借助空间将更多的真实事件呈现给学生，便于学生在学校的小世界感受到生活的大世界。只有沿着人的内在认知的需求，站在学生的视角设计的学习活动，才能真正体现学生的中心地位，也只有如此，才能够促进学生的主体自觉性的生成。

2. 数据：学习证据促进智慧生成

大数据的概念被提出以后，社会各行各业都掀起了重视数据的浪潮，数据的内涵也变得越来越丰富。但是回到具体的实践中，我们会发现应用者对数据的理解越来越片面，使用数据的意识也仅仅局限于对数据的狭隘认知，没有从数据的关键价值出发，利用数据来解决教育中的基本问题，对新概念的应用不够深入。

通俗地说，数据就是资料的集合。只要发生了某种行为，就会伴随产生相应的数据，上自天体运行轨迹，下至动物的生活轨迹，万事万物在运动过程中都会留下痕迹，这些痕迹就是数据。借助这些数据，我们可以发现自然界中的各种规律。相对于今天的学习者而言，历史上的所有发现都是数据，相对于决策者而言，对围绕决策对象发生的行为的记录就是数据。换言之，数据就是对人们组织生产、学习活动或进行决策行为有用的东西，是人们做出判断的依据。

从汉字原初的意义来看，“数据”就是“证据”。在教育之外的领域，数据也依然被当作证据使用，譬如，根据统计数据可以大致判断国家的经济运行状况，根据交通数据可以大致知道道路的拥堵状况，等等。在教育系统之内，数据的使用相对有限，仅有的应用主要是作为决策的证据，很少被作为学习的证据。由于对数据内涵的理解相对有限，教育领域的数据往往会被理解成学生在学习过程中留下的有限记录，包括考试分数等，教师可能习惯于根据学生的分数分布状况将学生划分为不同的层级，却很少为学生提供不同层级的支持和服务。学习者在学习过程中的数据意识尤为不足。

用于支持学习的数据是指能够促进学生产生学习意愿的各种证据。将数据看作一种证据，就是要通过数据发现其中包含的隐性规律，并能够运用这些规律做出后续的行动。支持学习的数据有两个方面的含义：一是支持学习方法的数据；二是支持学习内容的数据。支持学习方法的数据源自学习过程中学生的各种行为，通过对其分析可以发现行为与结果之间的关系，进而找到行为与结果之间的某些规律，为后续的学习决策奠定基础；支持学习内容的数据则是学习者在认识外部世界的过程中，为了在知识与技能体系之间建立关系，为了促进思维的形成依赖的东西，这些数据伴随着学习过程而产生，并会对学生的概念形成与知识巩固产生影响。

与学习内容相关的数据存在于学习者学习的环境之中，这些学习数据不应该仅仅依赖于外部的提供，不是由教师直接呈现给学习者的，而是学习者在其所处的环境中通过与环境的交互作用，主动收集而获得的，是学习者产生了主观意愿以后，主动与环境发生作用的结果。置身于环境中的学习者只有在面对具体的问题并试图去解决这些问题的时候，才可能会产生认知冲突。此时，这些问题就是引起冲突的原因，也是与冲突相关的数据；当学习者试图去调和认知冲突时，便会为了解决冲突而寻求解决问题的方法，同时积累丰富的解决问题的素材，这些用于帮助学生解决问题的各类素材就是他们解决这些问题的证据，也就是解决问题的数据。

数据不仅具有丰富多样的形式，也是人们做出精确判断的重要保证。教师应帮助学生建立数据意识，使其懂得如何发现问题，如何从现实中寻找解决问题的路径，学会在数据之间寻找关系，同时也能够为了证明某种关系而寻找更多的数据，为建立学习内容之间的关联奠定基础。

3. 思维：多元表征展示智慧存在

学习到底是为了得到什么？学习期待的结果与学习的意图有关，并会随着意图的变化而表现出不同。要理解一个新概念，有的时候，我们通过一些搜索工具在网络中查找相关解释就能弄明白这个概念的含义。在理解这个概念的时候，往往会有几种不同的情形：一是将新概念作为一个单独的概念来看待，就概念来理解概念；二是联系已有概念体系，并思考该概念与已有概念体系之间的关系；三是通过比较，修正原有的概念体系，或者是拓展某个已有概念的内涵，或者是将新的概念纳入原有的概念体系中。由于学习新概念的意图不同，学习者在学习新概念方面投入的精力也会不同。如果是为了应付某一场考试，也许学习者仅仅需要记住这些概念的定义，死记硬背一下即可；如果学习者想使用这一概念去解决某些问题，则会查阅不同的资料，以求对概念产生的逻辑、意图所指、应用领域等有更加全面的认识。

这就涉及学习与学习结果的关系问题，学习产生的学习结果，有的是昙花一现的，有的则是长效的，其效果是否持久与学习结果的形式有关。学习结果的形式是多种多样的，观察的角度不同，对学习结果的理解也会存在差异。美国学者布鲁姆在其学习目标分类体系中，从认知领域、动作技能领域和情感领域等方面对学习结果进行了归类，对于每一种具体的类型，又从绩效维度提出了不同的分类描述；美国教育技术专家加涅则从言语信息、心智技能、认知策略和动作技能等方面概括了学习结果的类型，并侧重于从每种类型的内容呈现形式等方面进行更加深入、细致的阐释。

对于学习结果的理解，尽管不同学者的分类体系各不相同，但有一些基本的认知是一致的，即所有关于学习结果的论述主要都是从两个大的方面进行的：一方面关注的是他人已经建立起来的关于世界的具体认识的集合；另一方面关注的是可以从这些具体的认识的集合中抽象出来的关于认识的方法论。我们认为前者是知能体系的，而后者则是思维体系的。

在现代学校教育过程中，如果想得到更加有效的学习结果，教师就需要同时兼顾这两大方面，既要引导学生建立合适的知能体系，也要引导学生形成思维体系，最终使这两类体系相互交叉和渗透，综合体现在学生形成的关键素养之中，并转化为心智结构，以解决更加复杂的外部问题。有关知能与思维之间的关系，我们曾经使用“学-习-思”进行了论述，这里不再重复。

思维是一种关系的确立，是学习过程中学习者对众多变量的合理组织，是对变量之间可能存在的多种映射的判断与发现。思维离不开证据，而证据就存在于学生所处的学习环境之中，学会收集源自真实环境的各种数据，可以为思维提供证据。对于外部世界存在的大量数据，如何将其中影响学习者的知能体系建立的数据提取出来，就需要依赖知能体系本身，通过对知能体系中的逻辑关系的探索，可以激发学习者产生寻找证据的动力，同时也会促使学习者应用这些证据建立新的知能体系。

思维与知能是无法分开的，但考虑到实践中常常会出现“重知能轻思维”的现象，我们有必要对思维进行更详细的解读。在学习的过程中，学习者会建立三种不同层次的思维结构：一是关于知能体系自身关系的思维，主要是为了对独立形成的各种学科概念之间的关系进行统整，减小概念的孤立性；二是将知能体系与真实世界建立关联的思维，主要是为了思考所学之所用，为了帮助学生建立应用导向的学习观念，使其能根据解决现实问题的需要主动学习；三是从若干特定情境中抽象出来的具有普遍意义的思维，主要是为了便于学习者将所学内容应用到一个完全不熟悉的场景中，真正做到学习的迁移。

从学习环境中发现数据，并利用数据来促进学习者思维的发展，可以使学习的意义得到提升，通过学习逐步帮助学习者建立三个层次的思维。这样学习者依附于某些特定现象形成的知能结构，就能跳出这些具体现象的束缚，以更加上位的形态预存于学习者的大脑中，学习者形成的知能结构会更加牢固，有利于帮助学习者适应未来不断变化的世界。如果教师在教学活动中模糊了思维的层次关系，甚至模糊了知能与思维的关系，可能会导致思维的表征方式趋于一致，甚至会使思维流于形式。

4. 智慧：心智重塑体现个人成长

教育领域一直在讨论智慧，前文中我们也花了较大的篇幅分析了智慧的内涵。学习者学会从身边发现数据，并能够建立知能-思维体系，我们就可以确认学习者已经具备独立的“智慧”了。在长期的教育实践中，部分教育从业者往往从课程体系到课程体系、从教材到教材，只是陷在封闭的内容体系内组织教学，这与学科相对独立的现状有关。很多学校缺少一个独立的责任人具体负责引导学生在课程之间建立联系，这种联系就只能由学习者自己来建立，这不能不说是教育中的一大缺失。

学校教育忽视了在教学过程中如何引导学生发现课程之间的关系，导致课程之间呈现出断裂。就此层面来说，尽管我们说学校教育过于“重知能轻思维”，但其实对知能的重视也主要表现为对各门独立的课程的重视，以体系化的思想设计了若干门课程，并没有用体系化的思想来强化课程之间的联系。传统的教学中所谓的课程体系建设主要还是表现在学科之间的竞争关系上，而非表现在学科之间的协同关系上。受到重视的知能体系尚且如此，就更加不用说不受待见的思维体系了。

学习者的智慧就在于能进行融通，能将所学联系起来，能运用所学发现自身的不足，进而形成新的学习需求。智慧既不同于一般的知能体系，也不同于思维体系，既是对两者的综合，也是对两者的超越。判断学习者的智慧，需要从他们的学习方法和学习结果两个方面综合进行。智慧的形成离不开思维，也离不开学习集体的整体协同，最终智慧依然会表现在每一个学习个体身上，使学习个体具有与众不同的品质，这种品质会促进他们相互理解，熟知其他个体的状态，懂得如何通过与他人协同来解决复杂问题。

问题解决能力必须通过解决真问题来体现。对于学习个体建立的知能结构与思维结构，如果不能够回归到真实的问题情境中，两者就可能会处于相对独立的状态。如同在驾校学习驾驶的过程中，学习者懂得了所谓的“档位与离合”的配合这一法则以后，只有在反复操练中才能够真正地做到，在操作的过程中需要慢慢理解配合与速度的关系，在取得了驾驶资格以后，依然需要经过长时间的实践，才能做到熟能生巧。

对于一个有经验的驾驶者来说，如果他们善于对自己的行为进行总结和思考，每一次经历都能提升驾驶水平。如果他们不注重个人经验的积累，在驾驶过程中可能就会不断重复一些低级的错误。这里表现出来的就是知能与思维的协同性。对于一个充满智慧的学习者而言，知能结构与思维结构是以一种双螺旋结构的形式存在于其内心的。在双螺旋结构中，连接两个结构的“键”是他们的学习意愿，是用以维持学习动力的个人旨趣。在拥有双螺旋结构以后，学习者就会合理地调用这些结构，不断补充和完善各自的双螺旋结构，不断去发现和应对新问题，以展现个体独特的心智结构。

相较于知能结构和思维结构，心智结构是二者共同作用表现出来的应对外部问题的能力，是一种面向未来的能力，正是在无限的问题解决过程中，个体才会发现自身的不足，不断形成新的学习意愿，促进知能-思维双螺旋结构的再次延伸。学习个体的心智结构将学校教育与未来的生活世界连通，学习个体拥有这种心智结构以后，不仅能做到“学有所用”，而且能做到“学而相通”，这是学习个体最高水平的智慧。

智慧不是小聪明，而是融入个人品质中的东西，并会通过人的不同行为表现出来，是人的综合素养的体现。学习是生成智慧的基础，而智慧又存在着不同的层次水平，获得高的分数仅仅体现了个体智慧的某些方面，如果其不能体现在个体解决复杂问题的过程中，那么这种智慧就只是一种较低层次的智慧。判断学生的智慧，可以依赖于他们的心智结构，而心智结构本身又相当复杂，抛弃了心智结构中的任何一个方面表现出来的智慧都必然是不完善的。在具体的实践中，如果课堂中学生表现得特别活跃，但这种活跃性无法体现在学习成就水平上，或者学生在完成了某一个特定阶段的学习任务并接受了课程测试以后，这些课程的学习就基本上处于终结状态，我们都可以将其视作一种低级的智慧。

基于上述分析，我们认为要培养面向未来的学习者，就需要提升学习者的关键素养水平，并且教师要能适应现代学习空间的各种变化，设计出更加有利于学习者成长的新的学习样式，此样式包含“环境—数据—思维—智慧”的递进谱系。在此样式中，学习的发生源自学生所处的环境，学生从身边的环境中发现问题，也从身边的环境中寻找解决问题的方法，引发学生建立数据意识，学会循证思考，能依赖真实数据建立的各种证据链进行符合逻辑的高级“思维”，并通过回归真实的问题，形成面向未来的真“智慧”。具有真智慧的学生呈现出来的心智结构，能帮助他们更好地适应未来的变革，体现出终生的学习力。

7.2.2 教师的主体责任及其变化

主张以学习者为中心，就是为了强调学习者是学习的责任主体，是学习中的行为主体，是学习的担当者。强调学生的责任主体性，并不表明教师的责任可以被削弱。作为学习行为的责任主体，学生在承担主体责任的过程中，需要教师帮助他们达成目标。因此，我们有必要重新理解教师的责任，重新理解在新的学习样式下教师的主体担当。

每一个个体都是其行为的主体，教师的主体性是通过其设计适当的教学内容与过程来体现的。教师的存在价值是通过履行其教育岗位责任，帮助学习者达成学习目标来体现的。在履行教学责任的过程中，教师作为教学行为的主体与作为学习行为的学生这一主体之间常常会产生主体地位之争。在以面对面形式为主要教育样态的背景下，学生的主体地位往往会让位于教师的主体地位。

行为者的主体性的缺失，既与其对自己的认识有关，也与其行为的方式有关。在旧的学习空间中，学习关系容易受到空间的影响，从而表现出师生之间的主体性关系的失调。新型学习空间出现以后，包括在线学习等在内的不同学习样态会进一步丰富学习的基本形态，学生的选择机会越来越多，上述关于主体地位之争的命题本身已经失去了存在的价值，教师和学生的任务不同，因而也就不存在主体地位的竞争关系。在新的学习背景下，教师的主体性会通过其主体责任的转变表现出来，体现出主体担当。所谓教师的主体担当，就是指教师能够从学生的认知规律和不同学习需求等多个视角出发，主动担负起设计不同形式的学习任务、活动和路径等方面的责任，为满足学生差异化的学习需求提供更多的条件。

建立“环境—数据—思维—智慧”的递进谱系，可以引导学生从自身所处的学习环境出发，形成学习需求，教师也会自然成为学习环境的一个部分，可以为学生的学习提供更多的资源与策略指引。学习新样式出现以后，教师在这几个不同环节的职能也会发生变化。适应新的学习空间的变化，教师可以沿着资源建设的基本思路，通过丰富资源体系的建设建立教师的主体责任。

第一，适应新型空间，创设可变环境。诚如前文所言，学校教育源于生活，又不同于生活，如果教师能够从生活世界出发构建体现生活世界的学习场景，就有利于学生建立生活与学习的关联。因此，教师在环境的设计方面就可以借助现代技术，如3D打印技术等，构建简单的生活场景或场景模型，引导学生通过场景体验主动建立学习需求，甚至还可以让学生参与到环境的创设之中。

第二，适当渲染聚焦，启迪数据意识。生活本身是复杂的，学习的目标往往又是相对明确的，在此过程中，如何引导学生建立数据意识，使其能够从特定的环境发现数据、关联数据，从而在生活世界与学习世界之间建立起稳定、自然的连接关系，就离不开教师有意识的夸张与渲染。借助某些技术元素，教师可以对需要学生刻意关注的数据进行渲染，在促进学生形成数据意识的同时，使其学会从多角度采集数据。

第三，拓宽循证视野，提升思维层次。容易遗忘的学习内容通常是相互孤立的内容体系，引入思维以后，学习内容之间、内容与生活之间、生活与生活之间就可以借助思维建立联系。其实思维本身也是一种关系，这种关系需要通过循证来建立，循证往往又有不同的角度。在引导学生形成思维体系的过程中，教师需要关注思维的不同存在形式，譬如，对于一般的因果关系或论证关系，需要关注思维的不同表征方式，合理地利用技术工具，使不同关系变量之间的复杂映射关系充分体现出来。

第四，完整理解学习，重视智慧达成。教育实践中长期存在学习与应用脱节的现象，已经到了不得不改的阶段了。但是，如果在改变的过程中只是实现了从知能体系到思维体系的过渡，忽视了两者之间的关系，就可能会出现新的问题。因此，在变革的过程中，有必要强调知能结构与思维结构的双螺旋结构体系下的心智结构的建立，同时教师还要重视引导学生建立学习意愿。表现在学习的设计中，就是教师要注重设计出有利于激发学生学习兴趣的学习活动，让学生在一种愉悦的状态下形成心智结构，从而为解决可能遇到的各种复杂问题奠定基础。

学习是伴随人的终生成长的行为，学校教育是人成长过程中的特殊阶段，对于人的终身学习而言，在此时期建立的学习样式意义重大。因此，如果教师能够关注“环境—数据—思维—智慧”这一谱系来设计学习样式，由此形成的学习力就与学生的成长过程不谋而合了。

7.3　面向智慧的思维养成

学习的意义在于形成一定的知能与心智，既能够指向已知世界，也能够面向未知世界，既有指向特定对象的具体内容，也有指向非特定对象的学习方法，既有面向特定的客观事实或实体的知能体系，也有面向逻辑结构的思维体系，学习者形成的学习结果不仅仅是建立一套适应考试评价的体系，而是能够帮助学习者建立一套可以伴随其一生、永不失效的、充满智慧性的体系。

我们提出要变革学习样式，引导学习者经历“环境—数据—思维—智慧”这一谱系，就是期待通过学习使学习者可以发挥其学习的主体自觉，主动参与学习活动和过程的设计，结合特定的学习项目与主题，通过适当的方式实现学习目标。在目标实现过程中，不同于那些可以直接罗列的具体知识点，作为学习事件而存在的思维既具有一定的抽象性，又具有较强的变化性，而且难以描绘，因而在设计学习事件的过程中，有的时候其会不知不觉被忽略。

7.3.1　学习设计的思维轨迹

思维具有复杂性，并不表明思维是完全不可测的，也不表明思维是飘忽不定的。所谓思维轨迹，是指思维的基本形成与应用路径，包括多个方面的含义：在完成特定学习任务的过程中，在遇到具体问题与形成冲突的时候，学习者为了解决问题形成的决策机制；学习者与外部世界进行交往的过程中，对外部刺激物会表现出不同的属性，如敏感性、关注度与投入度等；学习者在面对新的问题情境时形成的创造性解决问题的各种动因与方式方法等。

1. 思维轨迹的运演逻辑

思维既是学习的起点，也是学习的终点。在学生的学习过程中，思维既是一种学习方法，也是一种学习结果，是决定学生的学习品质的重要因素。分析学生的思维轨迹，有助于引导学生合理借助思维形成问题的解决策略，同时也能借助问题解决过程促进学习者思维水平的提升。

首先，作为方法的思维及其轨迹。学习的过程就是学习者的思维活动过程，也是思维不断发生变化的过程。当学习者置身于特定的学习之“境”时，对于外部各种刺激物，学习者是否能够对其产生关注，并通过与这些刺激物的有限交互行为形成相应的认知活动，这里就存在“思维”的起点问题。

对于学习者来说，他们选择关注或者不关注，并不代表其思维水平高或低，而是表明他们的思维在支配其选择的过程中产生了一定的倾向性。对于教学设计者而言，设计教学活动就是要试图改变学习者的原有倾向性，并对新的学习之“境”产生反应，进而形成学习新内容的冲动。在此过程中，学习者会表现出几种不同的思维状态。

1）置身其中，人在事外。在新的学习之“境”中，学习者对其中的各种刺激物会表现出同等的态度，皆会将其视作身外之物，个人与外部事物仅仅是主体与客体的关系。

2）一览无余，适当取舍。当学习者能够走进“境”中并与外部刺激物进行交互时，会对外部事物表现出不同的态度，并可能会对其中的部分刺激物产生兴趣，进而与之发生交互。此时，这一客体就会从一个普遍的认识对象转化为特殊的认识对象。

3）突出重点，兼顾其他。在确定将有限的客体作为关注的重点以后，学习者就会与其进行深度交互，形成个人之于外部客体的特定旨趣，譬如，形成了个人的倾向性与偏爱，甚至可能会建立个人的习惯与爱好，对于外部客体和认识对象，会根据个人的认知表现出不同态度。

4）求知问道，概念形成。从对外部的刺激物进行关注到与外部刺激物进行互动，再到形成关于外部刺激物的认识，这是由学习者对这一刺激物的感悟能力与领悟程度促成的，也是由其自身不断建立的思维体系决定的。

对于外部刺激物，从旁观式观察到选择性关注，从沉浸式关注再到系统性认识，由外入内、由表及里、由浅入深，学习者通过自身与外部事物的持续互动，使自身的思维方式与习惯发生了有益的变化。

其次，作为结果的思维及其轨迹。学习者运用自己的方法思考问题这一过程本身就是在检测与修正自身的思维能力，并获得了关于个人思维的逻辑体系，这种体系是学习者在解决问题的过程中不断建构的，是经过了长时间的迭代形成的。

作为学习结果而存在的思维是学习者在长期的认知行为过程中逐步形成的，并会通过学习者的问题解决过程体现出来。学习者经历的不同学习之“境”，经历的不同学习路径，形成的不同学习习惯，都会影响其认知结果，并使学习者在思维方面表现出差异。

1）倾向性思维。学习者在接触外部事物的过程中，其与外部事物的持续互动有时会因为切入面与切入程度不同而表现出认知的片面性。认知的片面性与学习者接触事物采取的方式有关系，这会使他们在进入具体的外部世界与外部环境进行互动的过程中对外部数据形成不同态度，对于数据的取舍、判断和使用，会使学习者逐步建立起某种观念，并可能会受其影响而对数据产生不同理解，使个人在认知方面表现出一定的倾向性。

2）审辨性思维。在现实中，关于同一个对象或同一个事实，人们常常会有不同的见解，有的属于认识层面的结果，有的属于意识层面的结果，还有的属于倾向性的结果。学习者对待外部事物时能够通过多方面数据的采集和处理，以还原的立场来描述对象，当其形成了某种判断以后，就会经常性地质疑自己的某种观念，并尝试寻找正例与反例来支持和修正自己的观念，这时候的思维就体现出了审辨性的特征。审辨性思维是一种去偏见化的思维，具有这一思维的人始终以接近真实世界的立场来看待外部事物，而非为了标新立异对数据进行不合理的增删，其观察问题的角度往往会更加客观、全面。

3）创造性思维。有创造性思维的人在对待外部刺激物的时候，不仅会试图弄清楚这些外部事物的应有之义，还会尝试发现其存在的问题与不足，并对外部刺激物进行重组、改造与优化。事实上，对于外部事物而言，由于切入的视角不同，学习者的认识存在不同，甚至会形成某些侧重点，但是这并不代表思维具有倾向性，而是代表了其对某些领域的专业意识与态度。如果学习者能够建立专业意识和态度，他们就会在某些领域形成更加深刻的认识，从而形成一定的创造性。

学生的思维方式是学习行为的自然结果，学生的学习行为主要是教师设计的，在设计教学活动的过程中，如果活动本身对于思维的重视程度不够，或者对于思维的设计导向存在问题，都会影响思维的形成。

2. 指向思维的活动设计

在学习事件的设计过程中，我们提倡教师重新理解和认识项目的价值，并借助项目化的学习方式来支持学习活动设计。如果仅仅把项目看作对学习效果的检验和测试，那么项目就是可有可无的。我们将项目看作与学习的全过程紧密相连的特定存在物，基于项目这一存在物，学习者可以获得各种外部刺激并形成内在反应，这些反应又会影响其行为：或者弥补自己认知上的缺陷与不足，或者是去探索更加有效的解决问题的策略。

我们对自己的生活世界进行观察就会发现，在复杂的社会背景下，人们会采用自组织与他组织相结合的方式，自动地进行各种分类，包括职业领域的、行业构成方面的，而且这种分类在很短的时间内就会达到一定平衡状态，并构建一个稳定的社会系统。作为存在于这一社会背景中的个体，其会结合自身的特殊需要，选择加入或离开该系统。进入该系统以后，其也会通过进入不同的领域、开辟新领域等方式，不断调整自己的生存状态。

在此过程中，个体会关注外部的各种状态，通过自己的观察进行相应的数据采集，进而结合自身的已有认识进行判断，选择接受或者拒绝，确定是顺从还是变革，并逐步构建起个人的社会适应路径。支持人们决策的不仅仅是数据，还包括对数据的理解与分析，是建立在真实数据基础之上的综合判断。学习者的综合判断包括数据的采集、数据的筛选、数据的清洗、数据的加工等，而这一过程本身又依赖个体在此活动之前已经具备的基础，从而在活动之中对变化不断适应与调整，在活动之后对自己的认识不断修正与完善。

指向思维的学习活动就是要同时关注学习者在参与活动的不同阶段的思维变化，注重对学习者进行思维的引领，体现在三个主要阶段。

1）活动前的思维准备。通过设置相应的学习项目，并建立与其相一致的学习场景，可以将学习者带入一个真实的外部世界之中，教学的任务就是让学习者从一个“富给养”的外部世界逐步提取与自己的学习目标一致的给养，而不至于让学生走马观花般地活跃在场景中，只体会到场景的变化性，却没有“场景—项目—目标”的关联意识。这里所说的思维是学习者的思维，而非教师的思维。因此，教师在设计学习活动时，能否将学习者带入场景中，并引导其建立“场景—项目—目标”的自动联结关系，是判断学习活动是否成功的关键。

2）活动中的思维变化。在具体的项目化学习过程中，学习者借助项目这一条明线同时会生成几条并存的学习线索，譬如，依赖特定学习主题的知识体系线索、独立于特定对象的公识或原理线索、支持学习行为发生的内在认知策略体系线索等。我们会发现，内在认知策略体系这一线索既显得特别重要，又无法准确测量，它需要借助其他线索的序列关系和逻辑关系等来体现。这种线索就是思维，思维是学习者用于支持学习的各种决策的原因与结果的集合，并通过学习者的学习行为表现出来。

3）活动后的思维修正。在学习活动中，我们必须重视每一个学习活动和每一个学习阶段的最后一个环节，要从具体的学习目标中解放出来，面向学习的终极目标。对于学习活动的设计，需要教师从面向学习者综合核心素养形成的角度来思考学习问题，对学习者学习过程中的认知行为进行再思考，既能对学习中的认知策略进行判定与校正，也能对认知中存在的不足进行思考，要能在思考中理解思考，在认知中形成认知，通过对学习过程的系统思考，提升个人的思维能力。

设计教学事件中的思维活动，需要教师考虑在解决问题的整个过程中，从活动准备阶段到活动完成，学习者是如何面对问题、如何分析和判断问题、如何解决问题的，只有这样的学习才能适应学习者的未来。

7.3.2 体现思维的创造表达

如果我们将学习的价值指向了学习者的未来，就会存在两种基本的能力要求：一是适应未来的能力；二是服务未来的能力。前者主要体现在要能适应未来社会的不断变化，后者主要体现在要能满足未来社会的需要。运用所学习的已有知能创造性地生成新的知能，学习中的这种生成来源于学习者的思维敏锐性与决策的果断性。创造性不是学习制品的简单生成，而是对当下已有认知的持续优化与改进。

1. 创新素质的过程蕴蓄

在教育领域对创新的认识方面，理论界与实践界的主要差别就在于如何真正理解和实现创新的价值。创新不是一种单纯的理念，而是实践的行为，是对学习的再认识，是学习价值的转化。

在过去的研究中，研究者提出了“创新素质化”的概念，即要将创新作为学生的基础素养，将其纳入学生的日常行为之中，借助学习事件中的具体活动与任务，通过学习制品的形式，不断将学生在学习过程中的认知变化及其对学习的理解表现出来。

创新素质与学习过程是无法独立的。如果教师在学校教育过程中关注创新教育的理念，但在具体的实践中忽视了学习过程的创新性，或者仅仅将创新活动作为一种专题性活动来理解，仅仅是借助学校开展的某些综合实践活动来体现创新，那么这种创新就会成为独立于学生整个知能体系的一种附加物，甚至还可能会被当作一种学习的负担。

将创新与学习过程结合起来看，教师要在具体的学习过程中引导学习者积蓄创新潜能，并逐步将这种潜能转化为学习的动能。学习中的创新包含创生与革新两层基本含义，创生的意义在于从无到有，而革新的意义在于从有到新。无论是对问题的看法还是解决问题的路径都是重要的创新渠道。学习者在认识事物的过程中能运用新的方式形成新的认识，发现解决问题的不同方法，这就是创新。

设计教学事件，就是要让学生的学习活动体现出与创新的关联性，包括我们强调的“认知冲突”，就是来源于问题的解决需要。这是因为只有学习者需要解决问题，才会在解决问题的过程中遭遇各种挫折与困难，只有如此才能促进学习者产生解决问题的各种思维，并催生不同的想法与行为决策。

关于学习中的创生，就是指学生学习了不同的内容以后，能够形成观察问题的不同角度，并能不断发现新的视角，从而可以跳出对于问题的单一化理解。就像在生活中一样，我们食用的主食主要有小麦、水稻、玉米等，小麦磨成了面粉以后，人们可以将其加工成面条，也可以将其加工成饺子，还可以做成面疙瘩、馒头、花卷、油条等，对同样的材料进行不同的加工和处理，带来的就是一种变化，既是对原有习惯的打破，也可以满足人们对于不同口味食物的需求。学习中的创生就是指教师和学习者要能够发现隐含于学习客体中的无限素材，并能合理地利用这些素材，在对素材的加工过程中促进认知的变化。

关于学习中的革新，就是要让学生在经历了学习过程以后，能够对错误的认知、低级的认知、过时的认知等进行颠覆，也是对旧的东西的更新，从而避免陷入墨守成规。依然以生活为例，某些习惯可能经过了好几代人的沿袭，大家都习以为常了，但是我们可能会发现，这种习惯本身是与科学相悖的，可能对健康是有害的。在人类社会的发展进程中，同样存在许多错误的认识或过时的认识，譬如，关于宇宙，早期人们就曾经出现了许多错误的认识，但经过若干代人对宇宙的持续探索，逐步对这些认识进行了修复，且这种修复过程将会长期持续下去。再如，科学技术产品的更新换代更是如此，每一轮换代都是对技术思想的重新认识与对技术原理的再次设计，因而新的技术产品也会表现出不同的技术特征。在此过程中，与旧的技术相关联的旧的知识就会随着技术产品的被 淘汰而过时。

在学习的过程中，教师只有不断引导学生在接受知识的同时，理解知识之于社会变革的意义，学生才有可能对所学知识进行不断思考，也只有如此才能促进其进行持续创新。

2. 智慧导向的创造化育

将“智慧”作为学习活动中的一个环节，并且将其与环境、数据和思维联系在一起，就是要准确理解什么才是真正的“智慧”。学习者才是真正的智慧主体，如果学习者在学习过程中无法从自身所处的学习环境出发，不能发现其中的大量数据，无法发现数据的引申价值，这些数据可能就会像路边的小草一样不被人们关注。因此，智慧的学习者懂得如何对待身边的事，并通过处理身边的事将其形成的智慧体现出来。

1）智慧的学习者要懂得关心身边的事。身边的事是与我们每个人关联度最高的事，如果学习不能引导学生关注身边的事，就会使学生处于完全孤立的封闭体系之中。对于教学而言，引导学生从身边的事出发，不仅仅是教师的智慧的体现，更是为了提升学生的智慧水平，只有能够洞察身边的事，学习者才不至于照本宣科，才不会成为纸上谈兵之人。

2）智慧的学习者要懂得运用身边的事。关心身边的事，不是简单地描述身边的事，而是要懂得运用身边的事。如果我们仅仅像照相机一样只是如实地记录身边的事，就如同写日记一般，我们可能会记住一些事实，但这些事实很快就会成为过往。常言道：“一切过往，皆为序章。”利用身边的事，就是要在已有事实基础之上，发现其包含的不同层次的内涵，懂得通过浅显的事实弄明白各种大道理，只有这样才能发现现存各种事实的哪些方面需要调整和优化。

3）智慧的学习者要懂得解决身边的事。学习作为一种问题解决过程，以问题为线索，以项目为依托。学习中的项目层级不同，只有身边的真实项目才能培养学生全面思考问题的能力。譬如，研究表明，光线与人的用眼卫生之间存在关系，因此在现代智能技术的研究中，人们会利用传感器技术来判断并调节房间的光照度。在现代学习过程中，为了培养创客，学校可能会组织学生通过探索活动来建立光电传感器、光照度等之间的关系，并形成一些实验层面的体验和制品。如果教师引导学生通过阅读文献，并结合所在实验室或某一个特定的实验空间，能够服务于空间本身进行设计，并利用其他声音传感器的配合，建立光照度减弱后的自动报警系统，提醒更换光源等，真正解决了身边的事，只有这样的学习才真正符合课程标准对学习目标的要求。

智慧既是指导人们行动的认识，也是人的认识行动发生以后建立的新认识，是人们在与外部世界交往的过程中表现出来的对环境的合理使用的智慧，是人们对数据进行观察、采集与使用的智慧，是人们不断调整、对比以提升决策能力的智慧，是人们与他人友好交往，并能够顺利地处理各种事务的智慧，是一种面向美好未来的智慧。唯有尊重智慧，才能建立智慧的思想、形成智慧的行动，最终促进智慧的生成。

第8章 助力学习的智慧空间与应用

外部事物是人们认识的对象，作为客观存在物，它存在于一个更大的客观存在物之中，学校教育中设定的认识对象是有限的，是特定的认知客体。学校教育就是要帮助学习者通过认识有限客体，逐步认识无限客体。

认识的有限客体是有丰富内涵的客观存在物，它并不是孤立存在的，而是与其他客体之间存在着稳定的联系。当认识的对象处于一个更大的客体之中时，其他客体对于学习产生的影响将是多方面的：有的为学习者认识这一对象而充当了学习之“境”，有的为促进学习者建立更多的认识对象之间的关联而充当了学习之“脉”，有的则为了帮助学习者更好地理解认识对象而充当了学习之“物”。

这里所说的“物”，我们将其看作学习者在认识外部事物的过程中用于促进学习发生的重要支持条件，是学习的中介物。“物”既可能是学习发生的场所，也可能是学习场所中的各种附加物，是指一切用于支持学习发生的辅助性条件，同时也是学习可能发生的必备条件，从更加广泛的意义上说，这里所说的“物”就是学习空间。

8.1 学习空间的智慧转型

关于学习空间，学术界有许多不同的认识。早期的研究中提出了“全空间”的概念，强调学习是学校、家庭与社会等不同空间中的综合行为，设计学习活动就需要以全空间的视角，建立学习无处不在的观念。

如果从助力学习行为的角度来理解，学习空间就不仅仅是一个视域的概念，而是学习发生的中介，是学习者与认知对象之间发生联系的实践场，它不仅为学习者提供了行为的场所，还在学习者与认知对象之间架设了一条连接线：沿着这条线，学习者才能聚焦于认识的对象；借助这条线，学习者才能找到认识对象的合理方法与路径；透过这条线，学习者才能形成关于对象的各种认识，并最终形成关于对象的系统认识。

8.1.1 理解学习空间的内涵

大至茫茫宇宙，小至独立居所，都可以被看作“泛空间”。这里的空间包括一切存在物占有的某个区域，有的区域可能会因为其中的占有物太多，容积可能会相对大一些，也有的空间容积较小。譬如，生长的庄稼、空中的飞禽、地上的走兽、人的活动、设备的放置等，都需要占用一定的区域。

如果仅仅从“泛空间”的角度来理解学习空间，那么学习空间就是开展学习活动的区域，是学习发生的基本场所，包括教室、实验室、操场、图书馆、田野、山村等，当学生利用其开展学习活动的时候，它们都可以被看作学习的空间。对于“泛空间”来说，它提供的是一种容身之地，是宇宙和自然界中的各种事物需要占用的空间等。

当学习被作为一种科学来看待以后，我们需要关注的空间已经不再仅仅是学习的位置或学习行为的轨迹，还包括这一空间为学生的学习提供的外部支持。

我们坐在教室里看书和坐在草坪上看书，有没有什么差别？对于学习而言，是不是只要能提供桌椅板凳以及一个可以遮风避雨的场所，就可以顺利地开展学习活动？当学校为学生提供了统一的教室配备以后，是不是就可以设计和组织所有教学活动了呢?

对于学习来说，拥有一定的物理场所是必需的，在此场所中可以设计和组织若干活动。物理场所之于人的关系，就像一个池塘之于其中的生物体一样，池塘中的生物体能否存活并延续其生命，需要一个存在一定相依关系的要素构成的生态系统。在这一生态系统中，每一种特定的生物体又会衍生出许多具体的小的生态系统，在整个大的池塘区域中，每一种生态系统经过自组织行为都会建立不同的稳定状态与平衡。

学习系统也是一个生态系统，但是这种生态系统与自然界的其他生态系统存在天然的差别。自然界中的其他生态系统中还存在食物链的关系，学习生态系统中不仅没有类似于食物链的蚕食关系，还增加了生物体与生物体之间的社会关系，以及生物体的生理与心理的成长关系，因而变得更加复杂，也对生物体赖以生存的空间提出了更高的要求。

学习空间是支持学习发生的重要外部条件，是组织与实施学习活动和行为的基本场所，是帮助学习者触摸外部世界的重要载体，是学习者与他人进行交往与表达的实践场，是学习者完成任务与项目的重要支撑平台，也是帮助学习者聚焦认知对象并形成系统认知的学习中介物。

关于学习空间存在许多不同的观念，在早期的研究中，空间的概念和环境的概念被混为一谈，因此对学习空间的设计常常会被掩盖在对学习环境的设计之中。

空间与环境这两个概念之间存在着一定的交叉，一方面是因为早期对于“环境”的界定比较模糊，缺少清晰的概念边界；另一方面是学术界在引入新的概念的时候，将许多有关联的概念纳入了环境这一概念体系中，使得环境这一概念涉及的面太广，并逐步演变成了一个“大概念”。环境概念涉及的领域较多，其优点在于可以覆盖更加完整的研究范围，但是缺点也是很明显的，如果这一“大概念”覆盖的范围太广，就自然会导致有些领域的研究得不到重视，进而会影响对学习环境的设计。

从概念之于教学或学习的价值来说，这些概念的出现都是为了更好地设计与学习相关的问题，为学习提供各种支持条件，以促进学习行为的发生。但是，由于两者关注的领域不同，对学习的作用也是不一样的。就本质与应用的层面而言，学习空间与学习环境在内涵方面存在很大的差异，两者关注的内容不同、在学习中发挥的作用不同，对于学习环境而言，有的需要依赖空间，有的可能会与空间关系不大，两者之间存在着一定的相互影响，其主要相似点与不同点如表 8.1 所示。

表8.1 学习空间与学习环境的主要异同

<table>
<tr><th colspan="2">项目</th><th>学习环境</th><th>学习空间</th><th>混淆的缺陷</th></tr>
<tr><td colspan="2">相似点</td><td colspan="2">都是存在于学习者的外部，并作为学习的外部支持条件而发挥着对学习的支持作用，都是基于学习的基本规律而存在的</td><td>因为同是外部事物，因此容易将外部事物作为归类的理由</td></tr>
<tr><td rowspan="7">不同点</td><td>客体属性</td><td>属于认识客体，指向了学习行为与学习活动本身</td><td>属于方法客体，服务于学习行为与活动</td><td>客体之于主体的关系被看作一种简单的“非主即客”的关系，对客体的划分过粗会导致使用不当</td></tr>
<tr><td>工具属性</td><td>是知识与思维工具，既是学习的起点，又是学习发生的依据</td><td>是知识与思维的转运工具，为其形成提供了保障</td><td>对于工具而言，理解了其功能，才能够发挥工具的价值，混淆之后，容易降低工具的价值</td></tr>
<tr><td>活动属性</td><td>提供丰富的学习活动，将需要认识的对象置于真实世界之中，引导学习者在活动中发现并认识它，是学习活动赖以存在的学习负载物</td><td>支持与监督学习活动的发生，可以帮助学习者聚焦于学习中的认识对象，促进学习者更好地认识这一对象，但其自身并不是认识的对象</td><td>混淆了活动的属性，就可能会导致在设计学习活动时过分关注技术特征而忽视学习特征，或者忽视了学习是否真正发生</td></tr>
<tr><td>作用属性</td><td>学习刺激物，是学习者认识外部世界的直接条件，需要依赖学生的认知规律进行设计</td><td>学习中介物，是学习者认识外部世界的间接条件，需要依赖认知风格、年龄特点等进行设计</td><td>混淆了学习的直接与间接条件，就可能会弱化对认知规律的尊重，侧重于学习的外在形式</td></tr>
<tr><td>资源属性</td><td>是学习资源的一部分，可以通过学习的项目、任务等形式促进学生的认知发生</td><td>可以促进资源以不同的表征形式存在，为资源提供了存放的位置</td><td>混淆了这种差别，就会导致关于“空间”和“环境”孰大孰小的无谓争论</td></tr>
<tr><td>过程属性</td><td>可以通过相似的或不同的具体任务形式，引导学习者达成学习目标</td><td>可以通过不同的路径，满足学习者以差异化的方式实现学习目标</td><td>混淆后就难以做到既满足学习目标的一致性要求，又兼顾学习个体的差异性</td></tr>
<tr><td>五维属性</td><td>归结为“境”：是为所需学习的各种知识或技能提供体现应用价值的场所或境域</td><td>归结为“物”：是为支持学习活动或行为得以有效组织或实施的场所或场域</td><td>混淆了两者都可能存在的“场所”这一性质，就可能会忽视对知识与思维的价值的判断</td></tr>
</table>

在表8.1中，我们从客体属性、工具属性、活动属性、作用属性、资源属性、过程属性等方面对学习环境与学习空间的关注重点进行了比较，并对这两个概念在“五维”框架中的对应关系进行了区分，主要目的就是强调在学习设计的过程中不能因为使用了某一个“大概念”，且在设计教学活动时考虑过这些“大

概念”，就忽视了对其中诸多细节的设计，并导致设计出现偏差。

对于“学习空间”这一概念，如果依然将其放在“环境”这一大概念之下，对于理论的研究而言，可能没有太多的问题，可以靠一些概念的简单归类与学术的梳理，把所有与学习空间相关的内涵继续存放到“学习环境”这一概念之下。但是，这种对概念的简单处置，看起来体现了不同概念之间的包容性关系，实质上是对某些特定领域概念内涵的忽视，表现在具体的实践指导环节，可能会使这些概念的价值无法体现，进而会削弱其对学习的支持作用。

1. 学习空间是物理与非物理层面的统一

在早期的实践中，对于学习的支持条件的研究，研究者往往会将其孤立开来进行，可能对每一个具体的细节或要素分析得十分到位，但在具体的应用中往往会因为要素的相对孤立，导致在设计学习活动的过程中难以将不同的要素联系到一起。

关于学习空间方面，同样也存在类似的问题。当我们简单地将学习空间看作一种纯粹的学习场所的时候，空间被看作可以物化的、能够用眼睛看到的、师生能够身居其中的、相互之间可以通过肢体语言进行交流的某一个实实在在的物理场所。于是，对于学习空间，我们考虑得更多的是能否用面积或体积进行测量，并以占用了多少平方米的具体的物理范围作为衡量其概念的主要属性。

从“物理场所”的角度来理解学习空间，仅仅体现了学习空间的“居所”属性。此外，学习空间还有另一个基本属性，即“转运”属性。学习空间的转运属性有两种主要的形式：一种是连接外部刺激物与学习者的输送介质，是以“学习通路”的形式表现出来的；另一种是为了帮助学习者表征对于外部事物的认知结果的输送介质，是以“学习展示区”的形式表现出来的。

第一，“学习通路”形式的输送介质。从学习的意义讲，我们会发现，学习者在通往学习的道路上，除了需要有居住的物理场所以外，还需要有能够帮助其通向彼岸的“通道”，这种通道可以让学习者从封闭的居所中解放出来，可能会使其看到更加广阔的世界。譬如，类似于微生物等，对于一些学习内容，凭借普通的文本方式或语言表达方式，难以帮助学习者建立对于这些问题的认识或看法，这时显微镜就发挥了“中介”作用，可以帮助学习者与认识对象之间建立一条通道。

在事物的背后隐藏着许多知识，包括事物的内部结构、运作机理等，如果仅仅依赖学习者或教师的交流与互动，我们也许可以知道其背后存在某些知识，但是对于这些知识的真实形态、工作机制等，往往难以有深刻的认识。在这里，学习空间作为一种“中介物”发挥的是对学习对象的“增强”作用，通过对认知的对象进行某种外部的增强，可以让学习者理解凭借单纯的“人工”方式难以理解的东西。

第二，“学习展示区”形式的输送介质。学习者在学习过程中会不断生成对外部事物的认识，这种认识是内在于心的，是与学习者的自身认知能力联系在一起的。对于学习者来说，他们对外部世界的认识需要借助外在的表现才能体现出学习的价值。譬如，借助于学生的学习制品，可以将其对问题的认识与理解程度体现出来，而对于制品的表征，如果依赖单一的方式，学习者就会囿于表达方式，导致在具体问题的表述与问题解决等方面存在困难。

学习者的成长过程是知识与思维的共同发展过程，对于学习者自身来说，只有在与他人的交往之中，借助合适的呈现与表达，并通过不断自我建构，才能形成认知的变化。借助“学习空间”这一中介，学习者可以找到更加恰当的信息表达方式，借助与他人的交流与沟通，既可以帮助自己梳理认知结构，也可以帮助自己建立认知逻辑，通过内在与外在的相互“转运”，实现对外部世界的深度理解。

从“居所”属性和“转运”属性方面来看，学习空间就不再仅仅是纯粹可视化的物理层面的学习场所，还可以以非可视化的方式来呈现，甚至可能利用了物理层面的物质特点，并通过数字化方式的转换来体现。譬如，对于存在于网络条件下的学习存储空间，就不再是划定了特定区域的固定的物理场所，而是存在于网络世界的虚拟场所，网络可以在某一空间为学习者提供特定的容量，却不会划定某一特定的区域供学习者专享。

2. 学习空间需要包含丰富的结构化要素

我们将学习空间的基本属性界定为“居所”与“转运”两大方面，对于“转运”属性，又从“学习通路”与“学习展示区”两个大的方面进行阐述，其中“学习通路”指向了认识的对象，而“学习展示区”则指向了认识者本身。由此一来，我们就可以大致确定学习空间的概念范围与概念价值，并为分析学习空间的构成要素奠定了基础。

“居所”属性为学习者提供了活动赖以发生的场所，“学习通路”的“转运”属性使得所有外在事物都可以作用于学习者，“学习展示区”的“转运”属性使学习者可以向外部世界呈现自己对事物的理解。这样就可以解决两大问题：一是由“居所”属性确定的是学习者在学习空间中的位置问题；二是由“转运”属性确定的是学习空间中的学习者与其他客体的相互关系问题。物体在空间中的位置和不同物体的相互关系正是关于“空间”这一概念研究的最基本问题，也是空间这一概念存在的价值。

对于“位置”的问题，是因为空间中的诸多物体共同存在，这就自然会涉及空间分配的问题；对于“相互关系”问题，是因为空间中的诸多共同存在的物体之间存在着各种不同联系，这些联系的强度不相同，处于这一空间中的不同物体的各种联系会通过相互作用体现出来，并表现出作用强弱的差别。

我们从“居所”属性及其在空间中的“位置”这一特性可以发现，对于学习者而言，他们作为一个生物体而存在，需要有一定的可以供其生存的“体积”及运动的“范围”。“体积”是一种空间大小，可以让学习者身处其中，能够将主体置入整个世界体系之中，成为相对静止的自然界的一部分；“范围”是一种空间界域，可以让学习者身临其境，让主体成为与自然界中其他事物相似的客体，成为绝对运动的自然界的一部分。

我们从“转运”属性及其在空间中的“相互关系”这一特性可以发现，作为自然界的诸多客体之一，相对于学习者自身而言，其主体性会让其选择不断与外部的事物发生各种联系。借助“学习通路”，与其他客体之间形成不同的关系，对应于他者性客体，建立的是一种交往关系，包括相对独立、彼此促进、相互依赖等不同程度的交往关系；对应于认知对象性客体，建立的是一种认知的路径关系，包括抽象认知、具身认知、具象认知等不同的认知路径。借助“学习展示区”，学习者也可以与其他客体形成不同的关系，对应于他者性客体，建立的是一种依存程度关系，并通过学习制品体现出来，包括个性化制品与协同性制品等不同形式；对应于认知对象性客体，建立的则是一种认识程度的关系，包括表层与深层等不同认识程度。

学习主体与客体的关系会借助学习空间体现出来。在学习空间中，如果我们将“居所”属性通过空间中的“位置”来描述，将“转运”属性通过空间中的“关系”来描述，可以从学习通路中的“交往”和“路径”关系、学习展示区中的“依存程度”与“认识程度”关系分别进行阐述，就可以通过分析学习空间中的“位置与关系”来进一步理解学习空间的内涵，并进而形成对其结构要素的基本判断（表8.2）。

表8.2 学习空间的空间形式与结构要素分析

<table>
<tr><th>属性</th><th colspan="2">空间形式</th><th>特性</th><th colspan="2">释义</th><th>功能结构要素</th></tr>
<tr><td rowspan="2">居所</td><td colspan="2" rowspan="2">位置</td><td>体积</td><td colspan="2">是学习者对空间大小的占有，体现为身处其中</td><td>存储</td></tr>
<tr><td>范围</td><td colspan="2">是学习者对空间界域的占有，体现为身处其境</td><td>运行</td></tr>
<tr><td rowspan="10">转运</td><td rowspan="6">学习通路</td><td rowspan="3">与他者性客体的交往性关系</td><td>相对独立</td><td rowspan="3">主要是指学习个体在认知成长过程中与其他学习个体之间的关系</td><td>可以不依赖于其他个体就能够完成学习任务</td><td rowspan="3">交流沟通</td></tr>
<tr><td>彼此促进</td><td>通过与他人的交流可以更好地完成学习任务</td></tr>
<tr><td>相互依赖</td><td>需要通过与他人的交流才能够完成学习任务</td></tr>
<tr><td rowspan="3">与对象性客体的路径性关系</td><td>抽象认知</td><td rowspan="3">主要是指学习个体在认识形成和发展过程中与外部事物之间的关系</td><td>可以不借助具体的客体就能够完成学习任务</td><td rowspan="3">素材表征</td></tr>
<tr><td>具身认知</td><td>通过与具体客体的相互作用完成学习任务</td></tr>
<tr><td>具象认知</td><td>在与客体作用的过程中形成认知目标并完成学习任务</td></tr>
<tr><td rowspan="4">学习展示区</td><td rowspan="2">与他者性客体的依存程度关系</td><td>个性化制品</td><td colspan="2">经历学习活动后，学习者独立完成的学习制品</td><td rowspan="2">物化制品</td></tr>
<tr><td>协同性制品</td><td colspan="2">经历学习活动后，学习者共同完成的学习制品</td></tr>
<tr><td rowspan="2">与对象性客体的认识程度关系</td><td>表层学习</td><td colspan="2">学习者在与客体交往的过程中形成的对于客体本身及其应用的系统认识</td><td rowspan="2">智能组谱</td></tr>
<tr><td>深层学习</td><td colspan="2">学习者对于客体与外部世界关系的认识，以及创造性地利用客体知识的能力等</td></tr>
</table>

对应于“居所”属性，体现空间“位置”形式的核心要素涉及体积与范围两个基本特性，因此，从功能的角度出发，空间需要能提供相应的结构，以实现两种基本功能，即人与物的存储功能、人与事的运行功能。对应于“转运”属性，体现空间“关系”形式的核心要素涉及两大方面：一是学习通路中的“交往”和“路径”关系形式，与交往关系相对应，需要具备支持人与人、人与物的交流和沟通功能的结构，与路径关系相对应，需要具备支持不同形式的素材表征功能的结构；二是学习展示区中的“依存程度”与“认识程度”关系形式，与依存程度关系相对应，需要具备支持不同形式的物化制品功能的结构，与认识程度关系相

对应，需要具备支持学习者体现个体认识的智能组谱功能的结构。

3. 学习空间为学习价值实现提供了可能

从功能性的视角来详述学习空间的内涵及其结构要素，就是为了在实践中更好地设计学习空间，并利用学习空间中的丰富配置创设丰富的学习环境和学习行为，促进学习的高效发生，发挥学习空间对于学习的支持价值。

首先，我们可以从学习的一般过程出发来分析在具体的学习活动中如何借助学习空间帮助学习者产生学习的意愿，促进认知的发生与发展（表8.3）。

表8.3　学习空间对学习的支持过程

学习空间的支持作用	学习过程	基本机理
组织恰当的外部世界	置身事中	学习者只有置身事物之中，才会关注身边的各种客体
给予客体适当的渲染	客体刺激	学习中确立的认识对象需要能引起学习者的关注，这样学习者才会聚焦其上并进行思考
创造与客体交往的机会	心理加工	学习的过程就是心理的持续加工过程，在此过程中不断产生与解决认知冲突，进而形成对事物的认识
形成思维导向的过程	知能形成	关于外部事物的认识，只有与学习者的已有认知结构建立了联系，才可能促进学习者的认知变化
提供迁移的变化客体	心智成熟	学习者的认知形成以后，需要不断解决新的问题，才能体现学习的价值

对于学习者而言，学习的发生是符合其自身的年龄特点的，同时也是与认知的基本规律相一致的。借助对学习基本过程的简要归纳，教师就可以结合这种基本需求，为学习者提供适当的学习空间。空间为学习的发生提供了可能性，同时也为学习者建立与外部事物之间的联系提供了条件。但是，学习空间自身仅仅是一种学习的中介物，它能够支持学习的发生，但并不会因为学习的发生而改变其属性。

其次，学习空间价值的发挥需要通过进一步转化，并借助具体学习环境的创设帮助学习者寻找更加适合自己的学习行为方式，从而为高品质的学习奠定基础。

1）创设有利于学习者“从一般的学习意识走向学科意识”的学习环境。对于学习环境的理解，可以有多个不同的角度。一是创设符合认知机制的问题情境，通过空间中若干要素的组合，形成一定的问题情境，让学习者在问题情境中建立学习意愿；二是营造促进沉浸认知的学习氛围，借助于不同要素组合，引导学习者将学习的目标与学习的居所联系在一起，让学习者直接处于目标自身营造的氛围中；三是组织支持认知生成的学习活动，学习活动的发生与活动中需要用到的不同元素有关，借助学习空间可以提供相应的元素，引导学习者主动对这些元素进行加工，从而产生丰富的活动形式。

2）提供有利于学习者做出“从适应他人走向适合自己”的学习行为。一是发现学习者成长过程中的行为差异，借助学习空间提供的学习行为轨迹记录功能，可以准确地把握在具体的实践中学习者可能出现的差异，同时可以借助相关数据分析学习者的差异；二是提供符合学习者差异的学习资源，对于学习者而言，其个人的认知习惯和已有能力起点等都会使他们在接受知识的过程中表现出差异性，学习空间中的不同素材表征方式可以为学习者提供更加有针对性的资源形式；三是推送符合学习者个性的学习路径，当学习的素材变得更加丰富以后，同样的学习内容往往会呈现出不同的表征方式，不同的学习内容也会建立不同层次的表征方式，对于学习者来说，当他们有条件依据自身的要求选择使用不同的素材以后，就会形成不同的学习路径。

4. 空间内涵会随着技术变革而持续丰富

在早期对于学习空间的认识中，必然会将其与“面对面”和“居所”结合起来，因为学习需要依赖特定的物理场所，才能建立起师生之间的交互活动，才能对学习有帮助。今后的学习依然离不开居所，但仅仅依赖居所及师生互动活动，学习者接触到的世界必然是有限的，只能局限于有限的书本与有限的经验。

对于学习空间的认识，与过去相比，当前的学术界与实践领域都已经发生了很大的变化，而导致出现这种变化的关键要素就是技术。在面对外部世界各种问题的时候，当人们发现凭借人工的力量难以解决这些问题时，就会设计一定的人工制品协助自己解决问题，技术便由此产生。

技术主要有两类：一类是纯粹借助对天然材料的粗加工形成的人工制品，其表现形式会体现出天然材料的原始属性，在农业社会中这种技术较为常见；另一类则是以天然材料为元材料，通过融入人们的设计思想和智慧以后，这些材料通过重新组合会产生远远超出“元材料”的新的属性，在工业社会和信息社会，这种技术的作用尤为明显。

人们对新技术的认识始终处于不断的变化之中，在技术发展过程中，最初仅仅依靠简单的机械力学就可以完成技术发明与创造，如今的技术则融入了更多读、写、算的因素，单纯依赖某一个领域的知识已经无法满足新技术的要求。新的技术出现以后，由新技术构建的现代学习空间也会发生诸多变化。

1）学习空间的技术组合性。技术的持续革新与介入使学习空间可以因为技术的不同组合而表现出丰富的特征。技术既可以帮助教师为学生提供不同的学习素材，可以使相同的素材以不同的方式表征，也可以帮助学生建立不同的学习制品加工支持方式。譬如，在早期的学习过程中，教师可能会借助一些硬纸板制作教具，而今则能通过 3D 打印技术等设计出更加丰富的教具形式。依赖计算机技术，原本需要借助具体的实物才能说清楚的东西，通过将其转化成一些动画或工作原理示意图等，也可以达到相应的学习效果。

2）学习空间的自组织特性。所谓自组织，是指在具体的应用过程中，随着应用的不断深入，学习空间会逐渐建立新的表现形态，且这种表现形态会随着人们的使用情况而建立新的平衡关系。譬如，对于学习空间中的设备配备，从购买的层面看，人们往往会表现出嫌少不怕多的心态，但从应用的层面看，我们就会发现，许多设备往往会因为使用频繁而备受人们关注，而有的设备则可能会被束之高阁。在具体使用的过程中，随着师生的认识程度的变化，对于空间中的若干组件，师生也会逐渐产生不同的认同度，高认同度的组件会趋于核心化，而低认同度的组件则会趋于边缘化。

3）学习空间的拟人智能性。技术的发展经历了“单技术—复合技术—富技术”的变化轨迹，从早期的单一性技术构成的制品到多种不同的技术相互累加构成的制品，再到技术之间实现了紧密的相互依赖关系构成的制品，技术的变化过程中呈现出了相互渗透与融合的特性。在由具有富技术特性的不同制品构建的学习空间中，技术之间会建立某些相互支持的运行逻辑，并使得技术表现出拟人性的智能特点。譬如，对于学习空间中的智能控制系统，可以借助传感器技术来操作，在空间中的温度、光线、运动状态等发生变化的过程中，传感器可以捕捉到相关的数据，并通过系统的分析与运算等功能完成一系列连贯性操作，从而可以完成相应的系统控制、生产或学习过程管理、状态与数据维护、运行轨迹分析等不同任务，为决策提供支持。

在学习空间发展的过程中，一个基本的趋势是：学习空间中的不同技术存在与组合方式可以有效地改变教与学的过程中的人的行为关系，技术的介入可以让人从繁重的机械劳动中解放出来，更有精力进行思考与创造，从而提高学习效率。

8.1.2 助力智慧的学习空间

在研究领域中，学术界经常会就“智能”与“智慧”的内涵进行比较和区分，这里涉及的因素很多。因为在汉语的语境中，对“智能”和“智慧”两个词经常会交叉使用。譬如，在描述学习结果的时候，我们经常会运用“多元智能”

“智慧技能”等词来表达。当前，对于我们所处的学习空间，学术界也常常会用“智能”“智慧”等概念来进行修饰，使用之中也往往会存在几种可能性：有的时候会混用，譬如，在描述学习空间的时代特征时，会将其概括为“智慧学习空间”；也有的学者反对使用“智慧”一词修饰学习空间。

对于“智能”与“智慧”两个词，尽管在使用中存在交叉，但两个概念的具体应用语境是存在差别的。对于人而言，我们在分析人可能具有的普遍性能力特征时，常常会使用“智能”一词，而针对某一个特定的个体，在描述其经历了某一行为以后的能力变化时，常常会使用“智慧”一词。

对于学习空间，同样可以从这两个方面来进行区分，如果我们仅仅是泛化地描述学习空间，从建设的角度来思考学习空间的基本构成，可以使用“智能”的概念来修饰学习空间，当我们从应用和培养人的角度来看待学习空间时，则可以运用“智慧”一词来修饰学习空间。这里所说的“智慧”学习空间是指存在一定“智能”特性的学习空间，教师在支持学习的过程中，能够做到灵巧、聪明地对学习的行为过程进行相应的记录与判断，进而可以为学生提供符合其认知特点的路径支持，引导学生以更加高效的方式获得认知的改变。

我们通常所说的“智慧学习空间”主要是指助力“智慧”生成的学习空间，学习空间自身并没有“智慧”，但是如果在学习活动中能够充当启迪“智慧”的中介物，学习空间就不再仅仅是一种独立的、无生命的“孤立物质”，而是一种充满了“技术思维”的“学习载体”，能够从学习者的已有行为路径出发，借助对学习的判断，给予其学习策略方面的指引，为学习者的“智慧”形成与发展提供适度的支持。

在现代学习过程中，学习空间要发挥“居所”与“转运”属性，就需要充分考虑到学习者对于“居所”和“转运”两种不同属性的特定要求，能够结合对学习科学的认识本身的变化，不断丰富和优化学习空间的内涵，能够合理设计合适的学习空间，充分发挥学习空间对学习的支持作用。在具体的实践中，为了满足“智慧”生成的需要，学习空间将会发生如下变化。

首先，从单一到多样：适应学习目标的变化提供不同的空间。作为学习的支持条件，学习空间必然与学习的目标和内容等相关，同时也与学习的活动形式等相关。在学校教育中，人们已经习惯了“固定教室+实践教室”相结合的学习方式，对学习空间的结构与变化等方面的关注度不高。站在学习中介物的立场来理解学习空间，我们就会发现，学习空间的价值实现往往更加依赖于“转运”属性。通过不同空间形式，可以提供不同的“转运”支持方式，便于学习者更好地理解学习对象。

其次，从固定到变化：适应学习的需求不断重组空间的样式。对于学习空间而言，其“居所”既可能是指向人的学习活动与过程的物理空间，也可能是指向学习内容与结果的虚拟空间，不管是何种形式的空间存在都具有客观性和实在性，都能为学习的发生提供“场所”，从而为学习的发生提供活动的通道与知能表征的学习成果展示区。因此，对于相对固定的这些“居所”而言，学习空间中的若干组件的不同组合会支持“转运”方式的不断变化，促进有效学习的发生。

最后，从静态到动态：适应时代的变革不断优化空间的设计。当下，我们的学习空间主要由物理空间和虚拟空间构成，但是这两种空间之间还缺少连接的纽带，使本应充满动态特征的空间呈现出了相对静态的特性。随着新技术的不断革新，以物联网与人工智能等为特征的新一代技术的不断发展与突破，未来的学习空间有可能在一定程度上实现物理空间与虚拟空间之间的对接。这样学习者完整的学习行为轨迹，包括学习者在学习过程中的一言一行等，都有可能会借助学习空间的记录与分析，转化为对学习发生的原因与结果的判断，进而改变学习空间的决策机制，成为学习空间中高度集成的诸系统进行决策的依据，不断发挥学习空间助力“智慧”形成的中介功能。

学习空间作为学习的支持条件，其价值的最终实现需要依赖使用这一空间的个体，包括教师和学生。如果抛开了用户，学习空间就仅仅是一个孤立的场所而已，此时智慧与它毫不相干。

8.2 智慧学习空间的应用

当前，实践领域正在广泛开展“智慧学习空间”的建设，在此过程中，对于学习空间的理解不同，会直接影响空间的建设状况与实际应用效果，因此需要实践工作者进行比较系统的思考。

8.2.1 应用导向的学习空间设计

学习空间作为学习的中介物，其核心价值在于帮助学习者理解学习本身。因此，在学习空间的设计过程中，需要从学习的机理出发，充分理解学习的发生条件与基本过程，以解决学习中的问题。

1. 逐步建立覆盖个体行为的“全空间”

在学习空间的建设与实践过程中，目前实践界和理论界普遍将网络学习空间作为研究和关注的重点，对于非网络化的学习空间建设，往往将其与校舍和教室等的建设等同。因此，在设计的过程中，其往往从学校的基本建设标准出发，关注的是学习者的空间占有的面积等基础性要求，对这些空间如何支持学生达成学习目标、如何支持学生理解学习内容等方面的关注相对有限。在网络学习空间的建设中，目前的实践领域也更加倾向关注网络的连接属性与存储属性，对于网络空间与非网络空间的一致性方面，在具体的建设中还存在较多问题。

学习中包含了复杂的行为，“全空间”属性就是要试图记录学生的学习行为，进而为其提供有效的学习指导奠定基础。“全空间”是指与学习者的学习行为相关的空间，是学习者的完整学习行为依附的外部支持条件。对于学习过程而言，当前的主要过程是发生在实体空间中的，这一过程中之所以能够记录学生的行为，主要是依赖学生的课堂行为表现与课后作业情况，教师往往会通过这些基础数据对学生的学习进行判断，并形成相应的教学指导策略。许多学习过程数据难以纳入学生的整个行为数据库之中，因此对学习过程的判断往往会出现片面性。建立了“全空间”的思维，就需要从完整数据的角度来考虑空间建设，从而发挥空间的效能。

2. 有序实现学习空间的主体“联通性”

对于学习者而言，学习过程是一个个体持续思考与建构知能的过程，同时也是个体与个体间的交往过程。作为主体的学习者正是在与不同其他主体进行交往的过程中，才能不断发现自己的认知体系中存在的逻辑问题，产生认知冲突，并不断修正认识。

空间主体的联通性有两层含义：一是主体自身建立的知能体系的联通，包括思维逻辑与知识关系等；二是主体之间的联通，即不同主体（包括教师和学生）之间的联通关系。学习空间是为人服务的，在具体的学习过程中，学习者需要依赖于空间，空间同样需要服务于人的具体成长需求，为学习者提供成长需要的基本居所与转运的通路，方便学习者存储、表达与传递相关的素材或资源，为学习者的智慧的形成与分享奠定基础。

3. 稳步推动学习空间的资源“多样性”

在学习过程中，学习资源是学习的养分，为学习者提供了大量的给养，但是这些给养是不会独立发挥作用的，需要与学习者的认知系统之间建立一致性关系。如同生活中的汽车一样，有的汽车需要使用汽油作为燃料，有的需要使用柴油作为燃料，这是由汽车的发动机工作机理决定的。汽油和柴油都可以被看作满足汽车工作需要的“给养”，但是在不同的工作机制下，对于给养本身有着特定的需求，汽车用错了油品，就无法启动和运行。

相对于学生而言，资源最初的表征形态都是“生料”形式的，当这些“生料”没有与用户的需求建立关系的时候，“生料”自身对于用户而言是不存在任何差异的。就像我们看到了一堆大石头，对于普通的观看者而言，无论其中包含了多少重要元素或特殊成分，与我们都无异。只有对于特定的用户，当他们建立了特定的需求以后，才能够从这些“生料”中发现需要的东西。

学习资源的存在价值在于被学习者理解和利用，否则仅仅会成为一种库存，成为一种素材，成为对所有人而言都是相似的“生料”。对于不同的学习者来说，具有“共同属性”的所有外部素材需要以适当的形成转化为促进自我成长的“资源”，让这些“资源”为自己的思维提供“给养”。合适的给养是与学习者的内在认知需求相一致的，对于教师而言，充分理解学习者的认知需求及其变化，并设计出合适的学习资源，以满足更多个体的差别化发展需要，是当下对教师能力的应然要求。

4. 持续满足学习空间的个体“特殊性”

就社会自身的内涵与发展来看，其中包含的内容是丰富的，变化也是多端的，但在基础教育阶段，学校教育设计的学习目标与内容是标准化的。如何在教育的标准化与现实的多样化之间建立平衡，并促进标准化的教育体系支撑变化的现实体系，值得人们进行广泛研究。

学习个体具有相似性，也往往会存在特殊性。在现实世界中，我们往往会发现许多相似的例子，譬如，对于历史上的一些学徒制的工坊，往往会培养出许多技艺精湛的“工匠”传人。对于这些传人而言，当他们被师傅带入特定的工坊之后，往往总会有一部分人因为其表现出来的某些天分或勤奋而得到师傅的重视，最终会成为该工坊的“传人”。不能否认的是，勤奋是重要的因素，如果仅仅依赖勤奋，并不一定能够掌握学习内容的精髓。

在具体的学习过程中，学习者表现出来的某些特殊才能往往还与兴趣等因素有关，而兴趣的外在表现可能是一种天分，之所以如此，可能是因为学习者与教师提供的教学方法或资源表征形式之间出现了合拍，建立了学习的一致性关系。融入了不同技术的学习空间，可以为多样化的学习需求和不同的资源表征形式提供可能性。

8.2.2 数据导向的学习空间应用

“学习空间”从一个普通的宽泛的词语发展成为一个特定的研究领域，并成了当前教育研究和实践中的专有术语。这是因为当下对“空间”的理解已经不仅仅局限于它的“有形实体”这一属性，更多的还在于空间可以为我们提供更多的中介性功能，使“空间”成了学习决策的重要部分。

1.“数据”是学习空间的衍生物

人们的生存空间中包含了丰富的素材，同时也会积累大量的生成性素材，譬如，我国古代劳动人民通过长时间观察自然界的变化，逐步总结出了关于自然界变化的若干规律，这些规律为人们的生产与生活提供了科学决策与指导的重要支持。

在学习空间中，也存在着类似的情形。譬如，当学习者在相似的空间中开展学习活动以后，学习者的行为过程、认知习惯、在不同的学习内容中投入的时间、遇到困难时的决策机制与求助机制等都会成为学习的自然产物，我们可以将其统称为数据。

学习数据是学习者在完成学习任务的过程中表现出来的各种行为的集合，是反映学习者的学习状况的完整素材。与之相对应，也会存在相应的“教学数据”，教学数据是教师在教学过程中的各种活动或行为的总和，既可以完整地反映教师的教学状况，也可以通过教师在具体的教学过程中的行为决策方式判断教师的教学能力和水平。

在早期的教学实践中，学习空间作为一个学习发生的场所，为师生的互动行为提供了机会，但对于此过程中形成的若干数据，可能只有一部分得到了利用，也仅仅有部分教师对这些数据进行了关注，并由此丰富了他们的教学经验。加之统一的学习场所为学生提供了统一的学习行为方式，因此在使用具体数据的时候，教师往往也会偏重寻找共同经验，以提升学习者的认知水平。

在教学实践中，教师用于支持其决策或调整决策的能力往往与其数据意识有关。这里所说的数据意识，主要是指教师对身边发生的各种事件中包含的各种数据的敏感性、关注度与态度等，涉及对数据的采集与处理等方面，并会通过对这些数据的分析与思考，逐步发现并实现数据的价值。譬如，在实践过程中，过去有一些教师会对学生的学习情况进行梳理，并借助双向细目表等来对每一个学生的目标达成情况进行判断，并要求学生建立“错题本”等，将自己在学习过程中易错的、常错的题目标注出来，以便学生在复习的时候可以使用。像语文等学科中，教师会让学生摘录一些优美的句子，甚至会让其通过报刊“剪摘”等方式收集素材。在英语、数学等学科中，教师有时会鼓励学生通过画图表、做归类等方式，借助比较或小结，将学习的重点内容整理到一起。这些形式后来被开发成了概念图或思维导图等工具形式，用来帮助学生以更加丰富的形式整理学习的内容。

可以说，教学中使用的这一系列方法都体现了教师的数据意识与数据思维。对于教学中产生的这些衍生物，如果能够将其作为素材进行分析，我们可能会从中发现许多有用的信息，如果缺少了相应的工具，无法记录这些素材，其中包含的大量可供挖掘的数据资源就会消失，难以对教学形成有益的支撑。

2. 基于“数据思维”的空间构建

在现代学习空间的建设中，数据思维将会成为需要关注的重点。在现代学习过程中，大量研究已经表明，师生的行为与学习者的学习效果之间具有极高的相关性。对于前人的行为与结果的关系研究，可以为后续的学习者提供有益的借鉴。

数据思维是一种基于证据的思维，借助证据可以改变人们的行为方式。一是从学习者的认知过程来看，通过引导学习者建立证据意识，可以促进他们学会建立认知的内在逻辑；二是从学习者的认知决策支持来看，借助学习者的行为数据，可以对学习者的行为进行适度判断，从而为学习者的学习决策提供适当的引导；三是从教师支持教学的决策来看，借助学习者行为过程中的认知路径及学习呈现的结果等相关数据，教师可以对学习者的学习状况做出更加准确的判定，可以结合需要设计更加丰富多样的学习资源，真正促进个性化学习的发生。

现代学习空间的设计既要关注学习者的认知特性，也要关注学习的条件与学习效能之间的关系，从更加完整的视角来综合规划和设计。依赖不同技术的特性和优势，通过不同的技术组合方式，就可以实现对支持学生学习的不同类型数据进行系统收集和处理，从而为学习的决策提供更好的支持。

3. 基于数据的学习空间应用

在前面的分析中，我们对学习空间的基本内涵进行了比较系统的阐述，强调学习空间不仅仅是一个物理层面的概念，也不能将其仅仅理解成是一个虚拟的网络空间，而是要从学习发生的视角来理解学习空间的内涵，将其作为学习发生的中介物，让空间充当学习的支持条件，既要为学生学习提供助力，又不能由于技术的过度使用而制约学生的思维，更不能替代学生的思维。

学习空间中的数据既有纯生料型的，也有半加工型的，还有生成型的。这些数据既可能源自学校或教师的设计，也可能源自空间应用中的持续补充，并会随着空间的使用而得到充实和丰富。

对于教育活动而言，物理空间具有不可缺失性。在实践中，我们经常会发现，一些学校的工作者（如任课教师、实验教师等群体）常常喜欢占有物理空间，有的教师甚至会将占有一定量的物理空间当作个人的身份或地位的象征。但是，如果我们对学习空间的理解或需求仅仅停留在单一的物理层面，不能够充分利用其中包含的大量数据（包含各种类型的数据），学习空间的使用价值自然就会受到较大的制约。

“全空间”视域下的学习空间是包含了丰富数据的空间，既包含丰富知识体系的原始客体性数据，也包含各种行为性数据，还包含诸多生成性数据，以数据为基础，建立基于数据的思维训练，引导学习者学会利用数据进行学习，同时也能通过数据对学生的学习状况进行判断，引导教师学会利用数据进行学习决策，充分发挥数据的功能。

第9章 彰显主体的师生互补与促进

项目化学习往往会表现出特殊性。项目化学习倡导从学生身边的世界出发，但又不能够陷于身边的世界，让学生在感知身边世界的同时，能够理解身边世界与真实世界的关系，从“真世界”中发现“真问题”，建立不同学科领域知识与真实世界的有意义关联。

对于学习而言，学习者是学习的主体，也是学习的第一责任人。学习是个体的认识过程，同时也是个体的成长过程。由于认识问题的起点不同，加之个体自身的认识习惯、行为风格、行事逻辑等方面的差异，学习个体往往需要获得外部的支持。在支持学生学习的诸多变量中，“人”是最活跃的变量，也是最复杂的变量。这里所说的“人”，包括学习中的一切“利益相关者”。当学习者与其他支持者相互作用时，就发生了新的“人–人”关系，而这种关系又是整个学习活动中最重要的关系。因此，将人的维度作为学习设计中的重要维度单列出来进行分析，就是为了厘清学习的价值与意义，真正实现学习的主体性与主体责任。

9.1 交叉行为的多元主体

在学习过程中，表面上看，仅仅存在学生和教师两大责任主体，但是这两大主体分属于不同的群体，并存在广泛的交叉与重叠，且不同群体之间又涉及不同的类群，因而会表现出极强的复杂性。

9.1.1 多元主体的复杂性

学校教育是一个与人交往的行为集合，并以育人为目标。然而，对于育人这一目标而言，又存在许多不同的目标来源，既可能来自国家或教育组织制订的相应的人才标准，也可能来自行业对人才的需求，还可能来自社会或家庭对人才的不同期待。学校就是要努力满足不同的目标需求，尽可能实现教育价值的最大化。

1. 多元主体的综合期待

所谓多元主体，是指与学生学习相关的不同利益相关者表现出来的主体特性。相较于自身而言，社会上的每一个个体都是主体，因而都会体现出主体特征。当诸多主体汇聚到学校这一“目的地”以后，主体之间的平衡与角力就会使学校教育不再简单，学习活动的设计与安排变得充满变数，并且会因为各种社会力量的介入而面临困难。

当前的学校教育往往主张开门办学，学校的学习行为与社会生活的关联度越来越高，与学生家长之间的联系也越来越紧密。与学校教育相关的多元主体都会通过不同的方式影响学校教育，甚至会成为学校教育的重要影响力量。譬如，对于许多学生家长而言，他们对学校的要求综合起来可能包括几个方面：一是期待学校能够选择对家长的要求尽可能少的教育教学方式；二是学校不能给学生施加太多的学习压力；三是学生在高考时都能考出好成绩。学校放学早了，家长会抱怨没有人帮忙照看孩子；学校放学晚了，家长又会认为学校给学生施加了过多的学业负担；如果学校设计的家庭作业对家长的介入有一定的要求，家长又会抱怨学校缺乏责任感；如果学校通过作业形式和作业量的双控制，让孩子能够适度地从事作业行为，家长又会通过社会辅导机构等方式来影响学校教学的基本节奏。诸如此类，让学校的许多教师谨小慎微、如履薄冰。家长是社会的缩影，不同的家长来源于不同的行业，他们的教育背景、对教育的认知等都决定了其对教育的态度，并将会通过具体的行为呈现出来，进而影响教育教学的变革。

多元主体的多元性是指教育利益相关者的群体复杂性，譬如，教育管理部门、学校管理者、教师、学生、家长、社会培训机构、行业学会或组织、特定的项目组织或教学改革的倡导组织等都可能会成为利益相关者。当不同的利益相关者都表现出一定的主体性以后，主体之间存在的主体间性就会成为影响主体关系的重要因素。

在关于教育的讨论中，常常会涉及关于平等关系的描述，强调的是主体之间的平等性。譬如，在某些具体的学习活动中，参与活动的不同主体之间往往具有平等的主体性。主体间性是主体在交往过程中表现出来的特性，既包括主体对自我的肯定，也包括对“他者（其他的主体）”的推测、认同与肯定，是主体在社会交往过程中表现出来的特有倾向。

2. 责任主体主宰性的回归

由于多元主体的共同存在，当这些本身并不一定相识的主体共同构成了并不稳定的教育利益共同体之后，主体的差异性就会主宰主体间性，进而影响不同主体之间的交往关系，如社会与学校的关系、家校关系、师生关系、生生关系等。

尽管多元主体之间的交往具有平等性，但也应当遵循一定的责任主体主宰性。所谓责任主体主宰性，是指在特定的行为活动中具体的行为当事人拥有的主体特权，以及在这种特权的支配下确立的主体自我责任与自我担当，是主体在不同事务中的责任角色的分配及其责任关系的描述。譬如，在交通行为中，如果我们乘坐高铁出行，那么高铁管理部门、乘务人员与乘客之间就构成了复杂的“人–人”关系。每一个个体的主体性是相同的，但是不同主体在具体的事务中扮演的责任主体角色是相异的。在特定规则的约束下，每一个特定个体应该主动担负起应有的责任主体主宰性。就驾驶层面来说，驾驶员就具有高于其他主体的主宰权，同样，从去往何处这一层面来说，乘客具有主宰权。

学校教育中存在多元主体，但是学校管理者和教师应当具有教育责任的主宰性。当前，在学校教育中存在家长的“越矩”现象，往往会影响学校的行为决策与主体责任的落实。譬如，当学校鼓励孩子学会自立或自强的时候，许多家长却常常习惯于替代孩子做出决策，导致学校设计的若干学习能力提升活动的效能受到一定的制约。在填报高考志愿的时候，许多孩子的命运完全操控在家长手中，孩子进入大学并学习了一年以后，依然会有家长强制性地要求孩子调整专业，而不顾孩子的意愿。

社会媒体的舆论往往也会以不同的方式对学校的教育或学生的行为决策品头论足。譬如，在每年高考成绩出来以后，对于高校的招生政策与学生的专业选择等问题，一些媒体人会竭尽"片面理解"之能事，对许多高校坚守一定的招生规则进行无端的指责，对于高分学生选择的一些"冷门"[①]专业，也会引起部分人的冷嘲热讽，存在典型的"他者主宰欲"。

在同一个认识活动中，主体之间具有认知方面的平等性。但是在不同的认识活动中，主体之间尽管具有生活上的平等性，却不具有认知上的平等性。如果我们介入了一个不熟悉的领域之中，就有责任尊重该领域的专业人士对相关问题的见解，而不应当一味强调个人的话语权，而忽视专业性，更不能够过多地进行干预，以免影响和干扰群体中的主体责任。

9.1.2　多元主体的趋同性

正是教育领域的"弱构性"使得社会各界人士都愿意在教育的问题上阐明自己的观点。家长的个人成长经历不同，往往也会让他们对学校教育产生不一样的看法，但是，对于教育的目标，不同领域的人的认识往往具有一定的趋同性，即都希望孩子有更加美好的未来。

1. 走向幸福未来的路径之争

对于教育领域存在的各种争论，其实争论的焦点都可以归结于一点，即我们应当为孩子的成长提供一条什么样的学习路径的问题。有的人认为学习的过程应当是快乐的，也有的人认为学习从来就不可能是一件快乐的事。在我国的民间，也有"吃得苦中苦，方为人上人"的说法。

每当涉及这方面的争论的时候，都涉及对两个词语的理解问题，即对"快乐"与"吃苦"的关系的理解。教育倡导要让孩子通过自己的努力收获相应的结果，这种努力的过程一定要经历各种艰难困苦，才能够让人刻骨铭心。如同经历一次旅行，在旅途中我们必然会付出"代价"，需要流汗，相对于坐在开着空调的房间里而言，孰为快乐？我们相信不同的人会有不同的看法。有些人宁

---

① 事实上，对于专业而言，并无冷热之分，只有社会、家长或考生对该专业的理解程度或报考意愿的冷热之分。

愿去经受日晒风吹，也有的人会觉得这是自讨苦吃，但是如果想看到更加美好的世界，如果想通过自己的努力过上美好生活，人们就需要走进生活世界，理解生活世界。

快乐和吃苦并不矛盾，让孩子在吃苦的过程中体会到快乐，而不是一味地将学习视为吃苦，这对于培养孩子的学习意愿至关重要。什么是快乐的学习？学习就是要让自己跳出由家庭构建的那个小圈子，学会走进更大的生活圈子，能够通过与生活世界的无限交往形成对外部世界的理解，并能够让自己与生活世界和谐相处。在学校的学习过程中，每一个学习个体都要学会不断走出自己的小圈子，从家庭的小圈子到班级的小圈子，再到学校的小圈子，进而进入社会的大圈子。

学习是为了让每一个学习者都可以面向幸福的未来，而这种幸福需要建立在快乐的学习过程基础之上。读书是为了什么？某一个年龄阶段的孩子每一天认知的极限是什么？做题之后可以让自己产生什么样的变化？如果能回答好这些问题，或许可以帮助我们重新理解学习的意义。

2. 基于真实世界的学习路径

在教育的问题上，学校、家长和社会的目标存在趋同性，对学习路径的认识却存在差异性。几十年来，教育界常常会围绕“素质教育”这一命题展开广泛讨论，但结果往往是不欢而散。

我们需要培养什么样的学生？如何在学校教育中落实培养目标？在教育实践中，尽管学校管理者和教师很容易形成一致性的表述，包括教学设计领域的研究也一直倡导要追求“统一的高水平”，但毕竟高考与就业等方面还存在着一定的竞争关系，这就使得在对待学生的具体方式方面存在很多干扰因素。

首先，对学习过程的认识方面。尽管已经有大量的研究表明当学习者能够理解知识的产生过程及其实践应用价值时往往更容易掌握这些知识，但是对于许多旁观者而言，他们结合个人的传统经验与认知，往往会将基于真实世界的学习过程看作浪费时间，于是为了稳妥起见，许多学校往往以妥协的方式减少由变革学习过程而带来的风险。

基于真实世界的学习是以课程标准为指引的学习，是建立在真实情境中的学习，借助于特定的项目或任务将学科知识融入其中，以帮助学习者在发现问题、分析问题的过程中聚焦于学科思维，提高解决问题的能力，从死记硬背知识转化为应用知识，将知识的习得过程与知识的应用过程纳入同一个体系中，从而促进认识的发生。

实践中有时会出现将“基于真实世界的学习”理念引入学校教育，但又使其独立于课程标准体系的现象，或者仅仅将其视作学习的一种拓展或补充，学生在参与类似的学习项目或任务的时候，仅仅是从综合素质提升的角度理解学习问题，项目与课程缺少融合。这样一来，就很容易让许多家长或学生对类似的学习过程产生排斥。

其次，对学习行为的认识方面。当前，对于处于基础教育阶段的孩子而言，他们除了接受学校教育以外，大多数业余时间都是在辅导机构的辅导和做作业中度过的。一种普遍的认知是，似乎学生只有坐在作业桌前学习才是一种正常的状态。大多数家长与孩子交流的时候，说得最多的一个词就是“学习”。

生活中，当人们掌握了力学的原理之后，就有可能利用力学的原理解决许多生活中的实际问题。譬如，利用杠杆原理就可以以较小的力气进行一个复杂的运动，利用连通器原理就可以防止下水道中有毒气体的散发。学习中的许多行为也与之类似，作业或练习是提升认知效能的重要变量之一，如果缺少对于其他变量的理解，往往会导致学习出现事倍功半的结果。

真实世界对于学习的意义，就相当于支点对于杠杆的意义。如果教师在学习过程中能够给予学生合适的刺激物，学生就会产生相应的反应。作业作为刺激物的形式之一，可以起到提高学习效果的作用，但是仅仅依赖作业这种单一形式的刺激物，对于学习者而言，其形成的反应也必然是单一的，在刺激与反应之间形成的“联结”形式也会变得单一。

基于真实世界的学习，就是强调通过调整刺激物的变化，引起学习者不断形成认知好奇心与认知冲突，并从学科的视角激发学习者的学习兴趣，形成学习目标、内容与外部事物之间的关联。

最后，对学习结果的认识方面。对学习结果的描述，学术界的普遍认识是学习者在解决问题方面达成了何种层次，譬如，是能对认识对象进行辨别，能赋予概念，能确立规则，还是能综合运用各种规则处理和解决各种复杂的问题？但是，现实世界中的普遍认知是将结果与测试成绩等同起来，于是学习的价值往往转化成了为了获得高分而采取的若干行动。

学习结果是学习者经过认知活动以后个体行为能力的变化，是可以帮助学习者适应未来社会变化的基本知能，也是促进学习者终身学习的基础知能，是反映学习者学习水平与程度的主要指标。借助测试或考核等活动，可以判断学习者知能达成的基本状况。

在实践中，我们经常会发现有一些学习者在学习过程中似乎比其他学习者投入了更少的学习时间[1]，但是他们的考试分数常常会维持在一个比较稳定的水平，还有一些学习者的学习成绩常常会出现较大的波动，难以保持一定的稳定性。其中的关键原因是什么？我们可以将其中的主要原因归结为认知的牢固度。对于学习者而言，知能维系的牢固度与知能在个体大脑中的存储区域有关。凭借死记硬背或简单的练习形成的知能，对于学习者而言，其刺激元是相对单一的，因此也仅仅会刺激人脑的有限区域，使得学习的结果仅仅作用于短时记忆系统，通过解决真实问题形成的知能，则会由于身体各个机能的共同介入，使得个体在认知的过程中出现较多的刺激元，这些不同的刺激元会激活人脑的多个区域并共同作用，从而使得学习结果可以作用于长时记忆系统。

学习活动的设计就是为了改变学习的过程，让学习者能在情境丰富的场景中学习，从而保证学习中可以建立更加丰富的外部刺激物，激活学习者的不同刺激元，让学习者与客体之间建立稳定的交往关系，调动学习者的主体责任与主体自觉。

参与丰富的学习活动的本质在于帮助学习者形成稳定的学习联结，建立学习结果的牢固度。这种牢固度不仅可以通过解决具体的问题体现出来，也能通过测试成绩体现出来。如果缺失了合适的学习活动，没有经历合适的过程历练，学习结果就会像没有成熟的谷物一样，本来几株的谷物就可以装满一碗，但由于颗粒不够饱满，现在或许需要十几株甚至几十株的谷物才能够装满一碗，至关重要的是，这些谷物也不具备继续成长的能力了。

与学习相关的每一个个体都是一个主体，包括教师、自己、同学等，尽管这些共同存在的主体可以提出与教育相关的相同诉求，但是如果将诉求仅仅看作最后能够获得多少分数，其实与种庄稼时考虑能够收获多少粮食的想法没有什么区别。如果不关注产能转化率，没有科学的种植方式，仅仅依靠开荒或密植，虽然加大了生产成本的投入，却不一定能取得丰厚的回报。正确的做法应该是改善土壤和生长条件，分析农作物的生长特点，采取合适的处理方式，譬如，农作物的“顶端优势”原理对于不同植物的价值就不同，对于类似于棉花等的植物，需要采取“摘心”的方式，即限制某一方面的无限生长而让其产生更多的分枝，从而提高产量。

我们常常会听到许多近似一致的想法，即无论过程如何，只要学生能够获得高的分数就是“至上”的。事实上，如果没有激活学生的刺激元，想让他们维系高的

① 这里所说的更少的学习时间，是指可以由其他人直接观察到的时间，往往也是通过学习中的作业投入时间来衡量的。对于他们在学习中投入的其他时间，如思考、阅读其他书籍等，则常常难以被纳入学习时间的统计范围。

分数水平是困难的。在学习中，有一部分学生可能依赖大量的题目训练获得了高分，事实上是还有更多的学生通过大量的题目训练并没有获得同样高的分数，这里面的原因比较复杂，但有一点是明确的，即获得高分的学生在进行题目训练的同时还经历了许多其他的学习行为，这些行为在实践中具有不确定性，因而往往会被忽略，更多的实践者往往将高分数的获得仅仅归因于进行题目训练一个方面。

基于真实世界的学习，是让学习的行为方式变得更加丰富和多样化。借助真实世界提供的刺激，让学习者的思维发生变化，这一思维涉及学习目标、学习内容、真实世界、问题与练习等诸多要素之间的关系，借助思维可以让不同刺激物之间建立起丰富的联结，学习者形成的不同学习反应都是思维作用的结果，而不是简单的反复练习的结果。即使回到做题目本身，如果将学习的目标定义为“会解此题”，学习者就会以做完题目为目的，如果将学习的目标定义为“能够解决问题”，学习者在完成练习的过程中，就不仅仅会以完成某道（或某些）题目为目的，而是能够在解题的过程中建立解题思维，形成解决问题的综合决策能力。

9.2　师生主体的协同作业

基于对学习的认识和理解，我们会发现，在与学习相关的所有利益相关者中，尽管每一类个体都具有特定的主体性，但是在具体的学习活动或行为中，学习者才是真正的责任主体，其他所有主体都需要服务于学习责任主体，这样才有可能让学生建立担当意识，让主体实至名归。

在学校教育中，教师和学生是两类重要的责任主体，其中，学生主体是主宰学习的关键主体，而教师主体则是帮助学生达成学习目标的支持主体，是学生实现学习目标的重要支持者。

9.2.1　学生的主体责任发挥

学校教育解决的是学生群体的集体教育问题，是面向全体学生进行教育的问题，因而需要充分关注每一个受教育者。对于受教育者而言，需要接受什么样的教育？谁可以承担这样的教育责任？

1. 多元目标引导下的学习

我们将学习者看作受教育者，这是从“自然人走向社会人”的立场来理解学习个体的。学习个体之所以要接受教育，就是要让其融入特定的社会，并能够在社会规则与秩序的约束下开展行动，同时，也要发挥学习个体的主观能动性，参与新的社会规则秩序的设计。

受教育是指接受社会规则和秩序的教育，而这种规则和秩序是由教育组织机构按照特定的人才结构需求与社会发展需求进行系统设计而形成的，并以国家课程标准的形式呈现。教师作为教育行为的实施主体，是课程标准的执行者，也是课程学习的支持者。学习者作为学习行为的成长主体，需要在教师的支持下开展学习活动，理解课程标准并达成学习目标。

首先，受教育不等于单向接受式教育。在实践中，有时会出现一种简单的判断，譬如，在如何理解“受教育”的问题方面，一种简单的理解是将“受教育”等同于“接受式教育”，因此以“传递—接受”的方式组织教与学的活动，也就成了教育领域的常见方式，进而导致了学界关于学生主体性的长期争执。

事实上，“传递—接受”的内涵十分丰富，但是实践中往往将传递理解成单向的传送，将接受理解成无条件地接纳，让本来充满活力的学习过程变成了单纯的浇铸过程。如果能够从双向传送的角度来理解传递，能够从理解的角度来认识接受，让学习处于互动的过程中，通过持续思考与不断建构，学习者可以在逻辑运演的基础上逐步理解和认识学习的对象，逐步接受关于外部世界的已有认识，并促使其形成新的认知。

其次，受教育需要遵循教育标准。教育标准是学校教育的基本依据和参照体系，是确保不同学校的教育者和受教育者可以共同遵守的基本学习要求，也是实现教育公平的基础性要求。教育标准的设计是由来自教育组织机构聘请的学科或行业专家进行的，并接受了长期的实践检验与迭代完善，具有通识性与基础性。

依据教育标准组织教育活动，可以实现全体受教育者在统一的目标框架下进行学习活动，并且有利于实现不同区域、不同学校在学习目标方面达成一致性。但是，由于学习者自身的区域差异性，他们在认识学习对象的过程中存在认识行为上的不一致。譬如，对于有些学习内容，由于学习者在生活中缺少相应的体验，可能会存在认知障碍。借助现代技术，延展学习空间，就可以有效减少这种认知障碍，帮助学习者在学习目标、内容、真实世界之间建立有效的联结。

最后，受教育需要达成多元目标。对于学习者而言，学习标准中规范了一些基础性和通识性的内容，但是这些内容只有转化为与学习者的认知基础、生活境遇等相一致的目标时，才更易于转化为学习者的知能体系。

因此，对于不同区域的学习者，或者对于同一区域、同一学校、同一班级的学习者而言，有必要从其自身的个人知能起点与知能应用点出发，分解学习目标，使得每一个个体在达成总体目标的前提下，能够适当建立有差异的过程性学习目标，甚至可以结合学习者的认知行为，适度引导学习者达成有差异化的学习目标，以满足未来社会对多样化人才的需求。

当前，社会上普遍存在着竞争性的教育倾向，为了在高考中胜人一筹，许多家长从孩子一出生就让他们开始了艰辛的学习历程，更有甚者还会借助胎教等形式提前开启教育过程。在此背景下，如果想试图简单地说服家长改变这种倾向，在短期内几乎是不可能的。但是，对于学习者而言，他们需要遵循学习规律，需要在符合学习规律的前提下开展学习活动，并达成学习目标。这就要求广大教育工作者要在实践中合理设计教学活动，通过组织适切的教学活动，促进教育教学质量的整体提升。

2. 学习活动中的主体责任

学习的主体是学习者，在具体的学习行为与活动中，学习者需要充分发挥主体作用，并通过建立相应的主体责任体现出来。主体责任是学习者对学习的认识与主动担当。

（1）持续建立学习的内在驱动力

学习是为了帮助学习者更好地适应未来，这种适应包括几个方面：其一是能够适应未来的生活世界；其二是能够适应未来的职业需求；其三是能够形成适应未来的个人生活旨趣。要实现这一系列对于未来的适应，都需要学习者具有未来视野。

未来毕竟没有来，因此学习者需要立足当下。当下是贯通历史与未来的时间连接点，是人的“成长时间线”上的一个特殊时期，在此时期内，学习者能够形成一定的视野，这会直接影响其未来状态。因此，教师应激活学习者的内驱力，让学习者能够发自内心地理解学习的价值，形成由内而外的学习意愿，产生学习的意愿。

具有内驱力的学习者往往会对外在事物表现出更浓厚的兴趣，并能够让自己表现出一定的特性，譬如，敢于面对逆境、愿意接受挑战、能够“逆来顺受”等。借助于与外部世界的持续交互作用，可以提升个体的整体适应水平。

【思考】如何理解“逆来顺受”？

小王与小张一起去某单位求职时，面对职员的刁难，小王不断与其进行沟通，小张拉着小王的胳膊说：“走吧，何必在这里受气，我可忍受不了你逆来顺受的样子。”小王说：“别计较那么多，我们的生活本身就不会全部是顺境，未来的人生道路上，一定会出现许多我们无法预料的逆境，学会‘逆来顺受’，就是要学会化解问题，让我们遭遇的每一次挫折都成为磨炼我们意志和毅力的机遇，这样一来，今天来的‘逆’，明天就会让我们受到‘顺’”。

对于小王和小张关于“逆来顺受”的理解，我们又是如何理解的呢？

个体的内驱力既可能是一种积极向上的内在动力，也可能是一种强烈抗拒的内在抵制力，还可能是一种若有若无的内在徘徊与犹豫不决。在学校教育过程中，教师只有结合不同的场景进行教学，才有可能真正地让每一个学习者的不同内驱力形式得到彰显，这样也可以使教师提供的学习指导做到有的放矢。

（2）能够在教师指导下主动学习

内驱力的存在是学习者愿意主动学习的原因，但是主动学习并不总是与内驱力保持同步的。外部的有趣的问题或事实都有可能吸引学习者的注意力或好奇心，但前提是这种问题或事实能够被其捕捉到，并且能够激发学习者的兴趣。兴趣是源自对外在事物的某种价值认同，譬如，该事物是否可以让我们得到某种实实在在的收获，包括身心、情感等方面的。

学习个体需要让自己置身于一个完整的世界体系中，对于自己之于世界的关系有比较系统的认知，能够理解自身的存在及其价值，既能够理解自身之于世界的偶然性，也能够理解自身之于世界的必然性。一切必然性皆是偶然性的集合，没有个体表现出来的偶然性，就不会存在由这些个体的集合产生的世界之必然性。

【思考】世界可以缺了谁？

有一天，小王与小张在完成一个项目时，对一组关键数据的处理遇到了困难，小张对小王说：“干脆我们忽略这组数据吧，缺了这组数据，也不一定会影响项目的最终结果。”小王说：“也许一组数据不会影响结果，却可能会影响到项目的效果。”小张呵呵一笑说：“这项目缺了哪组‘数据’会运转不了，就像你一样，如果缺了你，难道公司还不转了？”

如果你是小王，你会如何回答小张的问题呢？

在我们的生活中，有一种比较习惯的说法是“离开了谁，地球都会照样转”。相较于整个地球，我们太渺小了，但是对于我们自身所在的某一个特定系统来说，每个人都是独一无二的存在。学习者只有把自己当作独一无二的存在，才有可能真正建立起学习的主体责任感，并通过主动学习行为表现出来。

（3）能够对自己的学习做出判断

学习过程往往需要经历多种不同的评价形式，对于教育系统或教师而言，评价的意义会表现在很多方面，包括对学习的整体掌握情况、学校或班级之间的学习状况比较、教与学的整体效率等做出比较系统的判断。对于家长而言，借助评价，是想对自己的孩子的学习情况及其在所在班级或区域的位置关系有一个大致的判断。

不同的评价主体对学习者的学习结果的期待是不同的，但真正能对学习状况有准确理解的，还是学习者自己。好的学习评价，在于可以帮助学习者对自己对知识的掌握与应用情况有所认识，从而可以建立清晰的自我认知。譬如，在解答某一道选择题或是非判断题的时候，如果出现了不会的题目，也许我们可能会随便给一个答案，最终会发现自己可能蒙对了。在此情况下，只有答题者本人才能够对自己的情况做出准确的判断。

【思考】答题技巧在哪里？

小王和小张一起在探讨解选择题的答题技巧，小张说：“如果我能够确定有一个或两个答案肯定是错误的，我就会使用排除法，将答案的范围缩小到两个，然后再通过排除法或分析法来确定答案。”小王说：“我一般是直接根据题意来分析正确答案，并在选项中将正确的答案找出来。”

在教学实践中，我们往往会发现，对许多问题的回答都有一定的技巧，尤其是在参加某些重要考试之前，教师往往会给学生传授一些答题技巧，以帮助学生提高分数，这本身无可厚非。然而，对于日常的教学而言，学生需要的不是答题技巧，而是学习技巧，是可以促进学生更好地理解学习内容的技巧。“真知”不是靠简单的“正误排除”得来的，而是在学习与思考的过程中不断建构系统的知识体系，并通过对其间关系的分析，借助包括排除法在内的系统逻辑推演，逐步构建关于外部世界认知的不可能性与可能性。

（4）不断优化适合自己的新路径

在现代教与学的过程中，被视作高效的教学方式就是力求用“最小的时间代价”换取更多学生的“高成就分数”，而这一结果又是通过教师的教学过程来实现的。班级授课制的规模效应主要是依赖人的相似性来体现，包括人在认识世界的过程中具有的相似的习俗基础、认知习惯、行为特征、处世方式等。

人的认识的相似性受到了社会性的制约，作为社会性的个体，在行为方式上，往往需要尽可能地去除自身具有的丰富性的自然属性，通过寻找最大的交集，确定基本的“行为公识”。

【思考】换到隔壁家是不是就好了？

小王和小张从小就是邻居，他们一直在一起上学，小王的父母给他报了奥数班，小张的父母给他报了小提琴班。小时候，他们俩都是在父母天天夸隔壁家的小孩的环境下长大的，两个人也因此成了无话不谈的好朋友。

有一天，他们俩在聊天时曾经问出了一个自己也无解的问题：如果我们换到对方家里，我们的父母会不会都对自己的孩子满意了呢？

对于植物的生长、动物的饲养，人类都已经找到了共同的规律，所以才形成了统一的生产方式。教育之所以可行，人的集合之所以叫作“人类”，也是因为这一类群具有相似性，遵循共同的发展规律。当把人作为最高级的动物来对待，并赋予其一定的支配权以后，就是认同了人具有的不同于一般动物的“思维特性”，以及认同了人与人之间与生俱来的差异性。

“公识”是一种基本秩序，是需要人们共同建构并能够共同遵守的基本法则。教育的目的就是要帮助人们理解这些“公识”。但是，这并不表明人们需要通过共同的路径去理解这些“公识”。人的学习过程就是一个无限的遭遇困境、形成认知冲突和建立认识的过程，因此，许多学者选择了“建构”这一术语来描述人的认识发生过程。学习是在个体的认知路径中进行的，且会因为个体的遭遇不同，进而影响建构的行为与结果。

（5）能够以生动的方式展示自己

学习过程是学习个体的认识持续发生的过程，教师的介入就是为了促进学习者选择一条适合自身的认知路径，并能够在此路径中建立个体的认知序列，从而以更加高效[①]的方式建立认知。

学习是个人的事，如果学习仅仅依赖于个人，可能会走许多弯路。譬如，在一个对话场景中，某个参与者提出了一个话题，可能会引起其他参与者的共鸣，如果没有这个话题作为刺激物，那么就不会有在此场景中产生的各种“反应”。

学习者能够不断展示自己的学习行为，包括其认知的具体过程或认知的结果，对于教师来说，其实质就是向教师提供了学习个体的学习状况，从而为教师判断学习者的已有学习水平提供了依据，也为教师做出学习支持方面的决策提供

① 这里所说的高效，是就学习者自身而言的。他们在认识外部事物的过程中，如果获得了适当的外部支持，就更加容易聚焦认识对象，并能够减少学习中不必要的“试误”。

了依据。在教与学的互动行为中，教师设计的活动如何才能关注到更多学生的已有水平，与学生表现出来的状况有关。

学习者用生动的方式展示自己的学习结果，一方面可以展示个体的学习显示度；另一方面也便于其获得与自身学习水平和认知能力相匹配的学习支持。无论是以何种方式呈现自己的学习结果，都体现了学习者的某种认知行为喜好与认知的具体结果。因此，设计有利于学习者呈现学习结果的相关活动，可以更好地促进学习者建立学习的主体责任。

9.2.2 师生的主体责任协同

现代学习中强调学习者的主体责任，就是倡导要让学习者成为学习的责任主体。教师作为另一类主体，其责任不是取代学生的主体性，更不是为了迁就学生的主体性而放弃自身的主体性，而是要从教师的自身责任出发，建立教师自身的主体性。

1. 不同主体的责任发挥

师生是学习中共同存在的不同主体，且各自都是在具体的活动或行为过程中体现自身的特有主体性。

（1）教师与学生是相互支持并同时发挥作用的不同主体

教师的教的行为是和学生的学习行为同步发生的。无论是在面对面的学习过程中还是在线上的学习过程中，只有两个不同的主体同时存在，学习才有可能真正地发生。

如果我们仅仅依赖学习者个体自身来主导学习行为，需要学习者不断与外部事物进行互动，并依赖自身的悟性才有可能促进认识行为的发生，这对于绝大多数学习者而言是极其困难的。[①]如果离开了与学生的共同作用，教师的行为就成了依据固有格式的单向信息输送，此时教师的行为往往与记录在教材上的文字无异。

师生的共同作用是师生对双方身份的一种自然认同，学校教育中的师生关系及其间发生的不同行为，是由师生的双向责任属性决定的，这种责任需要在课程标准的指导下才能实现。每一个个体都是“主体”的人，都具有关于自身行为的特定“主宰权”。但是，早期的学校教育主要关注的是教学结构，学生往往更加

---

① 大量历史经验提醒我们，生活中存在一些智者，他们在对自然的观察中会形成关于自然的认识，甚至会建立关于世界的基本看法和认识。但是，我们在实践中会发现，更多的自然人往往难以依靠个人的特有力量获得对外部事物的系统认知。

容易表现出自然属性，缺少足够的社会属性，因此需要在具有一定社会性的他者的适当干预下，逐步建立起社会属性。教师就是合适的他者，是另一类具有责任的主体，是学生成长过程中的重要支持者。

（2）在教师履行岗位责任的过程中，需要学习者的参与

教师的岗位职责是与学生联系在一起的，学生的成长需要催生了教师的职业，而教师对岗位职责的履行需要建立在学生的学习需求基础上。

如果仅仅把教师看作与非教师职业群体的人具有同等的社会属性，并以此来理解教师的主体性，此时的教师身份就可能与其职业行为无关，譬如，在一个共同体之中，大家都关注了同一类话题，如旅游。群体可能包括医生、商人、教师等，大家因为同样的兴趣或爱好走到了一起，并能够自由地交流和发表意见，阐述各自的观念或习惯等，还可能分享或共同建立新的旅游攻略。

但是，教师的职业行为就需要与学生的学习需求保持一致，包括在教学目标指导下的基本行为方式与语言组织方式等，都需要结合学习者在参与过程中表现出来的具体需求的变化，并能够进行适度调节，以满足学习者不同层次的认知需求。如果抛弃了学生，或者不在乎学生，那么教师的所有行为都会成为“脱口秀”。

（3）学生在建立个体认知行为的过程中需要教师的指导

学生在学习中的主体性已经得到了广泛的学理认同，但是在具体的实践行为中，这种主体性的表现却常常会受到各种外部因素的制约，甚至会被隐藏于外部因素之中，难以得到释放。

作为存在于特定家庭中的主体人，学生往往会被家庭寄予厚望。家长对孩子的期待常常是这一家庭中的父母、爷爷奶奶、外公外婆等不同亲人群体的共同期望的总和。因此，学生身上可能被压上了沉重的“期望集”。在具体的年龄阶段，学生需要达成的学习目标，既有可能是社会的“期望集”，也有可能是家庭的“期望集”，其中，学校作为教学活动的实施主体，需要结合国家对于人才的总体要求，建立相应的学习规范与体系。教师是教学活动的设计与组织者，是教学活动的执行主体，进入学校的学生群体要想高效学习，自然离不开执行主体设计的教学活动。

教师之于学生的作用，在于可以帮助学生更加快捷地接近学习目标，但是并不能代替学生掌握学习目标。经历了一段时间的成长之后，学生接触到了不同的外部世界，尤其是包含了人的学习生态，这一生态中的每一个要素都可能会影响其认知行为。譬如，当父母或教师给予学生过大的学习压力以后，学生在理解和接受知识的同时，不得不承受不同的外在压力，难以将个人的“整个心境”全部

投入到学习过程中。此时，教师的合适的活动设计就有可能为学生提供更加轻松的认知氛围。

（4）教师与学生的双向交互行为可以促进教与学的改变

师生的共同存在与相互作用主要依赖师生之间的双向交互行为。双向交互是师生双方在不断交往中相互理解的过程，这种理解既包括知识体系层面的，也包括方法体系层面的，是双方在共同交往的过程中通过持续建构，以实现对教与学的适切性调节，进而形成有利于双方共同成长的行为关系。

关于教与学的理解，正在向精准化的方向发展。这里所谓的“精准化”是一种基于证据的决策机制，强调在组织教与学的活动时，教师需要关注学生行为的变化，能够从其具体的行为变化过程中发现问题，并能有针对性地采取有效措施来解决问题。教学中的证据主要源自教与学的过程中产生的学习行为数据，而这种数据本身又涉及许多方面，譬如，学生的知识形成条件、具体过程、形成样式、表征形态等。在这些具体的要素中，又会存在不同的影响因素，譬如，对于条件这一要素而言，学习者所处的学习空间、刺激物的呈现形式、学习者的心情等都可能会成为学习的条件。

正是由于这一系列原因及其变化特性，教与学的过程也不得不重视变化性。以混合学习形态为特征的新的学习样态可以做到既能关注学习者的共同特性以提供相同的学习活动，也可以根据学习者的不同特性提供有差异化的学习活动，从而为学习者达到统一的高水平目标提供了基本支持。

2. 主体协同的价值实现

以主体性的思维理解教师和学生，其本质在于让每一个个体可以充分发挥各自的主体责任，实现主体价值。对于学生而言，其主体价值在于可以通过学习构建面向未来的学习力，对于教师而言，其主体价值在于可以更好地体现教育的意义及其实现方式，并能够设计更加有利于促进每一个个体成长的学习活动。

（1）师生共同建立学习目标

对于学习目标的理解有着不同的层面，既有内容体系层面的，也有层级体系层面的。对学习目标的不同表述，是从不同维度对课程标准进行的具体描述。学习目标是学习的基本依据和导向，是学习者在具体学习过程中的行动指南，也是教师设计和组织教学活动的主要指针。设计学习目标，需要师生的协同，并以师生可以共同理解的话语体系进行表征，从而使主体的作用得以发挥。

以学习者可以理解的方式描述学习目标，就是要兼顾不同学习个体的已有能力基础，借助学习者在具体的学习行为过程中形成的认知数据，对学习状态进行准确判断，进而对目标进行不同分解。在分解目标的过程中，师生只有协同共构才有可能形成相互之间都可以理解的目标形式、内容及层次，并能够沿着共同的目标开展教与学的行为。

（2）基于项目达成学习目标

学习目标是关于对学习对象的要求的系统集合，其结果是作用于外部世界的，涉及许多特定的外部客体或由这些客体构建的系统。

在与外部世界交往的过程中，学习者会同时遭遇几种可能性：一是直接进入其中并适应它；二是对某些事物产生好奇并试图认识它；三是不断思考其中可能存在什么样的问题并解决它；四是不断追求生活的美好并不断优化与改进它。这些不同的行为表现都是不同个体的主体性的反映。

项目作为学习目标与外部世界之间的联结，一方面需要指向外部的具体事物和特定的问题；另一方面也需要紧扣学习内容，聚焦学习目标。因此，可以将项目看作由目标与世界双向融合的衍生物，既赋予世界学习的意义，也赋予目标应有的价值。

【思考】谁是项目的实际完成人？

从主体人的视角来看待项目，需要弄清楚几个问题：项目来自哪里？为什么要做此项目？为什么可以做此项目？如何才能完成此项目？由此，我们可能就会发现，在每一个特定的项目中，往往存在不同的参与个体，既包括教师也包括学生，甚至同时存在多个教师和学生。那么，到底谁才是项目的实际完成人呢？

（3）围绕目标形成认知逻辑

认知的主体是学生，在具体的认知过程中，学生接触到的认知对象既可能是教材中抽象出来的内容，也可能是教师设计并提供的相关素材，还可能是学生在实践中遇到的某些特定的客体。对于前两者，往往都包含了设计者的特定设计思路与知识逻辑，而对于后者，则往往需要依赖认知个体的主动发现或他人的特别提示。

【思考】什么是内容逻辑？

教材的作者以及教师等在组织安排相关内容的过程中，通常都会遵循一定的体系或结构，建立一套“内容逻辑”。对于内容或活动的设计者而言，其往往会觉得这种设计是符合逻辑的。但是，在实践的过程中，读者或学生却并不总是认同其中的逻辑，甚至还会认为其设计过程缺少逻辑。那么，什么样的内容组织才是真正符合逻辑的呢？

认知逻辑是认知者的逻辑，是认知者在面对具体的认知对象时，可以让自己逐步理解该对象的一套内容与方法的逻辑。从学生出发，教师应让学生参与，结合学生的认识变化提供支持学习的“变式转换”，让学生在“迷思—悟道”的过程中不断建构，进而促进认识的发生。

学生建立的认知逻辑是学生的认识发生的基础，也是一个学生区别于其他学生的主要原因。借助学习过程，引导和促进学生建立认知逻辑，逐步梳理内容关系，可以有效地促进其知能的建构，并提升学生的心智水平。

（4）尊重差异调整学习路径

学习者的不同学习起点决定了在具体的行为过程中存在不同的行为路径。在以面对面课堂为主要形式的教学过程中，教师往往采用的是相同的路径设计，试图在一种共同的路径中完成教学任务。这样一来，对于充当主体角色的学习者来说，就可能会出现认知困境。

依赖现代学习空间，学习者既可以有共同的学习路径，也可以有不同的学习路径，既可能依赖教师的指导形成个人的学习路径，也可能会自我生成一些新的学习路径。因此，教师只有跳出“面对面”的单一思维，不局限于在统一的行为范式下设计教学活动，才有可能真正解决如何满足有差异化的学习需求的问题。

在“面对面”的思维框架下，教师的职业能力可以借助模仿来提升，但是当学习者获得了线上学习的机会以后，对于一些面向已知世界且适合进行讲授式学习的内容，学习者可以有不同的获取途径，那么，谁设计的讲授体例更加符合认知的规律，谁就更有条件成为这些学生的“老师”。对于教师来说，他们的主要职业能力素养就在于设计出能体现学生认知差异的教学方式。

事实上，仅仅靠讲授的方式，学生对许多学习内容是难以真正掌握或理解的，需要借助学生的互动行为，包括与认知对象（外部客体）、认知伙伴（其他学习主体）等的不同交往，以达成对其的深入了解。在此过程中，差异化的教学活动就显得更加重要。仅仅依赖“面对面”的封闭性的物理空间，自然要以牺牲一部分学生的学习为代价。

（5）服务认知优化学习空间

学习空间是学习过程中不可缺少的重要中介物，也是学习者在认识外部事物的过程中赖以存在的基本场所，从物理空间到虚拟空间，学习空间的内涵正在变得日益丰富。

对学习的理解程度决定了我们对学习空间的理解程度。如果将学习看作一个有关联的整体，那么学习空间同样应当是有关联的整体。现代学习空间并非固化的“荒山野岭”，而是与持续成长的人构成了充满生机的现代学习生态系统。现代学习生态系统一方面需要服务于人的健康成长需求，另一方面也需要充分考虑如何体现社会的发展特征，不断融入新的变革元素，丰富空间的内涵与要件，逐步形成与主体的认知规律相适应的学习空间。

当前，教师在具体的教学组织方式方面还受制于长期以来形成的教学习惯，面对外部空间的变化，甚至在许多情况下还存在着一定的抵触与逃避现象。但是，无论出现何种情况，有一点是肯定的，那就是如果我们在教学实践过程中试图回避，最终只能会让师生在新的生态中表现出不适应性。

参考文献

陈琳，等. 智慧校园的智慧本质探讨——兼论智慧校园“智慧缺失”及建设策略[J]. 远程教育杂志，2016（4）：17-24.

贺斌. 智慧学习：内涵、演进与趋向——学习者的视角[J]. 电化教育研究，2013（11）：24-33，52.

黄荣怀，杨俊锋，胡永斌. 从数字学习环境到智慧学习环境——学习环境的变革与趋势[J]. 开放教育研究，2012（1）：75-84.

林琳，沈书生. 设计思维的概念内涵与培养策略[J]. 现代远程教育研究，2016（6）：18-25.

L. C. 霍尔特，M. 凯斯尔卡. 教学样式：优化学生学习的策略[M]. 沈书生，刘强等译. 上海：华东师范大学出版社，2008.

谢维和. 教育活动的社会学分析：一种教育社会学的研究[M]. 北京：教育科学出版社，2000.

约翰·怀特. 再论教育目的[M]. 李永宏等译. 北京：教育科学出版社，1997.

祝智庭. 智慧教育新发展：从翻转课堂到智慧课堂及智慧学习空间[J]. 开放教育研究，2016（1）：18-26，49.

祝智庭，管珏琪. 教育变革中的技术力量[J]. 中国电化教育，2014（1）：1-9.

祝智庭，贺斌. 智慧教育——教育信息化的新境界[J]. 电化教育研究，2012（12）：5-13.

Collier G. Intellect and intelligence：Fact and feeling determine the existential course of one's journey through life[EB/OL]. http://www.psychologytoday.com/blog/the-consciousness-question/201205/ intellect-and-intelligence[2012-05-02].

Gagne R M，et al. Principles of Instructional Design[M]. New York：Harcourt Brace & Company，1992.

Gardner，H. Frames of Mind：The Theory of Multiple Intelligences[M]. New York：Basic Books，2011.

Le Heron J，Sligo F. Acquisition of simple and complex knowledge：A knowledge gap

perspective[J]. Educational Technology & Society，2005，8（2）：190-202.
Tichenor P J，Donohue G A，Olien C N. Mass media flow and differential growth in knowledge[J]. Public Opinion Quarterly，1970，34：159-170.
White J. The Aims of Education Restated（International Library of the Philosophy of Education Volume 22）[M]. Routledge：Taylor & Francis e-Library，2010.

后　　记

2010年以前我就开始酝酿要从“学习设计”的角度来理解教与学的变革的问题，最近总算完成了初步的工作。

1996年9月，我前往华东师范大学进行了为期一年的进修学习，在此期间，结识了恩师祝智庭教授等学者，从此开启了自己的“教学设计”学习与教学之旅。2002年，我有机会参与了英特尔未来教育项目，并慢慢成了项目的主讲教师与专家组成员，让自己有了更多的机会与许多教学设计专家学者进行更多的交往，深入理解教学设计相关的国际化课程及其设计的基本思路，并参与了课程的本土化、课程设计、培训设计和具体的主讲教师与骨干教师的培训等实践工作。2004年，我国发布了中小学教师教育技术能力标准以后，在祝智庭教授的主持下，我全程参与了相关培训教程的研制与培训指导等工作。这些活动延续了大约十年，直到我国启动中小学教师信息技术应用能力提升工程，我才有机会将这些思考应用于更加广泛的实践中。

此后的若干年，我通过边实践边思考，既感知到实践中广大教师的不易，也充分体会到了学生的不易。如何设计出合适的教学活动，并让学生能够在学习的过程中享受认知的变化与乐趣，这种想法常常会成为我与实践对话的主要议题。

在现实中往往会存在一些基本的教育信念之争，譬如，学习的过程到底应该是快乐的还是痛苦的？说实话，我一直觉得这是一个伪命题，对于在学习过程中“顺风顺水”的孩子来讲，他是快乐的，而对于那些“百思不得其解”的孩子而言，他们或许就体会到了学习的痛苦。不同的学习体验感与外部为其提供的学习机会有关，尽管说我们的课堂为所有的孩子提供了相似的机会，但由于孩子本身的情况不同，他们的认知需求往往会表现出较大的不同，这些需求得到了满足，他们就会形成“快乐”的体验，反之，则会形成“痛苦”的体验。

学习与生活具有较高的相似性，其中的一切快乐都源于自我满足与实现。当我们建立了一定的需求，只要找到了一条实现它的路径，此时不管付出多大的努力，我们都会认为值得。

对于教师来说，其在设计教学活动的时候，自然会考虑到学生的学习情况，但是受制于教学组织形式，其教学活动设计往往需要进行取舍。说这句话的时候，我是站在教师视角来看待教学活动的。如果站在学生视角来看待这一现象，我们就会发现，部分学生可能会因为教师的“取”或者“舍”而成了受益者，有一些却成了“牺牲”者。

教师设计教学活动是在特有的学习空间中进行的，如果要求教师在固有的空间中兼顾每一个学习者，这是不现实的。因此，许多教学活动往往以“等同”来替代“公平”，似乎为每一个学生提供相同的教学活动或外部支持，就表明了教育的公平性。

真正的公平性应当是让每一个孩子都有机会达成统一的高水平，教学设计需要关注的要点就是要满足这种公平，为每一个孩子创造与其认知需求相一致的学习活动，这就是学习设计的意义。

教学实践中存在的许多具体问题，其实都存在着或多或少的关联性，并体现在一定的范畴之中。设计学习活动可以关注的要素有很多，如果将所有要素都孤立开来，或许会产生许多所谓的“学术”成果，与真实发生的学习本身却可能相距甚远。

人的成长需要形成特定的知识和能力结构，这些结构有的指向了已知世界，对于不同的个体而言或许存在着一定的相似性，但人们运用这些结构去解决外部问题的时候，往往存在较大的差异性，这是因为成长的人总是会建立一套属于自己的心智结构，用于指向外部世界。

因此，如果抛弃了外部世界，离开了具体的认识客体，那么学习就有可能会停留在纯粹理性层面。对于学习者而言，其认识的发生通常建立在与外部事物的交往过程中，并由此而逐步形成多维思维能力。在学校设计的教与学的活动中，过分依赖外部具体事物，学习个体形成抽象思维能力的时间就会变长，过分脱离具体事物，又可能会因为缺少认知支架，导致学习个体建立的各类“知能结构”处于“悬搁”的状态，随时都有可能会被吹得“七零八落”。

认知行为本身涉及认知的对象、内容及内容背后的某些固有属性等方面，这些对象有的距离我们很远。在学校教育中，教师设计的学习空间就是要形成可变化的学习支持条件，缩短“学习个体”和“认知对象”之间的距离，借助新技术与新方法的应用，让学习个体置身于一个可以与认识客体进行交往并持续建构的学习场之中。

从人、物、事、境、脉五个核心维度来理解学习，就是要建立一种对学习的新的认识。不同维度是同时发生作用的，如果我们试图割裂不同维度，仅仅从单一角度来看待学习，尽管有时可能也会显得比较明晰，但一定不会完整，因为这些不同维度在某一个特定的时间线上一定会同时形成映射，并指向人的认知的每一个方面，最终通过“人的成长”体现出不同维度的学习价值。

沈书生

2020年12月于南京随园